Inventario de saldos

Ernesto Hernández Busto
# Inventario de saldos

Ensayos cubanos

© Ernesto Hernández Busto, 2017
© Fotografía de cubierta: W Pérez Cino, 2017
© Bokeh, 2017
  Leiden, NEDERLAND
  www.bokehpress.com

ISBN 978-94-91515-82-8

# Prefacio a una nueva edición (2017)

Doce años después de publicados por primera vez en la editorial Colibrí, que dirigía Víctor Batista, vuelvo a reunir mis ensayos sobre temas cubanos. He corregido errores, afinado el estilo, recortado algunas frases con excesos juveniles e incorporado alguna *memorabilia*. Pero los cambios fundamentales con respecto a la edición anterior son una nueva sección titulada «Penúltimos días», en la que recojo otros textos sobre Cuba de los últimos años (publicados en su mayoría en el blog www.penultimosdias.com) y la actualización de la segunda parte del libro, «Pasando lista»: un elenco de libros canónicos cubanos, que ahora, en lugar de detenerse en 1989, llega hasta el 2002 y suma nuevas reseñas[1].

No hay mucho más que agregar, salvo que esta ha sido otra década más de exilio, aunque de trato constante con «lo cubano» a partir del trabajo en el blog, estancias en archivos e investigaciones personales. Una década, también, de periodismo, más o menos militante, puesto que Cuba sigue siendo un país pendiente de solución política y carente de las libertades básicas que a mi juicio definen la condición del intelectual.

Pensar en esta última década me recuerda una de esas largas discusiones que tuve conmigo mismo cuando, hace años, compré las traducciones españolas de dos libros escritos por exiliados con larga experiencia en el asunto. En el primero, *Del dolor y la razón*, hay un ensayo de Joseph Brodsky, «Esa condición que llamamos exilio», que aún es capaz de escandalizar a quienes defienden ciertos reductos de purificación; en el segundo, las *Representaciones del*

---

[1] No aparece aquí, para evitar redundancias, la polémica con Rafael Rojas que, bajo el título «Raza, canon, tradición», ocupaba una parte del volumen original.

*intelectual* de Edward W. Said, hay otro ensayo titulado «Exilio intelectual: expatriados y marginales», donde me pareció encontrar su revés, el lado optimista de una condición que Brodsky define, de manera un tanto perentoria, como «melodramática».

En admirable ejercicio de ironía, Brodsky habla para sus colegas (su ensayo es en realidad una conferencia de 1987 leída en un congreso de escritores exiliados) y empieza por recordarles que el exilio ya no es lo que era:

> Ya no consiste en cambiar la civilizada Roma por la salvaje Sarmacia, ni en desterrar a alguien, por ejemplo, de Bulgaria a China. No, por regla general consiste en pasar de un entorno atrasado política y económicamente a una sociedad industrial avanzada, con el último grito en lo que a libertades individuales se refiere.

Se trata de una aclaración importante, que puede protegernos, por ejemplo, contra el uso indiscriminado de la palabra «diáspora», demasiado cargada con las resonancias martirológicas del *Galut* hebreo. Los cubanos, en efecto, nos hemos dispersado por el mundo, pero no hay muchos signos de que tal dispersión se traduzca en angustia metafísica. Supongo que, al menos en el caso de los escritores, esa falta de tragedia obedece al hecho incontestable de que para un escritor moderno salir de una sociedad totalitaria significa, en realidad, acercarse a sus ideales; no es tanto un destierro como una «vuelta a casa», un regreso espiritual a condiciones mejores para su labor.

Sin embargo, la carrera del escritor exiliado, como bien explica Brodsky, tampoco está exenta de obstáculos. El principal, por supuesto, es el anonimato o pseudoanonimato al que lo condena su nueva condición. «La democracia a la que ha llegado» –dice el poeta ruso– «le proporciona seguridad física pero le hace socialmente insignificante. Y esa insignificancia es lo que ningún escritor, exiliado o no, puede soportar».

El exilio, viene a decirnos Brodsky, es una lección de humildad que ningún escritor parece demasiado interesado en aprovechar. Échese una mirada al patio, y se descubrirán numerosos ejemplos de emigrados que aspiraban a una «verdadera» carrera literaria y terminaron como simples fulanos en un mercado demasiado surtido. No se confunda esa descripción con un reproche; en ciertos casos, es legítimo que el exilio sea la consecuencia de una carrera literaria. Lo lamentable es que muchas veces esos mismos escritores prefieran darse publicidad con la fórmula inversa.

Un escritor exiliado —nos dice también Brodsky— es, por lo general, «un ser retrospectivo y retroactivo», capaz de cambiar su libertad de pensamiento y movimiento por una pulsión que lo lleva a aferrarse al material familiar de su pasado, y terminar creando muchas veces meras secuelas de sus obras anteriores. El pasado funciona entonces como territorio seguro, ese lugar donde sentirse a salvo de una doble maldición: el anonimato del presente y la incertidumbre del futuro. Más que asir la tradición, se trata de retrasar el fluido del presente; más que un auténtico ejercicio de memoria se trata del síndrome nostálgico como intento (a menudo fallido) de recolocarse en un entorno nuevo y, a menudo, hostil.

He pensado mucho sobre este asunto, aunque no me concierne directamente, pues salí de Cuba con veinte años, y más que un escritor formado era alguien que apenas tenía clara su vocación. Pero en varios colegas de mi generación he visto los síntomas de esa angustia derivada de la contradicción entre las presiones del reconocimiento literario y la lentitud con que se procesa literariamente una experiencia de desarraigo. He visto crecer —y decrecer— a muchos escritores cubanos enfrentados al hecho de tener que ganarse la vida y comenzar de cero. Son cosas que uno puede lamentar pero que, a fin de cuentas, se resumen en eso que llamamos vida, y no en un sucedáneo, accesible y subvencionado bajo determinadas condiciones políticas, donde la falta de libertad es la norma. Un hombre liberado, como se ocupa de recordarnos Brodsky, «no es necesariamente un hombre libre pero sí tiene más posibilidades de llegar a serlo».

También debo aludir aquí a todos aquellos rasgos que Edward Said, palestino residente en Estados Unidos, ordena en su perfil del intelectual exiliado. Para Said, esa figura es resultado de una mutación beneficiosa: busca sacar provecho metafísico de la infelicidad al convertir su melancolía en un estilo de pensamiento. Tras repasar los ejemplos de Swift y de Naipaul, de Adorno y de Vico, Said levanta la estructura moral de una condición plenamente moderna, vinculada al desarraigo, que exige no sentirse en casa en el propio hogar. A los reproches y preocupaciones del adusto Adorno, opone los «placeres del exilio»: la posibilidad de diferentes ángulos de visión, las recompensas intelectuales de una condición anfibia, las ventajas del margen y de la contingencia, la vivacidad que resulta de vivir el conocimiento y la libertad, ya no como abstracciones sino como experiencias formativas:

> Puedes perder mucho tiempo lamentando lo que has perdido, envidiando a tus convecinos que siempre han vivido en su hogar, cerca de sus allegados, en el lugar donde han nacido y crecido sin haber tenido nunca que experimentar no sólo la pérdida de lo que en un momento fue suyo sino, sobre todo, el recuerdo atormentador de una vida a la que ellos no pueden ya volver. Por otra parte, como dijo Rilke en cierta ocasión, en las circunstancias en que ahora vives te puedes convertir en un principiante, lo que te permite un estilo no convencional de vida y, sobre todo, una carrera diferente, a menudo muy extraña.

Un intelectual exiliado es para Said alguien capaz de sacar un cálculo racional para decidir sobre su futuro. Sin duda, el exilio facilita, aunque no garantiza, cambiar la lógica de lo convencional por la audacia del riesgo y la invitación al movimiento. Pero a mi juicio, esta visión peca de demasiado optimista. La realidad del exilio también impone muchas veces imperativos de asimilación que contradicen la ideología libertaria del desarraigo.

Cualquier intelectual, cualquier escritor, exiliado o no, es libre de realizar su destino como libertad y no como privación. El caso cubano, sin embargo, muestra un saldo confuso, pues no son pocos los escritores exiliados que, frente al desarraigo real, han instaurado un discurso de nostalgia nacionalista. La literatura del exilio cubano tiene, sin duda, muchos más Crusoes que Marco Polos, para usar la metáfora de Said.

Al juntar de nuevo estas páginas he pretendido, sobre todo, demostrar que un personaje no excluye al otro, que es posible dar cuerpo en la memoria a una tradición perdida y entender el exilio como una nueva oportunidad para la vida y también para la literatura.

Barcelona, julio 2017

# Introducción [a la primera edición]

Algo hay de excéntrico en el hecho de reunir unos textos escritos por dos motivos aparentemente contradictorios: la voluntad de estilo y la necesidad de ganar dinero. Los críticos no suelen confesar que sus mejores opiniones encubren a veces un apuro económico. Pero yo comparto aquella preocupación de Cyril Connolly, que en la introducción a *Enemigos de la promesa* se preguntaba cómo durar diez años, no sólo en la memoria de los letrados sino también con algo más de lo suficiente para vivir. Así que la ruda antítesis mencionada al comienzo podría desdibujarse gracias a algunas circunstancias atenuantes, típicas de la biografía del reseñista adolescente. La principal: que ganarse la vida hablando del estilo ajeno puede ayudarnos a mejorar el propio.

Estas páginas representan también el pago de una deuda. Decidí juntarlas cuando, tras doce años de ausencia, me di cuenta de que ya no volvería a vivir en Cuba. *Quid pro quo*. La patria de los sentidos y de la memoria afectiva ha sido sustituida por un país imaginario. Ahora, para tener una patria («mi tipo de patria» –dice Peter Handke), tengo que escribirla, tengo que inventármela. Con este libro de «asuntos cubanos» procuro, entonces, hacer inventario en la doble acepción de la palabra: catalogar, registrar o compilar una tradición (o lo que de ella queda), y recrearla (re-inventarla) desde una perspectiva literaria.

Todo este tiempo «fuera» me ha regalado, al mismo tiempo, un malsano interés y una sana distancia. La lectura que se hace desde la «otra orilla» no está a salvo de prejuicios, pero al menos impone cierta mesura. Durante muchos años hemos creído que nuestra literatura era tan excepcional como las rocambolescas circunstancias del país. Incluso cuando nos ponemos melancólicos y hacemos la lista de faltantes, los cubanos desembocamos en lo trascendental.

Recuérdese, por ejemplo, aquel apunte de José Lezama Lima en sus diarios: «Lo que nos hace falta es gravedad esencial, medianoche con Dios, orgullo que desprecia lo insignificante social. Gravedad, orgullo, Dios; nos parece que es bastante lo que nos falta».

A un joven José Rodríguez Feo, que en tono compungido le confiesa que las divinidades tutelares de su país son «la Sexualidad y la Política», Wallace Stevens le recordaba, por carta, que «la realidad es el trampolín desde donde saltamos en pos de lo que no tenemos». Pero el delicado equilibrio entre el material de que está hecha una realidad y nuestra capacidad de usarlo, subtexto de cualquier biografía intelectual, ya se ha roto; al menos en mi caso. Para mí Cuba ha vuelto a darle la razón a unos versos de Stevens: ya no es la isla nocturna de aquella inquietante pregunta («*Is the lunar Havana the Cuba of the self?*»), sino el casino en decadencia donde unos cisnes extemporáneos hunden sus picos en una fuente llena de hojas secas. En su *Academic Discourse at Havana*, Stevens olfatea nuestra ansiedad del mito a partir de dos pilares carcomidos: la fundación pospuesta («*this urgent, competent, serener myth/ Passed like a circus*») y el político que ha decidido condenar «a la imaginación como el pecado aciago». El resultado, dicho crudamente, no es otro que «una farsa de maní / para gente de maní».

En la cultura cubana de la primera mitad del siglo xx abundan los testimonios de ese malestar provocado por la ausencia de mitos fundadores. Rafael Rojas nos recuerda que todos los grandes intelectuales de la República, Enrique José Varona, Fernando Ortiz, Jorge Mañach, José Lezama Lima... dudaron de la madurez espiritual de la isla y de su capacidad para convertirse en una nación realmente moderna. Sus notables intervenciones cívicas están acompañadas muchas veces de un permanente sentimiento de zozobra y escepticismo, que los llevó a concebir la escritura como una restitución de la mitología ausente, la compensación mitopoética de nuestra ingravidez como nación.

Es evidente que la Revolución de 1959 «realizó», en sentido hegeliano, toda esta vocación de nihilismo y malestar histórico. Durante una década, al menos, los cubanos vivimos con una eufórica sensación de destino renovado, de redención posible. Pero el fracaso de la posibilidad revolucionaria nos coloca hoy frente a un escenario simbólico muy semejante al de los años treinta del siglo pasado: junto con la depauperación política y económica del país, han regresado el desasosiego y la incredulidad. Volvemos a oscilar ente el *horror vacui* y la tentación de la *tabula rasa*.

Por ese motivo, y no sin cierta sorna, he titulado este libro con un formulismo económico. Las razones por las que una entidad decide hacer un inventario de saldos son, según reza un oscuro manual de contabilidad, «presentación de nuevos productos, cambio en la demanda de los clientes, efectos de la competencia y cancelación de pedidos». De manera semejante creo que la literatura cubana invita hoy a reformular las condiciones de su atención crítica. Primero, toca saber lo que nos ha quedado. Después, habría que ver cómo sacar provecho de las rebajas.


II.

Presidida por una cita de Lezama que es casi una paráfrasis de Valéry, la primera sección de este libro agrupa ejercicios críticos sobre figuras cardinales de nuestra literatura. El autor del exergo no está escogido al azar: el canon literario cubano, e incluso la posibilidad misma de una lectura canónica, no serían posibles sin la escritura de Lezama. Si aún se le escatima este lugar central en nuestra historia literaria es porque su aventura fundadora suele ser vista bajo el prisma de lecturas equívocas.

Lezama es el gran ejemplo de una doble estrategia simbólica: el reconocimiento del origen y la búsqueda de un destino, del *telos* cubano. Desde su *Coloquio con Juan Ramón Jiménez*, donde el esfuerzo por fijar una identidad a partir de presupuestos sociológicos es descrito como «un sujeto disociado [que] intenta apoderarse de un objeto ambiguo», hasta el motivo de la llave perdida, que irrumpe en una de sus últimas cartas a Julián Orbón, la tarea de Lezama consistió en afianzar los pilares mitopoéticos de un país «frustrado en lo esencial político». Y sin embargo, ese anhelo de futuridad es lo que conecta su teología con el actual nacionalismo autoritario, que intenta insuflar nuevos contenidos a una utopía agonizante. Los admiradores de Lezama nos encontramos así ante la paradoja del ídolo escamoteado. Hubiéramos querido que siguiera siendo un autor de culto, de la misma manera que preferíamos sus primeras ediciones, escondidas en una librería de lance, a los tomos editados después de la Revolución. La presencia latente y azarosa del autor censurado era más interesante que la condición de apóstol nacionalista. Pero la realidad es otra, y de poco sirve lamentarse por algo que lleva consigo su fecha de caducidad.

Pertenezco a una generación para la que Lezama fue la puerta de entrada en la literatura. Ahora que se lo usa como monigote del nacionalismo revolucionario, no está de más recordar que su «utopía de la encarnación histórica» tenía menos que ver con el «Estado protoplasmático» que defiende Cintio Vitier que con el proceso literario de la llamada «generación de los 80». No fue el Estado sino un estado, una nueva generación de escritores, la que reencontró un sentido para Lezama y *Orígenes* dentro de la tradición literaria cubana. Después de muchos años de silencio, ese grupo de poetas consiguió redescubrir a Lezama en un medio tan hostil como aquella República de los *origenistas*. Su ejemplo sirvió para recordarnos todo aquello de lo que carecía el aspirante a escritor en Cuba: a través de Lezama también nosotros sentíamos la «necesidad fanática» de hacer revistas, de defender las altisonantes sonoridades del hermetismo, de constituir «un estado organizado contra el tiempo» y defender «otros cotos de mayor realeza». Por una curiosa paradoja, imitarlo era la única forma de ser originales, en un país y en una época donde el simple hecho de querer ser escritor bastaba para ser visto con desconfianza.

Cierta crítica académica ha insistido en el vanguardismo de *Orígenes*; Vitier ha rehusado este enfoque tomando distancia «de las superficiales cabriolas del efímero y desvaído vanguardismo cubano». Pero aunque no pueda hablarse de una poética propiamente vanguardista, sí hay en los *origenistas* un intento paralelo por superar la dicotomía entre poesía e historia, entre vida y literatura.

Lezama pone este esfuerzo bajo la advocación del *potens*: «lo imposible, al actuar sobre lo posible, engendra un *potens*, que es lo posible en la infinidad». El *potens* es también el pontífice, el creador de puentes, la encarnación simbólica del poder de la metáfora, de la causalidad que actúa sobre lo incondicionado. El sistema poético de Lezama abre así la posibilidad de una lectura semignóstica de la historia: nuestro mesías, el parteaguas que divide la historia en un eón presente y otro futuro, sería José Martí. La imagen de Martí vendría a resolver el malestar de la cultura cubana al engendrar, por vía poética y bajo el signo de la futuridad, aquello que en Cuba parecía imposible: una tradición. El esfuerzo lezamiano de interpretación metafórica de nuestra historia es de una originalidad crítica deslumbrante. Pero cualquier lector moderno sabe que ese trascendentalismo, que convierte al poeta en mesías y hace de la poesía la «sustancia de la patria», sólo necesita algo de tiempo para extraviarse en una mala política.

Los afanes políticos de *Orígenes* también se malversaron muchas veces en una filosofía de la precariedad. En cierto elogio lezamiano de la Revolución de los humildes («entre las mejores cosas de la Revolución cubana [...] está el haber traído de nuevo el espíritu de la pobreza irradiante, del pobre sobreabundante por los dones del espíritu»), en los «Sonetos de la pobreza», de Fina García Marruz, en una *Dama Pobreza* con la que Vitier alude a San Francisco, se oyen los ecos de eso que Emmanuel Lévinas ha llamado «una metafísica de la privación». Convertido en justificación de todas las carencias que arrastró (y arrastra) un proceso revolucionario, este elogio del ascetismo obligatorio ocupó para una generación de escritores católicos el lugar de una verdadera práctica religiosa (prohibida o censurada). Hoy encaja a la perfección con la fase depauperada de la ilusión revolucionaria.

Se trataría, entonces, de sacar a Lezama del debate sobre la legitimidad política y devolverlo a un espacio literario, e incluso biográfico, aunque para ello haya que prescindir de una costra de «sobreinterpretaciones». Esa es la intención de los ensayos que aquí le dedico.

Los ensayos sobre Martí y Casal son antiguos, demasiado apegados a polémicas de hace dos décadas, así que el resentimiento que los inspiró puede considerarse agua pasada. En el caso de la República martiana, mucho de lo que afirmo ya no sorprenderá a nadie. No sé si suceda lo mismo con mi lectura de Casal: ahora hay más «casalianos» que hace quince años. Pero mis prejuicios también tienen pedigrí: un conocido ensayo de Virgilio Piñera (que ha sido considerado, sin razón, como parte de la conjura anticasaliana de nuestra crítica literaria), y el devastador elogio de Lezama que cito *in extenso*, uno de los mejores textos críticos de su autor y de toda nuestra literatura.

El texto sobre Piñera apareció como prólogo a la edición mexicana de *El no*, publicada por la editorial Vuelta en 1994. Es una mezcla de encargo y atrevimiento pues aunque he repasado muchas veces la obra de Piñera mis lecturas de teatro son escasas. Tal vez lo más curioso de esta pieza (que ha tenido ilustres y mejores exégetas) es la capacidad de su autor para tratar lo político fuera de la recurrente coartada de las parábolas. «Lo griego» no es aquí un escenario enmascarado, sino el perfil trágico de una pregunta por nuestro *demos*.

Por último, el texto que dedico a Carpentier fue un comentario periodístico suscitado por la nueva edición de un libro clásico de

Roberto González Echevarría, *El peregrino en su patria*, el estudio crítico más completo que se haya publicado hasta hoy sobre el novelista cubano.

Martí, Casal, Lezama, Piñera, Carpentier... Poco de original hay en volver a rondar estos nombres. Son nuestros númenes literarios, inspiradores y divinidades laicas, que regresan una y otra vez a nuestras discusiones críticas. Han demostrado ser ineludibles, aunque esa condición no los preserve de malas interpretaciones, sino al contrario, las atraiga con un curioso magnetismo. Lo único que tienen en común estos ensayos, además de estar dedicados a escritores de una misma nación, es el intento por definir algunos de los equívocos que han escoltado a nuestros nombres más ilustres. Como cualquier tradición, la nuestra también podría leerse como una apasionante suma de malentendidos.

III.

González Echevarría es quien ha colocado, primero de manera oblicua y luego con absoluta premeditación, la inquietud sobre el *canon cubensis* en la mesa de nuestro banquete crítico. Se le acusaba, *sotto voce*, de haber influido en la famosa lista canónica de Harold Bloom, publicada como anexo a su libro *The Western Canon: The Books and School of the Ages*, donde entre los dieciocho autores latinoamericanos mencionados, figuran seis cubanos, mientras que otros dos, al menos, brillan por su ausencia. En un ensayo reciente, «Oye mi son», publicado primero en la revista *Encuentro*, y luego antologado por esta misma editorial, González Echevarría se lanza abiertamente al ruedo de la polémica y comenta sus preferencias literarias que, en efecto, coinciden bastante con la lista de Bloom.

Nombres aparte, creo que la discusión sobre un canon cubano, sin duda provechosa y necesaria, ha pasado de puntillas por una parte esencial de la argumentación de Bloom, derivada de su original lectura de Nietzsche y Freud: la «angustia de las influencias», los efectos provocados por ciertos autores «fuertes» y las maneras en que los autores modernos han intentado desembarazarse o superar la herencia de sus predecesores.

«Cuando uno no tiene un buen padre –escribe Nietzsche– es necesario que se lo invente». Así que de lo que se trataría no es tanto de identificar al Padre, como de hurgar en ese proceso descrito bajo la forma del agón o lucha entre un poeta esencial y sus discípulos inconformes. En su polémico ensayo *The Anxiety of Influence*, Bloom describe seis modos literarios de negar al Padre para, primero, apropiarse de él y, finalmente, superarlo. Esos seis modos son: *clinamen*, es decir la mala lectura o la mala interpretación del predecesor; *tesera*, los procesos de completamiento y la antítesis; *kenosis*, un mecanismo de ruptura que conduce a un movimiento de discontinuidad respecto al predecesor; *demonización*, o sea, el movimiento hacia un «Contra-Sublime personalizado, en reacción ante el Sublime del precursor»; *ascesis*, un intento de autopurgarse en soledad, renunciando a una parte de sus dotes humanas e imaginativas con el objeto de separarse de todos, incluso de su precursor; y finalmente, *apofrades*, el retorno de los muertos, puesto que en esta fase final de su «angustia» un poeta se abre de tal manera que parece que estuviera escribiendo el poema de su precursor, en lugar de a la inversa.

Aunque hay pocos críticos que conozcan tan bien como él estos argumentos de Bloom, González Echevarría no parece demasiado interesado en leer la poesía ni la literatura cubana bajo esta óptica. Su ensayo ni siquiera concibe una lista en términos agónicos, es decir, como la lucha entre un escritor y sus «padres literarios», sino que se limita a reproducir el criterio de Bloom sobre la «radical extrañeza» que caracteriza una obra maestra, y a exponer sus «gustos personales», enumerando quiénes, a su entender, están «dentro» y quiénes quedan inevitablemente «fuera», sin darnos mayor explicación de por qué estos autores «son los que son».

Un análisis del canon literario cubano bajo presupuestos agónicos tampoco aparece en el libro *Un banquete canónico* (FCE, México, 2000) de Rafael Rojas, donde el esfuerzo por exorcisar la violencia crítica inclina la balanza del lado de eso que Bloom ha bautizado como «la Escuela del Resentimiento». Desde la trinchera de las instancias subalternas, Rojas analiza la ideología nacionalista, racista y machista del *canon cubensis* y señala sus supuestas limitaciones: la «desnacionalización del texto», la «neutralización de la voz femenina» y la anulación de la «voz negra». Pero al criticar la violencia de Bloom, Rojas también incurre en los pecados del multiculturalista: esa obsesión por leer con anteojeras ideológicas se traduce en un irritante desinterés a la hora de analizar los valores puramente literarios; es decir, el síntoma típico del academicismo norteamericano.

La ausencia de un concienzudo análisis del proceso literario cubano a partir de la «angustia de las influencias» se debe, en mi opinión, a la perspectiva «caudillista» con la que ha sido tratado el tema. En casi todos los análisis, la figura del autor parece primar sobre el libro; el asunto del canon se resuelve invocando un puñado de nombres totémicos, sin entrar mucho en cuáles son las obras que dialogan (y de qué manera) en nuestra historia literaria.

He dedicado la segunda parte de este volumen a insinuar otra perspectiva, no menos polémica, pero centrada en los libros fundamentales del período 1960-2000. Con esta lista, inspirada más en los «cien libros clave» citados en *The Modern Movement* de Cyril Connolly que en *The Western Canon* de Bloom, quiero apenas insinuar hasta qué punto la pregunta por nuestros libros indispensables y la relación «angustiosa» que se establece entre ellos puede ayudarnos a entender lo canónico de una manera menos complaciente. Porque si el canon, en efecto, no puede permitirse ignorar las circunstancias de la lectura, tampoco se resuelve con criterios refractarios a la crítica estética.

Fijémonos, por ejemplo, que en nuestra lista de libros el autor que sale cuantitativamente beneficiado es el que Bloom (y González Echevarría) excluyen de las suyas: Virgilio Piñera. Observemos también que la cantidad de obras fundamentales que aquí se proponen disminuye a medida que la Revolución se prolonga. Y que muchos de los libros clave de nuestra literatura de los últimos cincuenta años han sido publicados por primera vez fuera de la isla. Bastarían esas tres evidencias, mejor comentadas en mis «Prolegómenos», para poner a prueba algunas de nuestras manoseadas certezas canónicas.

IV.

Quien crea, con Oscar Wilde, que la crítica literaria «es la única forma civilizada de la autobiografía», «*the record of one's own soul*», entenderá que en la última parte de este libro se recojan ensayos que no tienen una relación directa ni exclusiva con la literatura cubana, aunque sí delatan, por fuerza, la perspectiva autobiográfica desde la que esa literatura ha sido observada: el exilio.

Esta última sección evoca el subtítulo de un libro de Adorno descubierto en aquellos días habaneros que hoy parecen los de otra vida: la *beschädigten Leben* de *Minima Moralia*: la «vida dañada». El término puede prestarse al equívoco. Las reflexiones morales con las que Adorno ilustra una subjetividad herida no son indicio de victimismo: en su correspondencia privada Adorno no cesa de recalcar cuánto disfrutaba de la vida en la retaguardia californiana durante esos mismos años de guerra en los que redactó este desconsolado monólogo interior. No hay que ver el exilio como un castigo espiritual, sino como la perspectiva que reorienta, al mismo tiempo, nuestro pasado y nuestro futuro. Para Adorno aquellos años eran, sin duda, los peores de la historia de su país, la decadencia absoluta. Pero en uno de sus aforismos el propio autor nos recuerda que el ocaso es también el momento de los perfiles, «la hora mágica, el momento de la lucidez».

Con estos ensayos autobiográficos intento conversar en público con un lector que imagino tanto dentro como fuera de Cuba. Sería el caso de tantos amigos (y ex amigos) que hoy viven en la diáspora, y con quienes coincidí en la necesidad de abandonar mi país para poder llevar la «vida normal» de un escritor, o de un aspirante a escritor. Pero también de quienes, en Cuba, ensayan las virtudes de una «ciencia melancólica» en los resquicios del mesianismo. A su manera, estos textos son epístolas, cartas abiertas en las que no reprimo las consideraciones de tipo personal. Es más difícil escribir para un grupo de amigos si se disfraza la primera persona del singular o se la esconde tras un intrincado tejido de conveniencias nostálgicas. Y tampoco, como decía Wilde por boca de mi tocayo, debe uno dejar pasar la oportunidad de convertirse en su propio Boswell. Hay también algunos trenos, elegías a amigos que ya no están, gente que fue importante en mi formación como persona y como lector, un proceso que no debería bifurcarse, como tampoco debemos bifurcar las circunstancia literarias de nuestra biografía o trayecto en busca de un país que ya no está donde antes estuvo.

En otro extenso *pamphlet* titulado *El alma del hombre bajo el socialismo*, Wilde se preguntaba qué tipo de gobierno resultaba el más conveniente para un artista. Y su respuesta tenía, sin duda, un aire concluyente: «La forma de gobierno más conveniente para un artista es que no haya gobierno». Si los artistas habían logrado producir obras hermosas bajo los despotismos era siempre a contracorriente, «no como súbditos sobre quienes ejercer su tiranía, sino como ambulantes hacedores de maravillas, como fascinantes personalidades vagabundas, que era preciso recibir, cuidar y dejar en paz». Para Wilde, el déspota ilustrado sólo ofrecía una ventaja: «que siendo un individuo, puede poseer cultura, mientras que la multitud, siendo un monstruo, no tiene ninguna. [...] Pero no hay necesidad de separar al monarca de la multitud; toda autoridad es igualmente mala». Un siglo después, Joseph Brodsky pondrá al día esta idea: el déspota socialista, ese Leviatán formado por millares de rostros idénticos, carece de sensibilidad y su única herramienta retórica es un malsano y exagerado altruismo.

Desde su irónica atalaya, foucaultiana *avant la lettre*, Wilde distingue tres clases de déspota. «Está el déspota que tiraniza el cuerpo. Está el déspota que tiraniza el alma. Está el déspota que tiraniza igualmente el cuerpo y el alma. Al primero se le llama el *Príncipe*. Al segundo se le llama el *Papa*. Al tercero se le llama el *Pueblo*». Si trasladamos esas tres Furias a los dominios de la realidad cubana quedará claro que el exilio es una posibilidad, aunque no una garantía, de mantener la condición del intelectual vinculada a cierta integridad, equidistante del fervor, por un lado, y de la marginalidad, por otro.

Esta curiosa «economía de los sentimientos» nos condena a una suerte de melancolía de la que resulta, también, un estilo de pensamiento. La melancolía, ya lo sabemos desde aquel opúsculo de Aristóteles, es una desmesura al revés, una consciente vigilancia que nos mantiene a salvo de las tentaciones de la utopía.

[2005]

# I. Cacerías inmóviles

No se trata de confundir, de rearmar de nuevo uno de aquellos *imbroglios* finiseculares y volver a lo de la crítica creadora, sino de acercarse al hecho literario con la tradición de mirar fijamente la pared, las manchas de la humedad, las hilachas de la madera, inmóvil, sentado; que ya entraña la calentura y la pasión en ese absoluto fijarse en un hecho, dejar caer el ojo, no como la ceniza que cae, sino deteniéndolo, hasta que esa cacería inmóvil se justifica, empezando a hervir y a dilatarse.

José Lezama Lima

# José Martí o la república modernista

En 1956, el Modernismo protagonizó una de las polémicas más superfluas de la crítica hispanoamericana: la del cubano Juan Marinello contra el profesor español Manuel Pedro González a propósito de José Martí.

Para el primero, la discusión fue la posibilidad de explayar su rencor contra la vanguardia con el pretexto de «salvar» a Martí de un Modernismo reducido a «estética decadente». Porque Martí encarnaría, según la opinión inicial de Marinello, un espíritu «americano y mundonovista» enfrentado al «europeísmo frívolo y al trasplante culpable». El profesor González replicó con las opiniones de Federico de Onís y se tomó el trabajo de justificar la «libertad de la lírica». En esencia, ambas posiciones de ese debate, que bien pudiéramos calificar de decimonónico, terminaron en el mismo lecho de Procusto: el Modernismo como una mera cuestión de estilo.

El crítico español cumplió con dignidad su *defense of poetry*, pero apenas reparó en la mayor limitación de su oponente: ignorar que detrás del estilo modernista había un conflicto de otras proporciones: el problema de la Modernidad. Años después, críticos más lúcidos (Octavio Paz, Cintio Vitier, Enrico Mario Santí) dejarán claro que el modernismo era uno de los síntomas modernos de América, una manera de imitar, pero también –y sobre todo– de imaginar.

Sin embargo, el modernismo martiano arrastra demasiadas cosas. Es un conjunto heteróclito donde encontramos desde el dualismo Naturaleza/Artificio hasta la legitimidad de la revolución política. Si Darío le exige a la poesía la perfección de una originalidad permanente, Martí trata de encontrar un artefacto estético-político encargado de asegurar la emancipación. Tal vez por culpa de esos orígenes «poéticos», su modelo plantea un problema de fondo: sólo «funciona» si establecemos una relación circular, viciosa, entre República, Naturaleza y Política. Desde este punto de vista, lo que ha sido exaltado como un ejemplo de coherencia intelectual pasa a convertirse en el lastre «poético» de nuestra tradición política.


II.

No hay duda de que la República martiana tiene su primer punto de referencia en el modelo liberal norteamericano. Pero se trata, como casi todos los gustos de Martí, de una referencia poco sistemática. Con ese modelo se identifica unas veces, o se aleja otras. La sociedad descrita en las *Escenas norteamericanas* (1888) es una entidad desvirtuada que ha abandonado su estadio ideal, la etapa anterior a la Guerra de Secesión, para hundirse en el artificio de la Modernidad.

Ya el título mismo de las crónicas anuncia la sociedad como retablo urbano, un *topos* modernista que obsesionó lo mismo a Baudelaire que a Darío, y cuya filiación judeocristiana nos remite a San Agustín, arrepentido de sus turbias relaciones con Cartago, «la gran meretriz», o a Pascal, obsesionado por la *anomie*, esa condición de la ciudad que, por licencia acordada o conquistada de sus propios ciudadanos, decide abandonarse a la concupiscencia.

La ciudad que Martí describe en sus *Escenas* y en los *Versos Libres* es un vasto muestrario de tentaciones. Edificada sobre el sacrificio, esta Nueva York martiana compite con Cartago, Babilonia o la Roma imperial. En ella, al poeta no le queda otro remedio que rumiar su malestar místico mientras pasea como un espectro entre espectros: sus ganas de autenticidad sólo hallarán consuelo más allá del purgatorio de la Cosmópolis de turno. (Léanse así, como pruebas de una mística urbana, los poemas «Pollice verso», «Flores del cielo», «He vivido, me he muerto» o «A los espacios»). Y aunque Martí se debate continuamente entre la admiración por las grandiosas construcciones de la modernidad y la nostalgia de un mundo perdido, todas sus visiones poéticas están marcadas por la sensación de encontrarse en la antesala de una nueva Caída.

III.

En su famoso prólogo a *El poema del Niágara* de José Pérez Bonalde (1882), Martí define con metáforas reveladoras la amenaza temporal de la modernidad. Abrirse al tiempo moderno es para él una exigencia agónica, amenazada por lo efímero. Anunciada como Escisión y repudiada como Caída, la nueva época toma la forma de una avalancha que identifica lo genuino con lo funcional, dejándole al artista un papel secundario. Por eso la República modernista no será nunca totalmente moderna, porque intenta por todos los medios preservar el imperativo de transparencia, de la autenticidad que demanda cierta filosofía natural. Realizar este ideal de transparencia significa planear una sociedad en la que el *hecho* coincida con el *derecho*, resolviendo así el «desorden» temporal de la modernización. Como antes en Rousseau, para Martí la sociedad virtuosa sería precisamente la salvaguarda o restitución potencial de esa transparencia empañada por la modernidad.

Martí invoca constantemente lo natural, pero necesita endosarle un nuevo ritmo de cambio y liberación. La Naturaleza persiste envuelta en estos velos; desplazada pero, en esencia, intacta ante el ascenso del Artificio. Su nuevo refugio será el sujeto y su moralidad, el «hombre nuevo» encargado del cambio social. En pocas palabras: con su República Martí intenta conciliar modernidad y naturaleza romántica. El polo opuesto a su posición sería la famosa frase de Malthus: «Un hombre que nace en un mundo que ya tiene dueño no tiene derecho de reclamar ni la más pequeña porción de alimento y, de hecho, no tiene por qué estar donde está. En el banquete de la naturaleza no hay un cubierto vacante para él». En oposición a esta entidad avara, tenemos el dominio de la naturaleza martiana: la mesa natural de su República supone un espacio para todos los comensales, quienes, a la vez, hacen gala de su frugalidad.

En 1889 Martí convierte su República en utopía al anunciar «aquel estado apetecible donde cada hombre se promete y ejerce, y disfrutan todos de la abundancia que la Naturaleza puso para todos» como la solución política continental. Tras un análisis crítico de las repúblicas americanas y su historia de caudillismos, Martí concluye *Nuestra América* diciendo que «estos países se salvarán porque, con el genio de la moderación que parece imperar, por la armonía serena de la Naturaleza, en el continente de la luz, y por el influjo de la lectura crítica que ha sucedido en Europa a la lectura de tanteo y falansterio en que se empapó la generación anterior, le está naciendo a América, en estos tiempos reales, el hombre real». En ese momento, al proponer una salvación colectiva bajo la égida del «hombre nuevo», la República martiana deja de ser un proyecto de transformación liberal y se convierte en programa de una eugenesia utópica.


IV.


Mucho se ha especulado sobre la invocación al Gran Semí con que Martí concluye *Nuestra América*. ¿Por qué este manifiesto político termina citando una leyenda sobre el origen americano? ¿Por qué ese «desliz mítico» en un texto político por excelencia?

Para Cintio Vitier, la clave está en el «americanismo» martiano, un supuesto diálogo con la cultura indígena que el escritor habría descubierto durante su estancia en México. Sin embargo, a pesar de su curiosa relación con Arístides Rojas, el autor venezolano de los *Estudios indígenas* (1878), en lo relativo a la mitología americana

Martí no rebasaba la categoría de diletante. Si echó mano al mito del Gran Semí o Gran Espíritu americano fue sólo para responder con una metáfora a la pregunta que estaba en la génesis de su republicanismo: ¿cómo fundamentar por el origen una comunidad de destino?

Según Vitier, Arístides Rojas extractó la leyenda del *Saggio di storia americana* (1780-1784) del abate Filippo Salvatore Gilii. Allí se consigna que, una vez aplacado el diluvio que destruyó la primera raza humana, los dos únicos sobrevivientes, Amalivaca y su mujer «comenzaron a arrojar, por sobre sus cabezas y hacia atrás, los frutos de la palma moriche, y que de las semillas de esta salieron los hombres y mujeres que actualmente pueblan la tierra». Como en todos los mitos fundadores, luego aparece una significativa dosis de violencia: Amalivaca fractura las piernas a sus hijas «para imposibilitarles en sus deseos de viajar y poder de esta manera poblar la tierra de los tamanacos». La América autóctona se convierte así en una especie de cárcel genésica, una matriz primordial. No por gusto Alexander von Humboldt, el ilustrado por excelencia, caracterizó al Gran Semí como «el personaje mitológico de la América bárbara». Lo que Martí ilustra con su referencia al Gran Semí es la famosa disyuntiva de Sarmiento: política y estética se funden en este «americanismo» bárbaro que enfrenta a la civilización moderna con otra basada en un mito de fundación.

Por desgracia, la lectura del liberalismo decimonónico cubano carece aún de algunas demarcaciones esenciales: el farragoso estudio de la ideología martiana hecho por Paul Estrade no define con claridad la relación del cubano con los paradigmas liberales clásicos, y se empeña en defender una supuesta «evolución» del pensamiento martiano a partir de su estancia en los Estados Unidos y su rechazo de la injusticia que allí vió. Pero ni el propio Estrade puede evitar reconocer que Cuba estuvo siempre en la corriente liberal de América, esa abstracción de intercambios (y exclusiones) entre varios paradigmas y escenarios políticos. En Martí, sin embargo, hay más de republicanismo que de liberalismo. Y esa invocación al origen, ese «viaje a la semilla» no será sino la justificación mítica de su republicanismo continental.


V.

Algunos críticos marxistas han supuesto que el radicalismo político condujo a Martí hacia el materialismo como concepción de la sociedad, mientras que sus ideas sobre el pensamiento y la naturaleza se habrían mantenido en un marco pseudocristiano. Sucede exactamente lo contrario: es el espiritualismo panenteísta de Krause el que conduce a Martí hacia su radical concepción de la independencia.

Durante su estancia universitaria en España (1871-1874) Martí entra en contacto con la obra del filósofo alemán Karl Christian Friedrich Krause, que por entonces contaba con una gran difusión en la península gracias a Julián Sanz del Río, Francisco Giner y la Institución Libre de Enseñanza. Es posible, incluso, que a través de algunos pensadores cubanos ya hubiera tenido acceso a las teorías del Derecho natural de Ahrens y del propio Krause. En el orden de las ciencias jurídicas y sociales de la España decimonónica, el krausismo fue la posibilidad de una secularización progresiva. De él surgió la doctrina del *self goverment* y el parlamentarismo de Gumersindo de Azcárate, así como las ideas de Joaquín Costa sobre la autonomía jurídica individual y el colectivismo agrario; de él se desprende la teoría descentralizadora y toda la Filosofía del Derecho de Giner de los Ríos. El precedente de estas tendencias es *Urbild der Menschheit* (de 1811, traducido y adaptado por Sanz del Río como *El ideal de la Humanidad para la Vida*), el libro donde Krause formula su teoría del Estado. Un Estado limitado, como la República martiana, a la esfera del Derecho, porque la Moral, la Ciencia, el Arte y la Educación adquieren formas propias, institucionalizadas, que Krause denomina «alianzas». La Alianza de la Humanidad, cuyo precedente simbólico e histórico ve Krause en la Hermandad Masónica, es la institución cúpula del edificio social, y tiene como misión velar por la armonía de las demás esferas. Para Martí, que había sido un activo francmasón, fue relativamente sencillo yuxtaponer este ideal al modelo republicano y traducir las formas de sociabilidad fundadas en el secreto y la iniciación al lenguaje de la lucha política clandestina por la independencia. En la polémica que sostiene con los masones en México (justo después de su estancia en España), intenta convencerlos de que el carácter esotérico de la hermandad ya no tiene sentido, puesto que el ideal masónico de fraternidad no requiere del secreto sino todo lo contrario: abiertamente público, será el cimiento perfecto de toda política futura.

Esta relación de Martí con el krausismo obliga a replantearse su vínculo con la tradición liberal. En la América decimonónica, los caudillos que llevaron a cabo la Independencia optaron por un modelo ilustrado (y antiespañol) de modernidad. Este modelo, favorable a una legislación universalista, parecía ser el único con el cual podían conformarse los estados nacionales de nuestro continente. Pero las experiencias de la independencia sudamericana solían terminar en un caudillismo decepcionante, mientras que los Estados Unidos mostraban, cada vez más, los riesgos de una modernización que la República siempre consideró pecaminosa. Martí recurre entonces a Krause, cuyo programa social podía combinarse con otras formas de sociabilidad sin pagar el precio de un estado caudillista.


VI.

El olvidado Francisco Frías y Jacott, conde de Pozos Dulces, y los autonomistas posteriores –a los que tanto criticó Martí– buscaban extender el Derecho español y sus prerrogativas, promoviendo en las

Cortes las cláusulas que favorecían la funcionalidad económica: la superación de los impedimentos para el librecambio era la manera de legitimar a la Isla. Se abría entonces la posibilidad de un programa realista para el desarrollo cubano, sostenido en el manejo inteligente de la economía azucarera, cuyo precursor había sido Francisco de Arango y Parreño. Ese pragmatismo encontró continuidad en la llamada «solución autonomista», pero al final, como sabemos, resultó desplazado por el radicalismo independentista, al que Martí aportó casi toda la tensión intelectual.

Sin embargo, el independentismo no lanzó a Martí fuera de los límites del Derecho natural: el disperso proyecto económico de su República responde también a este *corpus*, aunque entendido como una vocación electiva. Este uso electivo de la tradición liberal y republicana le permite a Martí pasar de un orden cerrado, en el que la isla ejemplifica los temas inseparables del nacionalismo ascético y la felicidad agrícola, a otro orden de relaciones en el que la nación puede inscribirse en el *laissez faire* o en un intercambio mercantil artificialmente limitado a «Nuestra América», a un grupo de naciones unidas por el mismo origen y la misma tradición.

Al final, su República propondrá el ideal de una cuádruple autarquía: *geográfica*: la isla rodeada por fronteras de agua; *subjetiva*: es el modelo que permite «ser uno mismo»; *económica*: puesto que se reconoce que no hay autonomía de la conciencia si ésta no se asegura en términos de comercio para el sustento; y *política*: puesto que el ejercicio del universalismo republicano pasa necesariamente por la independencia de la metrópoli.

Martí consigue convertir el estado feliz, autárquico, en «estado natural». Pero en la política y la economía modernas cualquier mención a la naturaleza está obligada a desprenderse del aura romántica. El fracaso de la República martiana no es, como se piensa habitualmente, un problema de «coyunturas» históricas o políticas; se trata de una disfunción esencial, inherente al proyecto. Por eso el discurso utópico martiano, que ocupa el lugar de la solución histórica de una contradicción, parece siempre actual: deja ver soluciones imaginarias para contradicciones reales.

Lo que permitiría unir Modernismo y modernidad en Martí es la idea de la República como creación estética, un mito republicano en el lugar de un *Ancien Régime*. Juego de opuestos: entre la Modernidad política, es decir, la tradición del contrato liberal, que intenta solucionar el problema secular de la autoridad institucional por el gesto, a la vez trascendental y mítico, de una cesión generalizada e instantánea de los derechos particulares y absolutos; y el Modernismo, una alternativa a la modernidad, donde se consuma la estetización de la política.

No hay en la tradición cubana ningún otro intento de lograr una síntesis entre Estética y Política. Sin embargo, todos los proyectos políticos cubanos han necesitado aludir a la República de Martí como si se tratase de una entidad lograda y deseable. Velada por el atractivo misterio de lo incumplido, la República martiana ostenta un aura poética que oculta su fracaso en términos de *Realpolitik*. Por eso hay que dejar de ver a Martí como *summa* y empezar a entenderlo como síntoma.

# Balance de Casal

Siempre me he preguntado por qué nuestros modernistas, supuestos representantes de una casta renovadora, presumieron siempre de ascéticos y tímidos. Julián del Casal, por ejemplo, hace un uso constante de máscaras y seudónimos, se rodea a menudo de disfraces y ambigüedad. Como si no quisiera ser abiertamente la novedad que es. Ahí radica, quizá, su verdadero misterio, y no en cierta teoría de las influencias, concebida expresamente para un «caso Casal», que nos obliga a reacomodar su poesía en una telaraña de circunstancias.

«Tu muerte podía haber influenciado a Baudelaire» –le dice Lezama en su famosa *Oda*, intentando derribar con un verso los empolvados estantes de la crítica decimonónica. Para justificar ese atrevimiento, Lezama también escribió uno de sus mejores ensayos, «Julián del Casal», donde recomienda un método, la «potencia de razonamiento reminiscente», que podrá servir «para evitar que la crítica se acoja a un desteñido complejo inferior que derivaría de meras comprobaciones, influencias o prioridades, convirtiendo miserablemente a los epígonos americanos en meros testimonios de ajenos nacimientos».

Buena parte de lo escrito sobre el Modernismo hispanoamericano, y sobre todo, la crítica española de Casal, ha prescindido de esta recomendación. Otros, sin embargo, la toman demasiado al pie de la letra: ocupados en defender la novedad del estilo modernista, casi han logrado convencernos de que la obra casaliana es equiparable a la de Baudelaire, de que el poeta Casal logró crear su propia circunstancia literaria con el simple recurso del afrancesamiento.

Esa última conclusión también es falsa, tan falsa como una máscara casaliana. Para entender el modernismo de Casal hay que olvidarse un poco de Baudelaire, de Walter Benjamin y su teoría del *flâneur*, del psicoanálisis de segunda mano. Quedarnos un rato en su habitación, sí, pero luego regresar a su poesía, llena de momentos cursis y retazos exóticos: el recurso de una miseria que elude enfrentarse a su propio vacío.

No tiene mucho sentido hacer de Casal el San Sebastián de la literatura cubana, una víctima dotada del aura fatalista del héroe homosexual. El Casal censurado, el triste animal metafórico limitado por las exigencias del realismo colonial, el poeta que prefiere vivir como poeta en un país donde la gente vive del robo convive con el escritor frívolo, la pose y la cita de segunda mano.

Antes se quisieron convertir sus crónicas en un gesto de enfrentamiento político a las autoridades coloniales, citando como prueba una posible cesantía a consecuencia del retrato burlón que el «Conde de Camors» hizo del Capitán General de la Isla, Sabas Marín. Pero lo que revelan esas crónicas es la gozosa voluntad de falsear la vida cubana, convirtiéndola en el telón de fondo de una inmensa representación. «¡Amemos las pompas y las vanidades!» −ese es el desafío que lanza Casal a la burguesía habanera. Más falso que la falsedad a medias de una aristocracia trasplantada, más inauténtico que la ridícula aristocracia cubana, Casal radicaliza el desarraigo del Objeto Modernista. No es poca virtud, así que podemos prescindir de la bravata política que lo incluye en el panteón de nuestros héroes literarios. (No hay heroísmo en el cronista que vende su pluma al mejor postor; hay sólo circunstancias del estilo, y de esas circunstancias debería ocuparse más la crítica).

El estilo de Casal tiene las mismas características de su hastío: es circular, provoca el delirio y es provocado por éste. En su poesía, tal circularidad resulta un tanto agotadora. Pero gracias a esa pulsión, que lo obliga a sustituir la visiones idílicas del romanticismo con el artificio urbano redoblado, Casal logra algunos de los mejores momentos de la prosa decimonónica cubana:

Todas las noches en La Habana son iguales. Siempre vemos el mismo cielo, tachonado de los mismos astros; aspiramos el mismo ambiente, impregnado de los mismos olores; recorremos las mismas calles, alumbradas por los mismos mecheros de gas; penetramos en los mismos cafés, invadidos por las mismas gentes; acudimos a los mismos teatros ocupados por los mismos actores; y cenamos en los mismos gabinetes, en compañía de los mismos amigos. Vivimos condenados a girar perpetuamente en el mismo círculo, sin poder escaparnos de él.

La salida al hastío no la encuentra el escritor en la mundanidad de los salones, pues ni esa mundanidad le resulta lo bastante glamorosa, descalificada, como lo está, por el fantasma de la pobreza:

La vida mundana tampoco se vive entre nosotros. Las familias que conservan todavía el esplendor de los tiempos pasados, sólo abren una o dos veces al año sus salones. Las fiestas semanales que se verifican en ciertas casas revisten un carácter demasiado familiar y resultan al cabo insípidas, para los que estamos siempre ávidos de sensaciones nuevas. Y es que la miseria ha penetrado en el seno de los hogares cubanos, sin que se la pueda expulsar de ellos. Aunque se la oculte, bajo manto de seda, recamado de oro y de oropeles, en el último rincón de la casa, se perciben el eco de sus gemidos y el hedor purulento de sus llagas.

Debemos al cronista Casal esa entrada relumbrante de la pobreza en el salón decimonónico cubano, tan parecida a la aparición de la Muerte Roja en un cuento de Poe. El tremendismo casaliano –nos recuerda Calvert Casey– resulta realista si recordamos que la miseria estaba entonces en cada esquina de La Habana. Pero Casal es inseparable de un *pathos* cercano a lo *kitsch*; ronda el vértigo irrepetible de la sensibilidad pura y a menudo se extravía en su propio delirio, negándose a ver ese «otro mundo», la Realidad de la que habla Casey. Su ceguera es simplemente la consecuencia del amaneramiento que diferencia al Modernismo de la Modernidad.

En su crónica *Los payasos norteamericanos*, Casal confiesa su aburrimiento del arte circense y traza la división entre el mundo del objeto modernista y el del objeto tecnificado, plenamente moderno:

> Por más que el espectáculo me aburrió, me repugnó, y casi me enfermó, como aburre, repugna y enferma a los que tienen un poco de gusto artístico todo lo que procede del pueblo norteamericano, de ese pueblo que dejó morir a Edgar Poe en la miseria, que compra las obras de los grandes artistas, no para venerarlas sino para especular con ellas, y que no ha podido exponer, según los diarios parisienses, en la última Exposición de París, más que grandes máquinas, latas de conservas alimenticias y dientes postizos: me veo obligado a confesar, a fuer de imparcial, que los payasos norteamericanos han gustado a la mayoría del público habanero, produciéndole la impresión más agradable que la empresa pudo soñar.
>
> Hoy dan la segunda representación y es de presumir que el teatro se llene otra vez. ¿Sucederá lo mismo, si viene, como se asegura, una compañía de ópera francesa?

Nos gusta cuando Casal exige el «verdadero» artificio del terciopelo y la operática diva para sacudir la monotonía y la vulgaridad de los teatros habaneros. Pero inmediatamente después confiesa preferir el exotismo de un ridículo vaudevil, *El Gran Mogol* (donde un bronceado príncipe Miñapur desdeña a la princesa Bengalina por culpa de una domadora de serpientes) al popular espectáculo de los *clowns*, la risa en serie.

José Lezama Lima fue el primero que propuso, como si fuera una virtud, la «poética de la existencia» casaliana. Contra el diagnóstico positivista, aquella famosa frase de Varona «En Cuba se puede ser poeta, pero no se puede vivir como poeta», Lezama glosa el nutrido anecdotario de Casal: sus paseos, su pijama japonés, sus renuncias o su muerte de risa. Llevado por una teoría de la *imago* todopoderosa, también coloca todo eso en el lugar de la obra. «Casal» –nos dice– «tiene que trasladar la poesía, ya que no podrá alcanzar la felicidad de la obra, a una constante prueba de actitud poética, de vida poética».

Esta caricia sadomasoquista, ese «abrazo de oso» crítico, nos coloca en un marco ambiguo, donde literatura y biografía se confunden en ciertas peripecias «poéticas». Casal fue para Lezama el pretexto perfecto para estrenar un método de crítica literaria basado en un profundo conocimiento de la tradición cubana y un desprecio radical por el análisis filológico de la poesía. Probemos, por ejemplo, a repasar una vez más la relación entre Lezama y Casal. Pedro Marqués ha dedicado al tema las unas páginas sugerentes, «Estertores de Julián del Casal», donde sobrevalora, a mi entender, la importancia de las colaboraciones de Casal en *La Caricatura*, supuestamente censuradas por Lezama. Muchas zonas recónditas del XIX cubano reveló Lezama, desde el indiscutible nicho de Meza hasta la controvertida biografía del *maudit* Tristán de Jesús Medina. Si no quiso publicar las crónicas de *La Caricatura* fue tal vez porque le parecieron malas. ¿Se trata de un juicio moral o literario? Que me perdonen los «casalianos», en cuyas tentativas de rescate se advierte casi siempre la necesidad de convertir a Casal en una víctima del moralismo origenista. Pero aún si aceptáramos esta versión victimista del canon, tendríamos que diferenciar los pecados de *Orígenes* de los pecados de Lezama. Quizás por eso Marqués de Armas termina su ensayo mostrándonos una curiosa paradoja:

[En la «Oda a Julián del Casal»] Lezama identificó (y sin duda también ocultó) esas colaboraciones de Casal, cometiendo el pecado origenista de mantenerse fiel a determinada eticidad. Sin embargo, puso en peligro la suya propia, cubriendo con el velo de lo aparencial esta salida tan poco sublime y por ello tan importante. Pronosticó una maldición para quien encontrase las crónicas, como si fueran complemento de menor valía, o materia explosiva capaz de activar zonas recónditas del XIX cubano.

Mucho puritanismo había en *Orígenes*, por supuesto, pero no estoy seguro de que Lezama, en particular, haya hecho una lectura «apacible, redentora y puritana» de nuestro siglo xix. En cualquier caso, es interesante cómo a cada rato vuelven a coincidir en el tablero de la crítica literaria cubana estas tres piezas, Lezama, *Orígenes*, Casal, como si fueran autores de una misma generación, de un mismo siglo. Tal coincidencia disimula a veces lo que tiene de renovador la escritura de Lezama, y pasa por alto la «materia explosiva» de muchos de sus juicios.

Tomemos, por ejemplo, su ya aludido ensayo «Julián del Casal», de 1941. Rendido a la evidencia de que la obra de Casal no alcanza la intensidad de su vida, Lezama traza una fundamental distinción entre el esteticismo casaliano y el dandismo de Baudelaire. Primero aventura, como aquel famoso ensayo de Borges sobre «Kafka y sus precursores», que Casal bien pudo influir a Baudelaire, e incluso recomienda un método, la «potencia de razonamiento reminiscente», que podrá servir «para evitar que la crítica se acoja a un desteñido complejo inferior que derivaría de meras comprobaciones, influencias o prioridades, convirtiendo miserablemente a los epígonos americanos en meros testimonios de ajenos nacimientos». Sin embargo, en esas páginas también se reconoce que «vivir como poeta» no basta para ser un gran poeta:

> Desde Baudelaire hasta la poesía que se agita en nuestros días, conviene distinguir entre esteticismo y dandysmo, y conviene tener de esas dos posiciones poéticas una distinción tan precisa como los órdenes de los círculos infernales. El esteticismo llega a nuestros días, dándole vuelta entre sus dedos a la estética de la rosa, pero la brevedad de su tránsito, tema ético, y misteriosa geometría, donde el misterio es mínimo y la geometría superficial, limitan las vastas agitaciones que tiene que domeñar el poeta y las resultas de sus totales y fieros dolores».

Mientras que el esteticista convierte a la belleza en arquetipo fácil, el dandy tiene que vérselas con los retos de una creación que resuelve en la obra dilemas de mayor calado. En esa lucha, dice Lezama, «con los grandes y únicos temas», Baudelaire descubre «los primeros recursos que después se transformarán en un prolongado balanceo entre los orígenes y el Juicio Final». Por el contrario, el esteticista vive atrapado en su «equivocación esencial y costosa», una levedad que tiene la belleza y la fragilidad de la nieve. Su idea de lo bello exige separar forma de sustancia, «gusta de suponer más bella la rama del almendro que la corrupción del pez, del hombre o del zapato». Y esa actitud termina por conducir a las vitrinas, por hacer de la poesía materia museable:

> Del antropomorfismo esteticista al antropocentrismo dandista hay la diferencia entre dos culturas, dos actitudes que conducen a dos finales poéticos de distinta enemistad. Mientras el dandysmo termina en Charles Baudelaire, buscando el paraíso revelado y las reducciones del pecado original, el esteticismo culmina en las vitrinas, en las colecciones de ídolos muertos, de materia que no quiere ser firmada, que no marcha hacia nosotros.

Al esbozar esta dicotomía fundamental de la modernidad literaria, Lezama da un paso fundamental para la comprensión de nuestro siglo XIX. Con Casal, el modernismo cubano logra acceder a la Forma en estado puro, a un mundo donde la escritura se practica como un lujo, donde las páginas se llenan de objetos y sonidos preciosos. Una escritura –ha dicho Antonio José Ponte en un ensayo indispensable– hecha de «momentos muertos, instantes para nada, caravanas sucesivas partiendo a ningún lado».

Para Lezama, Casal resulta inseparable de su Museo Ideal, del baúl repleto de libros que se hacía enviar por el conde Kostia y de las chinerías de la familia Cay. Ponte y García Vega también se refieren a este trasiego de objetos. Tanto en el poema que Lezama dedicó a Casal como en su ensayo de 1941, se despliega toda esta cacharrería sentimental. Ponte interpreta que Lezama no sólo elogia el coleccionismo de Casal, sino que, además, imita un poco esta relación modernista con los objetos, tan importante a la hora de explicar la historia de la literatura cubana, convertida en un montón de trastos desvencijados, en el catálogo de unas ruinas que pueden volver a ser ciudad. Así lo ve también García Vega en su ensayo «La opereta cubana en Julián del Casal», incluído en *Los años de Orígenes*, donde este elenco de pertenencias casalianas aparece no como una colección a heredar sino como mentiras, como el delirio de grandeza que gira alrededor de las cosas y organiza la ilusión de haber poseído objetos preciosos. «Es la creencia» –dice Ponte– «en que la devoción por unos pocos talismanes, la idolatría de los trastos llevará de nuevo a la bonanza económica, la creencia en que el montón de ceniza se volverá cristal».

Se alude aquí no sólo a la relación de Lezama con Casal sino a nuestra manera de entender el siglo XIX. No me parece tarea impropia de un poeta emprender la «invención del palacio a partir de las ruinas», convocar y defender esas «pobretonas metamorfosis» que refiere García Vega. Esos objetos mitificados a los que alude Lezama en su reflexión sobre Casal son esenciales para completar un paisaje humano y revelar la belleza detrás de una desaparición. No olvidemos que entre las imágenes con las que Baudelaire se refiere al poeta moderno está la del «miserable custodiando un tesoro». La cosa entonces va más allá de «unos cuantos objetos ricos» agrupados con cierto infantilismo sentimental para obligarnos a pensar en un lenguaje que quiere convertirse en lo opuesto de una restauración inocente y nostálgica.

En su polémico libro sobre *Orígenes*, García Vega critica en Casal el vicio cubano de la invención del palacio a partir de las ruinas, la práctica de «las pobretonas metamorfosis» con las que un puñado de literatos intenta justificar su menguada tradición. Esos objetos ricos agrupados con sentimentalismo intentarían ocultar el rotundo fracaso moderno de «lo cubano». Dos años antes de aquel ensayo de García Vega, Calvert Casey tambien había hecho notar la falsedad que sostenía nuestro siglo XIX:

Sólo nos queda recomenzar humildemente por los mismos caminos sabiendo que Miahle miente, que miente Landaluce, que mienten Villaverde y Meza y los dos Betancourt, que mintieron Heredia y Doña Tula y Hazard y Valdivia y Fornaris [...] Sus mentiras y sus verdades, en otras palabras, su espléndido o su mediocre esfuerzo impotente, son la gran clave para entender el pasado y la costumbre, y esa cosa huidiza aún que se llama el estilo. Mienten en escala delirante los *croniqueurs* y nadie como ellos, sin embargo, para hacernos entender con sus mentiras y con el aplastante poder de revelación que tiene la cursilería, la aspiración de una época.

El problema de ambas interpretaciones, la de Casey y la de García Vega, es que de alguna manera oponen a esa «mentira» nacional la aspiración a una verdad literaria. Ambos ensayos son, a mi entender, deudores de un deseo revolucionario de renovación, de una incomodidad en suspenso. Para acabar con ese suspenso habría que reconocer, sí, que los modernistas son los grandes herederos y los continuadores de esa gran mentira del XIX cubano. Desecharon una visión edénica, construyeron otra igualmente incompleta. En una palabra, hicieron literatura: «Terca y torpemente» –dice Casey– «Villaverde ve castillos de Walter Scott en los montes de Pinar del Río». Casey tiene razón cuando dice que los mejores momentos de Casal son los sórdidos ramalazos de sus crónicas, donde se precisan los contornos sombríos de los bajos fondos y se intuye la cara oculta del gran siglo habanero. Son momentos en los que el exotismo coincide con la realidad: es imposible eliminar el exotismo –apunta Casey– del cuadro de un país donde, en una sola década, penetraron veinticinco mil chinos semiesclavos. De esos chinos se ocupará luego Sarduy, y la ficción modernista volverá a encontrar su cauce nacional. Pero eso sólo pudo suceder porque primero se emancipó el lenguaje, porque el Modernismo supo ejercer la ventriloquia de lo cubano a través de lo universal. Más allá de estas chinerías reales y miserables, podríamos suponer que al leer a Sarduy –nuestro último modernista– Casal sonríe, metido en el falso brillo de genealogías inventadas, en el gran equívoco de historias trucadas y apócrifas, en el engaño que rodea al relato familiar y a las circunstancias que delatan herencias perdidas.

La historia de la literatura cubana encadena esa invención que es también una confesión de impotencia, un delirio que sustituye las fundaciones. Giramos todavía en torno a ese vacío; lo ahondamos, a veces, con el esfuerzo que intenta conjurarlo.

# LEZAMA: LA LETRA Y EL ESPÍRITU

> Manifiéstelo o no, todo escritor aspira al recono-
> cimiento, el cual contiene en sí mismo un princi-
> pio de mensuración: ¿escritor provincial, nacional,
> internacional? Es decir, mayor o menor número de
> gente que lo reconozca.
>
> Virgilio Piñera

En su ensayo «Opciones de Lezama», Virgilio Piñera se asoma, inquieto, al peligro de la magnificación. Pero lo evade con elegancia: divide en vez de sumar. La carrera literaria de su antagonista favorito se le aparece dividida en tres: Lezama conversador, Lezama poeta y Lezama novelista. Hasta la publicación de *Paradiso*, supremo punto de convergencia, a Lezama esas tres máscaras «le cortaron la respiración, le suspendieron el aliento, resecaron su boca y lo mantuvieron en vilo sobre el abismo de sus posibilidades». Porque, concluye, sólo al integrar estas tres opciones en una misma obra su contemporáneo habría resuelto el inquietante problema del reconocimiento póstumo.

Ese Lezama en vilo ha sido poco comentado. En cambio, se abusa del otro, del grandilocuente personaje que desde la soledad de su cuarto se autoproclama bomba de tiempo para el pasmo de edades presentes y futuras. La diferencia fundamental entre Lezama y Piñera es, sin duda, esa manía del primero por convertirse en un clásico. Una obsesión que sólo se debilita al final de su vida, cuando Lezama se da cuenta de que su poesía ha llegado a un callejón sin salida. Sólo en ese momento, el más importante poeta cubano de su siglo se sintió, para decirlo con las palabras de su contradictor, «acometido por la atroz sensación de la Nada».

Salvo por esa ráfaga de duda que pudo haber inspirado un cambio de estilo evidente en sus últimos poemas, la carrera lezamiana no exhibe desvíos: mientras el Personaje pone a hervir mil episodios en el caldo burbujeante de lo anecdótico, el Escritor levanta un túmulo imponente, cuyos visitantes estarían esperándolo en un tiempo muy parecido a la eternidad. «No tengo biografía ninguna», presumió en una entrevista. «Habito en lo que queda al pasar por el espejo», confiesa en una carta.

Ambas frases delatan la imagen de un escritor obsesionado por la posteridad, que prefiere residir donde se borra la memoria del cuerpo y el espíritu se funde con la letra.

«El saber que no nos pertenece y el desconocimiento que nos pertenece forman para mí la verdadera sabiduría». Con esa frase de su ensayo «Confluencias» Lezama iguala su historia personal y la historia de su tradición. Desde este punto de vista, su obra fue nuestra última revelación de la literatura concebida como *absoluto*, mapa de una «segunda naturaleza, tan *naturans* como la primera», donde la inocencia se comunica a veces con lo que él mismo llamó «la gracia de lo demoníaco».

Demoníaca o no, la fascinación que su escritura suscitó en mi generación no fue totalmente deliberada ni completamente azarosa. Quienes descubrimos a Lezama en los años ochenta intuíamos que su escritura había tocado una zona reveladora a la que no accedían ni sus contemporáneos ni sus predecesores.

La literatura de Lezama tenía, ante todo, la virtud de lo teratológico: monstruosa prueba del triunfo del escritor sobre una conjura de circunstancias inquietantes. Por eso la admiración no tardó en transformarse en culto: llegamos a creer que si leíamos todos los libros que él citaba alcanzaríamos una especie de salvación intelectual, lejos de aquellas apremiantes circunstancias geográficas que Piñera resume un verso archicitado de *La isla en peso*: «la maldita circunstancia del agua por todas partes».

Se trataba, por supuesto, de una impostura. Pero sería injusto desechar ahora ese intento adolescente por *literaturizar* la vida, esta necesidad de identificarnos con un escritor a costa de simular ser alguien que no somos. Algo insustituible nos reveló aquel escritor y quizás con *eso* baste, como bastaba intuir entonces su verdadera importancia, en medio de una adolescencia marcada por el desasosiego ante tanta palabra banal o carente de sentido.

Mientras perduró la sensación reconfortante de quien descubre un credo semisecreto, del adolescente que «comienza a verse, a verificarse en los demás», fue fácil compartir la pose de Lezama, ese camino en el que vida y literatura se borran mutuamente las huellas. Pero toda vocación literaria que intente rebasar su pubertad, esa fase en que «coinciden la intensidad de los deseos y la gracia que se nos regala», precisa de una decisión crítica como la que Piñera intuía en *Paradiso*: una suma de las opciones y posibilidades de la escritura, más allá de los *pastiches* y *mélanges*.

A mediados de los años noventa, enfrentada a sus primeros objetores, la visión hagiográfica de Lezama empezó a resquebrajarse. Cintio Vitier, albacea simbólico de *Orígenes*, dedicaba cada vez más tiempo a sus contradictores, definidos como retoños del espíritu negador de Virgilio Piñera, de *Ciclón* y, sobre todo, de Lorenzo García Vega, que ya en *Los años de Orígenes* critica la beatificación de Lezama y las trampas del ceremonial *origenista*.

Una vez más, Vitier abusaba de las medias verdades: era cierto que aquellos jóvenes habían leído a Piñera y a García Vega, pero también veían en Lezama a la Literatura con mayúsculas, el modelo de escritor que podía dar sentido a sus respectivas vocaciones.

Pongamos, por ejemplo, dos citas. En un ensayo titulado «*Orígenes* y los ochenta», el poeta Pedro Marqués de Armas escribe: «Leer a Lezama siendo adolescentes fue como recuperar de un golpe la memoria que habíamos perdido». O más bien, como precisa luego, «de una memoria literariamente tomada por el realismo, todo un orden simbólico secuestrado por la Revolución».

Ese mismo año, en su ensayo «Olvidar *Orígenes*», Rolando Sánchez Mejías reconoce:

La significación de *Orígenes* para mí ha sido la significación que han podido tener algunas de sus escrituras: la posibilidad de contar con un imaginario complejo, de una apertura o conexión entre distintos órdenes de la vida, o lo que es lo mismo: un concepto de Ficción en el orden del Absoluto [...] La otra lección de *Orígenes* derivada de su sentido total de la ficción, es la idea del Libro: del Libro como vastedad, como metáfora que encarna el mundo. Antes de *Orígenes* no contábamos con dicha tradición.

Al revisar estas declaraciones, uno termina preguntándose si, pese a los previsibles movimientos del péndulo generacional, hay algún escritor cubano que pueda, en realidad, «olvidar a *Orígenes*», o que se atreva a pasar por alto el problema que esa generación pone sobre la mesa canónica. De eso se trata con Lezama: de un lugar ineludible. Un puesto que no tiene que ver sólo con sus fecundos ejercicios críticos, su credo poético o la lectura de nuestro *pasado*, sino con la capacidad de irradiación sobre un grupo de escritores *futuros* cuyo imaginario estaba amputado por la estética del realismo revolucionario.

La canonización oficial de Lezama provocó un efecto colateral: el intento por «descifrar» su apoyo a la Revolución. No creo exagerar cuando digo que la política de Lezama se convirtió en la obsesión intelectual de mi generación. Si en los años setenta se había ignorado el tema (un *lapsus* que, por supuesto, no carece de significado), en los noventa, al reducirlo al poeta capaz de celebrar en el Estado revolucionario la encarnación de lo Absoluto, regresamos al maniqueísmo. No pocas de las preguntas políticas que hacíamos a Lezama siguen esperando una respuesta convincente. (¿Acaso «A partir de la poesía» puede considerarse un texto coyuntural dentro de su obra? ¿Es su «política», es decir, ese misticismo nacionalista reconstruido por Vitier, un simple añadido ideológico a su sistema poético?). Pero sospecho que al reducir la discusión sobre Lezama a su «política» incurriríamos en una especie de delirio hermenéutico, trasladábamos al campo literario nuestras propias frustraciones políticas.

Veinte años después, Lezama se ha convertido, por obra y gracia de la ventriloquia de Vitier, en un apóstol de nuestra «vuelta a las raíces», mientras que la figura de Virgilio Piñera ha pasado a ocupar el lugar del heterodoxo-modelo, que reclama, cada vez más, la atención de lectores y críticos. Ese desplazamiento del canon, como ya se ha dicho, recuerda otro movimiento y otro dualismo sintomático: el que separa a José Martí de Julián del Casal, el que defiende la «vida del poeta» modernista contra el ejemplo de un destino heroico y «patriótico». En ambos casos se incurre en no pocas simplificaciones. Hay dotes esenciales de un escritor que, entre cubanos, sólo encontramos en Lezama. Al final, tal vez todo se reduzca al nivel de ambición o a la pulsión de reconocimiento que menciona Piñera; ese deseo de inmortalidad condujo a Lezama por territorios realmente originales, incluida una *política del espíritu*.

Tanto en la «Teleología insular» de su *Coloquio con Juan Ramón Jiménez*, como en su posterior búsqueda de un arte que superara la nación («indecisa, claudicante y amorfa») para ponerse a la altura de un «estado posible», Lezama practica la ambivalencia del mistagogo: por un lado quiere edificar una tradición; por el otro, exalta el vacío circundante para dar mayor importancia a la empresa que se dispone a emprender. Una empresa, digámoslo de una vez, inseparable del mito. Para Lezama, como para muchos poetas románticos, el núcleo de cualquier impulso civilizador se encontraba en una mitología (esa entidad que Friedrich Schlegel llamó «la más artística de todas las obras de arte»). Sólo la reelaboración de nuevos y viejos mitos permitiría reconstituir espiritualmente la expresión de un país varado en una profunda crisis de su imaginario social.

No hay duda de que en su ensayo «A partir de la poesía» Lezama saludó a la Revolución triunfante y trató de encontrarle lugar en su sistema, colocándola dentro de la última de las eras imaginarias:

la hipóstasis martiana de la «posibilidad infinita». Tras enumerar los distintos episodios de un siglo «creador desde su pobreza», que habría incubado el germen de una especie de iluminación, su apología concluye con una imagen mitológica citada hasta el cansancio:

> La Revolución cubana significa que todos los conjuros negativos han sido decapitados. El anillo caído en el estanque, como en las antiguas mitologías, ha sido reencontrado. Comenzamos a vivir nuestros hechizos y el reinado de la imagen se entreabre en un tiempo absoluto. Cuando el pueblo está habitado por una imagen viviente, el estado alcanza su figura. El hombre que muere en la imagen gana la sobreabundancia de la resurrección. Martí, como el hechizado Hernando de Soto, ha sido enterrado y desenterrado hasta que ha ganado su paz. El estilo de la pobreza, las inauditas posibilidades de la pobreza han vuelto a alcanzar, entre nosotros, una plenitud oficiante.

Por supuesto, esa Revolución a la que se refiere Lezama en 1960 es apenas una promesa. El propio Vitier reconocía, en 1958, que en el sistema de Lezama la diferencia entre el *ethos* y la *poiesis* radicaba en el carácter hipertélico de la segunda: «Lo que ella provoca no es, como el acto creador del *ethos*, la parición del soberano bien, sino del Eros de la posibilidad que por la relación metafórica crea el puente unitivo de los dos mundos».

Resulta imposible soslayar el impulso que lleva a Lezama a identificar la Revolución con un avatar mítico, pero lo justo sería colocarlo dentro de una interpretación no legitimista, y en los dominios del *ethos*, no de la *poiesis*.

En todo gran poeta moderno habita, por así decirlo, la tentación de hablar en nombre de alguna *polis*. Pero también existe una necesidad de emprender migraciones solitarias, secretas cacerías que se identifican, a veces, con importantes mutaciones del lenguaje colectivo. Quienes citan una y otra vez su artículo «El 26 de julio: imagen y posibilidad», deberían recordar que en 1959 Lezama también escribió: «Hoy el poeta para alegar su pertenencia a una clase, su huida del estado y su regalía del nomadismo tiene que formar otra clase sagrada, ir más allá del estado».

En sólo diez años, la fe lezamiana en la Revolución como reencarnación mesiánica dejó lugar a un progresivo e irónico distanciamiento de la *Realpolitik* revolucionaria. La censura y la marginación que padeció durante años lo convencieron de que la poesía estaba en otra parte, alejada de ese avatar histórico que había usurpado la voz nacional. Basta un párrafo de una carta suya a Julián Orbón para probar que en diciembre de 1968 el entusiasmo ya no era el de 1960:

> Un conjuro, una llave que se nos perdió cuando estábamos tan cerca del castillo. Eso es lo terrible, la llave que tuvimos y se nos perdió. En el sueño la apretábamos en nuestras manos, pero ya por la mañana no estaba. Fue un conjuro, una inseguridad en el sueño. Como los malos le pasaron al sueño en el Caballero, soñaba despierto, pero en el sueño lo traspasaba y confundía. Quien vive para la imagen tiene que sufrir y perecer dentro de ella».

A la metáfora del «anillo reencontrado» es casi inevitable contraponer esta otra metáfora, la llave perdida. En la carta enviada al amigo en el exilio, la Revolución se entiende como el reencuentro y la pérdida de un emblema sagrado, una promesa incumplida de Redención. Lo cual revela que en Lezama, como en casi todos los intelectuales modernos, lo político siempre estuvo penetrado por una tensión entre el arrebato mesiánico y el más profundo pesimismo, paradoja apenas resuelta (si es que el término «resolución» tiene aquí algún sentido) en la idea órfica del poeta sacrificado en nombre de la imagen-nación.

Por eso, aunque en 1959 Lezama haya mostrado el mismo entusiasmo cívico que muchos otros cubanos, resulta ridículo hablar de un «Lezama revolucionario». Así como en esas mitologías germanas y nórdicas que él mismo cita el trayecto luminoso del anillo va siempre acompañado de alguna maldición ineluctable, su augurio de «posibilidad infinita» fue desmentido por una dictadura mesiánica. Sin embargo, no hay que juzgar a Lezama por esa malversación: en él, como en tantos otros escritores de nuestro siglo, el proyecto de una *política del espíritu* sólo tiene sentido y sustancia poética en el trasfondo del más desesperado nihilismo. Todos los testimonios que nos ofrece Lezama después de esos primeros años tienen más que ver con el fracaso de una fe que con su realización.

Desde una perspectiva radicalmente moderna, estos devaneos políticos de Lezama pueden parecernos «regresivos» o ingenuos. Pero si se reconoce que el historicismo moderno sacrifica también el contacto con ciertos dones de la palabra, tal vez empecemos a juzgar de otra manera su empresa poética y lo reivindiquemos por mantener el lazo de la literatura con «algo» que termina borrado por el ansia renovadora de las revoluciones.

Al fundir el *pathos* del nihilismo con una necesidad de refundación mítica, Lezama no sólo inaugura una novedosa perspectiva en la historia de la literatura cubana, sino también un tipo especial de elocuencia. «Uno sólo puede entusiasmarse realmente si escribe de modo apocalíptico» –ha dicho Paul de Man a propósito de Walter Benjamin. Un argumento similar puede aplicarse a muchos ensayos de Lezama, en los que el difícil equilibrio entre la crítica de la cultura y la voluntad de lo sagrado produce argumentos deslumbrantes.

Si se entiende la historia como un proceso de crecimiento, como maduración orgánica o como dialéctica, todo el sistema lezamiano parecerá irracional y fuera de lugar. Pero una comprensión histórica desde el punto de vista del lenguaje revela que la idea de las *eras imaginarias* tiene plenos derechos filosóficos en el contexto de la modernidad. Sobre este punto habría que escuchar la opinión de dos grandes poetas modernos. El primero sería T. S. Eliot, que al juzgar la obra de Wyndham Lewis nos advertía que el artista es a la vez más primitivo y más civilizado que sus contemporáneos:

«Su experiencia es más profunda que la civilización a la que pertenece, y en realidad, todo artista auténtico utiliza el fenómeno de la civilización sólo para expresar esa experiencia». La segunda cita es de Paul Valéry: «Un hombre moderno, y en ello reside el carácter de la modernidad, vive familiarmente con una gran cantidad de contrarios instalados en la penumbra de su pensamiento».

# Una tragedia en el trópico

El tiempo en el trópico no cuenta. Las cosas y los hechos transcurren, se suceden, pero no llegan a convertirse en acontecimientos. Un *acontecimiento* implica la diferencia, el significado, la novedad. Nada de esto tiene que ver con los personajes de Virgilio Piñera, paradójicos seres que hibernan bajo un sol devastador.

¿Cómo, entonces, ha de producirse la tragedia, esa historia de sentidos cíclicos, de transgresiones y revelaciones sorpresivas?

*El no* comienza con la presentación de dos «monstruos». O, al menos, hay una voz que así los considera. Pero la condición monstruosa de estos seres no es otra cosa que el resultado de un devenir sin sentido; un ritmo indiferente al cambio los ha metamorfoseado en seres extraños, en jóvenesviejos, en muertosvivos.

Con cada acto de la obra, el tiempo aumenta en una proporción desaforada: del primer al segundo acto transcurren cinco años; del segundo al tercero, diez; luego veinte... Dato curioso: la cuenta temporal de varios parlamentos no coincide con el tiempo de las acotaciones. En el texto que se usó para una representación frustrada, algún aristotélico lector se permitió corregir estos «anacronismos» sin darse cuenta que son la esencia de la obra. El tiempo insular nos revela Piñera no es aritmético. Es un tiempo, vivido y perdido, allí donde no pasa nada[1].

---

[1] Este mismo sentimiento de cuasiacontecimiento que casi forman una cuasi-vida podemos leerlo en uno de los mejores poemas de Piñera, dedicado a Lezama Lima. «Hemos vivido es una isla / quizá no como quisimos, / pero como pudimos. / [...] Hemos rendido culto al sol / y, algo aún más esplendoroso, / luchamos por ser esplendentes. / Ahora, callados por un rato, / oímos ciudades deshechas en polvo, / arder en pavesas insignes manuscritos, / y el lento, cotidiano gotear del odio». «Bueno, digamos», en *Una broma colosal* (1988). La Habana: Unión, 40.

Ya en un apunte de sus memorias, aún inéditas, Virgilio diferencia esa condición tropical del nihilismo europeo:

El sentimiento de la Nada por exceso es menos nocivo que el sentimiento de la Nada por defecto: llegar a la nada a través de la cultura, de la Tradición, de la abundancia, del choque de las pasiones, etc., supone una postura vital puesto que la gran mancha dejada por tales actos vitales es indeleble. Es así, que podría decirse de estos agentes que ellos son el «activo» de la nada. Pero esa nada, surgida de ella misma, tan física como el *nadasol* que calentaba a nuestro pueblo de ese entonces, como las *nadacasas*, el *nadarruido*, la *nadahistoria...* nos llevaba ineluctablemente hacia la morfología de la vaca o del lagarto. A esto se llama el «pasivo» de la Nada, y al cual no corresponde «activo» alguno[2].

A este tiempo insustancial del trópico le corresponden cosas y actos indefinidos, cuasiacciones en la frontera de lo involuntario, absurdos reveladores. ¿Qué hacen los protagonistas de esta obra de Piñera? No mucho. Emilia y Vicente no son protagonistas del «nihilismo activo» ni marionetas de la «náusea» ontológica. Son seres más bien grises, dos novios testarudos que no quieren casarse. Y esa negativa es lo único que tienen. Ese «no» es lo que les otorga una conciencia minúscula que se convertirá poco a poco en pecado social.

Teatro del devenir anónimo, *El no* pone en escena la desaparición del sujeto moral cubano. Por un lado, la ley del individuo, la autonomía del ámbito privado; por otro, el «deber ser», el mundo de las convenciones y las costumbres, la «vida ética» del cubano. Este dilema trágico está planteado en un irónico registro de opereta, que, al parecer, Piñera descubrió en la obra de Witold Gombrowicz.

---

[2] Virgilio Piñera (1990): «La vida tal cual» [fragmento de sus Memorias]. En *Unión* III (10): 23.

Ya en la introducción a su *Opereta* (traducida por Virgilio), Gombrowicz declaraba:

Me he sentido siempre seducido por la forma de la opereta, una de las más felices, a mi parecer, que el teatro haya producido. Si la ópera tiene algo de lo desmañado, de lo irremediablemente destinado a la pretensión, la opereta, en su divina idiotez, en su celestial esclerosis [...] se me antoja ser el teatro perfecto, perfectamente teatral[3].

Sin embargo, la relectura de la tragedia en clave de opereta no había sido un descubrimiento de Piñera ni de Gombrowicz. En 1920, André Gide, autor de más de una afinidad con el cubano, publicó su *Prometeo mal encadenado*[4], pequeñas escenas denominadas *sotie*[5], donde la lógica de lo grotesco servía para ilustrar la teoría del «acto gratuito». En esta obra hay un pasaje en el cual Prometeo sale a pasear por París, se sienta en un café cerca de la Ópera, tolera el farragoso discurso del camarero y razona:

Durante mucho tiempo pensé que era eso lo que diferenciaba al hombre de los animales: una acción gratuita. Llamaba al hombre: el animal capaz de una acción gratuita. Pero después pensé lo contrario: que era el único ser incapaz de actuar gratuitamente. ¡Gratuitamente! Imagínese: sin razón sí, ya le entiendo digamos: sin motivo. [...] ¿Una acción gratuita? ¿Cómo hacerla? Y fíjese que no hay que entenderla como una acción que no reporta nada, porque si no... No, sólo gratuita: un acto que no esté motivado por nada. ¿Entiende? Ni interés, ni pasión,

---

[3] Witold Gombrowicz (1966): *Operetky*. Paris: Editions Kultura. La traducción de Virgilio Piñera que citamos aparece en la revista *Albur* del Instituto Superior de Arte, la Habana, 1990: 45.

[4] André Gide (1920): *Le Prométhée mal enchaîné*. Paris: Gallimard.

[5] En la historia literaria francesa, la *sotie* o *sottie* es una farsa medieval de carácter satírico donde los actores, en traje de bufón, representan a diferentes personajes de un imaginario «pueblo tonto».

ni nada. El acto desinteresado, nacido de sí mismo; el acto sin tampoco objeto, por lo tanto sin dueño; el acto libre. ¡El acto autóctono!

La intención moral de la escena piñeriana proviene de una de las frases del Camarero de Gide: «¡Imagínese! ¡Un acto gratuito! ¡No hay nada que desmoralice tanto!». En todas las obras de Piñera, como en las *soties*, sentimos que el tiempo se ha convertido en un telón de fondo. Todos los personajes participan de un eterno presente, correlativo a la inmediatez de una ley (moral) absurda, cuyos «actos gratuitos» son bofetadas a cualquier sociedad que se proponga como «condición dichosa».

En realidad, Piñera no busca enfrentar la realidad con un «género menor» sino adecuar la opereta al *pathos* grandilocuente de una Historia ridícula. Por eso sus bromas no están reñidas con lo trágico; resultan, más bien, su última encarnación. Los «monstruos» de cabaret de Piñera actúan como los grandes arquetipos tebanos: sin querer hacer nada. Muchas de sus tramas son modelos de ambigüedad: en *Falsa alarma* (1949) aparece «un asesino a pesar suyo», un personaje en busca de su acción, que baila un ridículo ballet entre la justicia y el crimen. El juez lo condena y una viuda exige todo el rigor de la ley. De pronto, juez y viuda abandonan la sala y la estatua de la justicia es sustituida por una victrola donde *Danubio azul* ahoga diálogos inconexos. Luego que el asesino pierde su «rol protagónico», la escena se revierte hasta el punto de engendrar a un No-Asesino, al No-Juez, a la No-Viuda.

En *Jesús* (1948), otra de sus primeras obras, tenemos a «un barbero al que declaran santo a pesar suyo». «Jesús dependía del Padre Eterno, yo dependo del azar», dice el protagonista a uno de sus improvisados discípulos. Este socrático personaje decidirá en un momento confesarse como No-Jesús para desencadenar una trama donde el equívoco conduce al sacrificio. Última ironía: el cadáver del impostado redentor termina siendo sacralizado por el pueblo que momentos antes se disponía a lincharlo en nombre de «la verdad».

Todas estas operetas de Piñera pueden ser leídas como una saga de los extravíos de la voluntad en la que los protagonistas desaparecen a fuerza de no actuar, o mejor, de hacerlo sin mayores consecuencias. No se trata aquí de la pasividad en estado puro, tautología con la que Beckett nos alecciona en *Esperando a Godot*. Con Piñera hay un dilema realmente «teatral», un actuar no determinante. Todos los actos valen lo mismo (es decir, nada), puesto que no existe la coincidencia entre lo voluntario y lo esperado.

Tanto en la tragedia griega como en los modernos «anticonflictos» de la opereta absurda se revela una estructura peculiar: los actos se manifiestan en el contexto de una legalidad reconocible, pero externa. Para los involuntarios protagonistas del absurdo piñeriano es difícil focalizar el origen de los azares y sinsentidos que padecen; sólo saben que «lo real» no está en ellos mismos, sino fuera, en el mundo de «los otros». El mismo círculo vicioso aparece en algunos parlamentos de *Electra Garrigó*:

> AGAMENÓN: (*Persuasivo*) Tengo fe en tu cariño.
> ELECTRA: (*Agitado*) Pero no puedo rebelarme.
> AGAMENÓN: No lo harás. (*Pausa*) ¡Mira: te digo; cásate con el pretendiente, abandona el hogar! No lo harás, me quieres demasiado.
> ELECTRA: (*Volviéndose al público*) ¡Oh, crueldad!
> AGAMENÓN: (*Volviéndose hacia las columnas*) ¡Oh, Necesidad!

Los conflictos teatrales de Piñera parecen extraer su fuerza de la simplicidad ontológica de la tragedia y de la mistificación temporal de la opereta. Las leyes son. Las cosas son como son. Y son así porque así han sido. Poco puede hacerse, puesto que obrar desencadena un efecto que viene del exterior, un Afuera tan abstracto que no produce culpa ni remordimiento.

Podría decirse que el héroe trágico y el antihéroe absurdo están a la misma distancia del arquetipo hamletiano, obsesionado con la idea de revelar la mentira que corroe la historia de su familia.

Pero detrás de esta exigencia ética se esconde la nostalgia por una familia feliz. En Piñera, sin embargo, la familia es un absurdo *per se*. En el prólogo a su *Teatro completo*, leemos:

> Al disponerme a relatar la historia de mi familia, me encontré ante una situación tan absurda que sólo presentándola de modo realista cobraría vida ese absurdo. [...] Me ha bastado presentar la historia de una familia cubana, por sí misma una historia tan absurda que de haber recurrido al absurdo hubiera convertido a mis personajes en gente razonable.

Piñera confiesa aquí su distancia frente a uno de los grandes mitos cubanos. Una distancia insinuada ya en su incómoda convivencia con la generación de *Orígenes*. Frente al «estupor ontológico» de la vida republicana, los origenistas se encargaron de buscar sentido en una tradición reconstruida y para ello se apoyaron en el mito de la familia cubana. Véanse las genealogías de *Paradiso* y *Oppiano Licario*, o el ensayo autobiográfico «Confluencias», de José Lezama Lima; *De Peña Pobre*, el *Bildungsroman* de Cintio Vitier. Y los poemas de Fina García Marruz, de Octavio Smith, de Eliseo Diego... El «idilio insular» de los origenistas también fue, como han demostrado Lorenzo García Vega y Antonio José Ponte, una historia de filiaciones, un «idilio familiar».

Virgilio Piñera, hijo bastardo de *Orígenes*, se burló siempre de estas sublimaciones católicas y sus temas favoritos fueron las fabulaciones paralelas de la familia y la ínsula bucólica. Por eso Cintio Vitier, albacea simbólico de aquellos credos, ajusta cuentas con Virgilio en *Lo cubano en la poesía* (1958), acusándolo de haber dado con *La isla en peso* «un testimonio falseado de la isla»: «Es obvio en el tono y la tesis de este poema el influjo de visiones que [...] de ningún modo y en ningún sentido pueden corresponder-nos. Nuestra sangre, nuestra tradición, nuestra [...] historia nos impulsan por caminos muy distintos».

Cuarenta años después, las palabras de Vitier suenan aburridas, mientras que los pesadillas piñerianas nos siguen inquietando. En realidad, lo que Vitier no le puede perdonar a Piñera es la destrucción por el absurdo de los mitos origenistas, y sobre todo, su crítica a la sacralización del orbe familiar e insular[6].

En todo el teatro de Piñera se repite un solo tema: el enfrentamiento de la familia a una exterioridad. La familia convertida en isla a la deriva, rodeada por una atmósfera de tedio que termina por asfixiar todas las pasiones. En *El no* son obvias las referencias a la legalidad de la tradición, al ahogo del «deber ser», a la ley del «sí», representada primero por los padres y luego por «hombres» y «mujeres» anónimos. Poco a poco, el impulso represor se va extendiendo hasta que en el último acto la familia se vuelve sinónimo de la sociedad: los «vecinos», los «otros» son ahora los vengadores morales de Laura y Pedro, que terminan anunciando la «culpabilidad» de los protagonistas y el consiguiente castigo:

HOMBRE: (*Caminando hada la puerta*). Decir no ahora, es fácil; veremos dentro de un mes. (*Pausa*). Además, a medida que la negativa se multiplique, haremos más extensas las visitas. Llegaremos a pasar las noches con ustedes, y es probable, de ustedes depende, que nos instalemos definitivamente en esta casa. (*Sale, seguido por el auditorio*).

---

[6] El enfrentamiento entre Cintio Vitier y Virgilio Piñera tiene una larga historia. Pasa por reseñas en *Orígenes* y *Ciclón* hasta que Piñera resulta encerrado por la crítica origenista en una serie de visiones teológicas sobre el problema del mal. A propósito, Antonio José Ponte dice de las opiniones de Vitier: «Conjeturas de teólogo para explicarse la voluntad del mal, procura destorcer lo retorcido: la escritura piñeriana como retorcimiento del espíritu. María Zambrano lo habrá pensado a su manera al escribir que la poesía de Virgilio tiene mucho de confesión al revés. Regresamos a la génesis de la escritura por antagonías. Sólo que ahora el antagonista vive dentro de Virgilio y ese romanticismo inconfesado al que se refería Cintio es la almendra de su escritura. Virgilio Piñera es su propio antagonista, figura poética que repitió en su poesía última: el eterno tironeado de sí».

Frente a la destrucción anunciada de la diferencia entre la Casa y el Exterior, los protagonistas de *El no* deciden suicidarse. Con gas, por asfixia, cumpliendo «al pie de la letra» la metáfora del ahogo, denunciando el aire enrarecido que se viene respirando en el teatro de Piñera desde los interiores sofocantes de *Electra Garrigó* o *Aire frío*. En un ensayo fundamental sobre Piñera, Reinaldo Arenas ha asociado esta falta de aire con la omnipresencia solar de la isla:

> Esa luz, ese animal cósmico y doméstico, esa ferocidad sin límite y sin campo para expandirse, es lo que nos retrata y refleja y a la vez nos proyecta, convirtiéndonos en el rebelde, es decir, el aborrecido de los dioses establecidos, el maldito. Toda la obra de Piñera es la obra de un expulsado. Tocado por la maldición de la expulsión, entrar en su mundo es entrar en el infierno, o, cuando menos, sentirnos absolutamente remotos del paraíso[7].

El exceso de luz es también un agente que disuelve los vínculos de sangre. Luz Marina, protagonista de *Aire frío*, lamenta al mismo tiempo la iluminación corrosiva y el calor asfixiante de su infierno doméstico. De la isla luminosa, elogiada por tantos viajeros decimonónicos, hemos pasado a la isla enclaustrada «en la maldita circunstancia del agua por todas partes», al tedio insoluble de una luz omnipresente. El idilio insular termina entonces, según Arenas, convertido en uno de los círculos del infierno.

El drama de Piñera es, pues, el drama intrínseco del hombre tropical e insular, el drama de la intemperie y las sucesivas estafas, el drama de la desnudez y el desamparo ante la vasta tachadura de un paisaje que sucumbe perpetuamente ante invasiones sucesivas. Ese hombre ofendido, desposeído y sin dioses, contando sólo con

---

[7] Reinaldo Arenas (1986): «La isla en peso con todas sus cucarachas». En *Necesidad de libertad*. México: Kosmos, 116. Arenas cita un estudio sobre el teatro de Piñera hecho por Matías Montes Huidobro (1973): *Persona, vida y máscara en el teatro cubano*. Miami: Universal.

su desarraigo, es una figura grotesca, patética y absurda que en medio del resplandor se bate y debate entre una explanada y un muro dominados por un foco aún más descomunal[8].

«La tragedia nace» –dice Walter Nestle– «cuando se empieza a contemplar el mito con ojo de ciudadano». A su vez, la opereta trágica es el drama del ciudadano moderno visto con los ojos del mito, es decir, degradado a parodia. Con un notable juego irónico, Piñera pone a los protagonistas de la tragedia cubana en una representación de la *hybris* por defecto: si los clásicos griegos concebían un castigo divino para el afán dionisiaco, en *El no* los personajes principales se «pasan de la raya» en el sentido opuesto, violan el orden establecido desde el extremo contrario al desenfreno carnal: un ascetismo apolíneo los convierte en «monstruos» en seres desubicados, en ejemplares único de una especie que no se puede reproducir. Porque Piñera descubrió cómo Apolo, divinidad solar, puede metamorfosearse a veces en Dionisos tropical.

---

[8]  Arenas 1986: 117.

# Hotel Vedado

La Habana a la que llegan Juan Ramón Jiménez y Zenobia Camprubí el 1 de diciembre de 1936 parece un balneario Art Decó, atravesado por automóviles que tienen algo de soñolientos animales domésticos. En su rencorosa caricatura de 1944, José Moreno Villa imagina al poeta andaluz mientras pasea por la costa de California «estrenando los últimos modelos de automóviles salidos de las fábricas USA». Lo dice como si fuera algo terrible que el «príncipe de la poesía» viajara en automóvil. Bien hubiera podido agregar a esa lista pecaminosa el Ford descapotable que Juan Ramón alquiló para llegar desde Santiago hasta La Habana.

Alguien que había pasado toda su vida huyendo de las corrientes de aire, vigilando cualquier variación del clima y exigiendo a su esposa la total ausencia de ruido para poder trabajar, en Cuba tuvo que sentirse arrojado a un infierno. «¿Cómo concebir aquí el libro total y único, resultado del mundo, del triste Mallarmé?», se pregunta Juan Ramón frente al folleto mohoso que una muchacha le ha pedido que le dedique al final de una velada. Y ese ejemplar ajado le basta para concluir que la exuberante vida del trópico va acompañada por una no menos exuberante muerte, «que se manifiesta en el ataque cotidiano del clima sobre todas las cosas». La decepción, concluye, es el destino de estas islas en las que todo sucede demasiado rápido, «de estas tierras excesivamente hermosas donde el presente es tan fugaz, tan breve el engaño del presente; donde la vida se desarrolla en volumen tan apresurado y se vive luego mucho tiempo como muerto; donde madura la belleza, blanda, tan pronto; donde es tan evidente y tan rápida nuestra deformación».

Tales preocupaciones alternan, sin embargo, con numerosos arrebatos de signo opuesto, la mirada del turista. Su gira trasatlántica lo saca de un ambiente de fervores y arribismos, del «arrastre jeneral» de la política republicana. Viaja primero a Washington, con un encargo diplomático de Manuel Azaña que no conmueve la indiferencia norteamericana ante la Guerra Civil. Han transcurrido veinte años desde que el «poeta recién casado» descubriera los Estados Unidos, aquella primera Norteamérica vista –como dice Cintio Vitier– a través de un velo de novia. Ahora el velo se rasga y deja ver el rostro filisteo de la gran ciudad: «Nueva York se deshace, automáquina, a sí misma. Es la forma más perfecta, a eso tenía que llegar, de la decadencia del progreso; mejor, del progreso decadentista, etc». En su ensayo *Límite del progreso*, Juan Ramón equipara ese «capitalismo comunista con voluntad libre» al «programático comunismo sin capital». «Buen estilo progresista democrático», ironiza, y hasta los acentos de la frase parodian el ritmo monótono y banal del «progreso injenioso» contra el cual propone constituir una excéntrica «Minoría de Inventores Máximos». *Límite del progreso* aparecerá publicado en el segundo número de *Verbum* (julio-agosto de 1937), órgano de la Facultad de Derecho de la Universidad de la Habana, una oscura revista donde trabaja, como secretario de redacción, el estudiante José Lezama Lima.

Hija de una acaudalada familia de catalanes y puertorriqueños afincados en Estados Unidos, Zenobia Camprubí Aymar, la esposa de JRJ, es una de esas damas altruistas de principios de siglo que combina el ejercicio de la filantropía con una desconfianza absoluta hacia el ocio y el mestizaje. Su Habana parece una sucursal caribeña de la India, y su comportamiento, por lo tanto, nos recuerda a algunos personajes de E. M. Forster o Kipling. Sin lujos: aunque Juan Ramón la prefiere de secretaria u ocupada en actividades de beneficencia, Zenobia es reacia a depender de su marido y hace de todo para no malgastar su herencia, administrada por un prudente abogado neoyorkino.

Al llegar a La Habana, la pareja se instala primero en una pensión y luego se muda al Hotel Vedado –hoy Hotel Victoria–, en la esquina de las calles 19 y M. El Vedado era un hotel de precios módicos, cuyo comedor se convierte enseguida en el salón del poeta. Allí recibe Juan Ramón a sus discípulos cubanos (Eugenio Florit, Justo Rodríguez Santos, Emilio Ballagas, un jovencísimo Cintio Vitier...) mientras Zenobia, en ropa interior y agobiada por el calor, mecanografía en la habitación los apuntes de su marido.

A juzgar por su *Diario* cubano, la principal preocupación de Zenobia es el calor, asociado a la inquietante indolencia tropical («la desmoralización que causa el ocio») y su efecto «catastrófico» sobre la creatividad de Juan Ramón. Su impresión de Cuba se resume en una frase lapidaria: «Aquí el clima me agobia y no me gusta la gente». Para paliar tanto disgusto, entre marzo y abril de 1937 la esposa del poeta planea un estricto presupuesto familiar, admira el Ten Cent, toma clases de cocina, asiste a conferencias de Menéndez Pidal y Camila Henríquez Ureña, ve bailar la rumba en un cabaret para turistas («Nunca he visto tales gestos y una exhibición tan obscena de sensualidad como el de esas negras esculturales al subirse las faldas llenas de vuelos para exhibir tanta piel como les fuera posible»); recorre la provincia de Cienfuegos, escribe infinidad de cartas, lee *Lo que el viento se llevó*, va a misa en dos iglesias de la Habana Vieja (la Franciscana y la Merced), visita un central azucarero, cose su propia ropa y aún le sobra tiempo para discutir con su esposo. Ella quisiera seguir rumbo a Estados Unidos para reencontrarse con su familia después de veinte años; él ha decidido quedarse en Cuba más tiempo, y no entiende cómo su mujer puede sentirse inútil con un programa tan apretado. El resultado es un paisaje idílico convertido en singular prisión:

> Aunque la Habana es tan bella, [...] encuentro la vida aquí horriblemente vacía. La humanidad parece estar dividida entre los muy pobres y los que no hacen nada, igual que la isla está dividida entre el campo

vacío de hombres, las pequeñas ciudades provincianas que arrastran su vida soñolienta, y esta indecente explosión de prosperidad, la Habana.

Y al día siguiente:

Me gustaría que nos mudáramos a otro lugar más llevadero con nuestro parecer y sensibilidad. Claro que como J. R. necesita los seres humanos solamente en segundo término, lo soporta mejor que yo porque sus achaques físicos han desaparecido en este clima y la comida cubana le cae mejor que ninguna otra. Él dice que trabaja mejor aquí que lo que ha trabajado desde su juventud.

Por suerte para Juan Ramón, Zenobia conocerá pronto a Elena Mederos, la dama más prominente del Lyceum habanero. En la casona de la calle Calzada las dos amigas programan conferencias, conciertos, exposiciones, escuelas nocturnas para adultos. Incansables, Elena y Zenobia clasifican la biblioteca de Max Henríquez Ureña, meriendan en El Carmelo o pasan las tardes en la piscina del Hotel Nacional. Mientras tanto, Juan Ramón pasea en un coche de alquiler, casi siempre solo, por una ciudad que le recuerda su infancia en Moguer. Atrás han quedado los temores del *heliotropiquismo*, el peligro oculto tras la belleza del trópico. Ahora se refiere al «secreto de la Habana», a la ciudad «hermosamente escondida».

La foto más conocida de Juan Ramón en Cuba está en un boletín de la Academia Cubana de la Lengua correspondiente a 1958: de pie en el antiguo Recodo, al final del Malecón, con una corbata de puntos y un sombrero en la mano. Junto a él hay un señor de barba que sostiene también un jipijapa bajo el brazo: es Ramón Menéndez Pidal, a quien la prensa habanera, poco habituada a los apellidos compuestos, ha convertido en «dos ilustres viajeros». La discreción del fotógrafo (José María Chacón y Calvo) no debería ser un pretexto para el anonimato. Aunque Juan Ramón llegó a La Habana invitado por la Institución Hispanocubana de Cultura que dirigía Fernando Ortiz, fueron los buenos oficios de Chacón y Calvo, ayudante de Ortiz, los que dieron a la visita cierta resonancia pública[1]. En una de sus reuniones con Ortiz, Juan Ramón le propuso realizar un Festival de la Poesía Cubana producida ese año y recoger los poemas en un volumen que sería el primero de una serie anual. Chacón y Ortiz se entusiasmaron con la idea, y el 20 de enero de 1937 quedó redactada la «Convocatoria a los poetas de Cuba» que apareció en la revista Ultra, órgano de la Hispanocubana. El límite de entrega vencía apenas diez días después, pero fueron más de cien los poetas que tuvieron tiempo de entregar sus tres ejemplares en la sede de la Hispanocubana (Manzana de Gómez, 329).

Obligada a complacer a demasiados jueces, la antología engordó. Y la severidad de Juan Ramón quedó confinada en una antología de la antología, un recital que mostraría las principales tendencias de la poesía cubana del momento. De los 63 poetas finalmente incluidos en el libro, se escogieron 29 para que leyeran el 14 de febrero, Día de San Valentín, en el Teatro Campoamor. Estaban, por supuesto, los más conocidos (Emilio Ballagas, Agustín Acosta, Mariano Brull, Eugenio Florit o Nicolás Guillén); algunos muy jóvenes (el propio Lezama, Mirta Aguirre, Justo Rodríguez Santos, Ramón Guirao) y otros no tan buenos, pero populares (como José Ángel Buesa).

---

[1] La historia de cómo se conocieron Chacón y Juan Ramón tiene algo de película del cine mudo. En 1918 el cubano llegó a España como agregado cultural. Debía recorrer todas las embajadas dejando en ellas su tarjeta de visita. Volvía del paseo cuando, frente a su casa, el paquete de tarjetas cayó de su mano y Juan Ramón, que en ese momento se disponía a entrar en el edificio, fue quien ayudó al nervioso joven a recogerlas.

Entre los elegidos figuraba también el seminarista Ángel Gaztelu, recomendado por Lezama. Juan Ramón envió un telegrama al Seminario San Carlos pidiéndole al poeta que asistiera a la lectura del Campoamor. El Rector, monseñor Guillermo González Arocha, pensó que se trataba de una broma de mal gusto. Gaztelu, aterrado, solicitó el permiso eclesiástico para participar en la lectura y fue conducido entonces ante el arzobispo Manuel Ruiz Rodríguez, prelado eminente y poeta frustrado, quien prohibió al seminarista presentarse al recital con el argumento de que era demasiado *vitando*. Gaztelu, al que faltaban pocos meses para ordenarse, tuvo que enviar sus décimas, que fueron leídas por Ricardo Florit, hermano del poeta Eugenio.

Agobiado por las comisiones que lo visitaban para que incluyera ciertos poemas en su antología, Juan Ramón hizo concesiones de las que culpaba, en privado, al pobre Chacón y Calvo. Gastón Baquero cuenta que el español se sentía bastante coaccionado por las recomendaciones de su anfitrión:

> Suavemente, suasoriamente, Chacón acababa siempre por salirse con la suya, porque Juan Ramón estaba en situación de inferioridad: invitado, bien acogido, tratado con enorme delicadeza y respeto, qué iba a decir [...] Me consta que cargó con la antología como una cruz, y que se ruborizaba de ella como de un delito monstruoso. No era para tanto. Pero un hombre tan exigente consigo mismo como Juan Ramón, que tenía además un ojo infalible para «ver» el poema, tenía que reaccionar forzosamente como una víctima ante las cataratas de la antología.

Parece que, además, Chacón había tentado al andaluz con la oferta de una Cátedra de Poesía en el recién estrenado Instituto de Altos Estudios, anexo a la Dirección de Cultura; algo que nunca se llegó a concretar. El futuro de Juan Ramón dependía de su benefactor, así que no cuesta mucho imaginar la incomodidad del poeta ante las «pedreas fatales» que provocó la selección.

Varada en un precario romanticismo, Cuba todavía debía convertirse en un «estado poético». Complicada misión, comentaba Lezama con sorna, sin una ola de suicidios wertherianos. Cuando por fin algo de esta república de las letras constitúyase, descubriremos con asombro que ninguno de los «fundadores» comparte la estética juanramoniana. Juan Ramón había dividido la poesía cubana en tres líneas esenciales: una popular (Guillén); otra, «de patetismo ingenuo todavía y ya esquisito y cabal» (Ballagas) y otra «universalista y autocrítica» (Florit). Los poetas de *Orígenes* no seguirán ninguna de estas tres corrientes. Brull, Ballagas y Florit eran, dirá luego Vitier, «un vino demasiado aguado», poetas incapaces de generar una impulsión, de fundar ese «estado» que pedía Juan Ramón. Virgilio Piñera será aún más radical con aquella improvisada «Generación del 36»: «Poesía cubana que pasaba en aquel entonces por una fiebre altísima de subjetivismo, por las últimas llamaradas de un lirismo sentimental, lastrado con fuertes dosis de intimismo bastante provinciano, y que se iba a matizar un tanto con la poesía de aguas de Juan Ramón y la de cohetes de García Lorca».

Los poetas de *Orígenes* estaban ante una paradoja: debían romper con lo «juanramoniano» para lograr aquel «estado poético» que Juan Ramón pedía. Diez años después, en respuesta a una carta de José Rodríguez Feo, que le propone averiguar cuántos de los poetas que figuran en la antología siguen escribiendo poesía «para invitarlos a colaborar en *Orígenes*», Lezama será rotundo: «Esos movimientos están baldados y su cojera poética es bien visible».

En el Lyceum habanero se encontraron por primera vez Juan Ramón y Lezama, gracias a un escueto anuncio publicado en el periódico: *El poeta J. R. Jiménez recibirá a los poetas jóvenes y a cuantos quieran conocerlo, después de las cinco.* En plena ronda de preguntas, entre un bullicio generalizado, Lezama se puso de pie y le espetó al español:

–Me gustaría que nos dijera si siente la diferencia entre el hombre de una isla y el hombre de un continente, como es usted.

No se oyeron bien sus palabras porque todo mundo hablaba. Juan Ramón, según recuerda la hermana de Lezama, tuvo incluso que alzar la voz:

–¡Cállense!, por primera vez se hace una pregunta interesante.

Las cabezas giraron y hubo cuchicheos. Pero al terminar la conferencia, el poeta andaluz le dijo a Lezama:

–Joven, yo tengo mucho que hablar con usted, pero no aquí. Vaya al hotel a verme.

Lezama evocará siempre su amistad con Juan Ramón bajo el signo de esa conversación, el gran momento de una adolescencia prolongada hasta los 26 años. En uno de los borradores de su cuaderno de apuntes, titulado *Recuerdos de JRJ*, y fechado *circa* 1965, esa extraña pubertad se define, al estilo de los diálogos platónicos, como la edad en que «coinciden la intensidad de los deseos y la gracia que se nos regala». Mucho de fuga socrática se adivina en esta amistad entre el maestro y un discípulo que, según posterior confesión, «vivía en una forma exacerbada la soledad de la adolescencia». A veces tenemos incluso la impresión de que el joven Lezama busca desesperadamente un padre poético con el cual contraer ciertas obligaciones, propias del adolescente que respira todavía el aire de la casa familiar[2].

---

[2] Tal vez por eso, Lezama relaciona a Juan Ramón con José Martí, «a quien la generación anterior no había conocido, en el sentido de conversar, verlo atravesar una calle o comprar unos libros o unos bombones». No faltan afinidades entre ambos personajes: el mismo temperamento nervioso e irritable, un carácter hosco y tierno a la vez, incluso cierto parecido físico. Otra coincidencia: «Límite del progreso» recuerda las crónicas norteamericanas de Martí, escritas cincuenta años antes. Nueva York, muestrario de

Lo curioso de esta relación es que el autor de *Muerte de Narciso* no tenía mucho que ver con el estilo despojado del poeta andaluz. «En él» –dirá luego– «la influencia que perdura es la de *la* poesía, no la de *su* poesía». Mario Parajón opina que Juan Ramón apreciaba a Lezama por ciertos versos logrados, pero prefería las estrofas de Florit o Ballagas. También es sintomático el hecho de que Lezama decidiera no incluir en sus libros posteriores ninguno de los ocho poemas que Juan Ramón escogió para *La poesía cubana en 1936*.

Sin embargo, por encima de esas diferencias literarias, el reconocimiento público de Lezama como poeta debe mucho a la presencia de Juan Ramón en Cuba. Un influjo extraño, como se ha hecho notar, puesto que el andaluz no era pródigo en consejos paternalistas, sino en silencios cómplices, rotos con frases que parecían aforismos. «Su conversación» –recuerda Lezama en una entrevista– «no se distinguía por los enlaces, las pausas, la riqueza comunicante; sino más bien por un tono sentencioso, hablaba en tonos lentos y como si rastrillara las palabras». En esos silencios de su mentor, Lezama descubre una coartada para convertirse, a su vez, en el *magister* de una generación. Como un juego de espejos, esa presencia silenciosa de Juan Ramón le garantiza un lugar privilegiado en el retrato generacional.

Entre abril y junio de 1937 Lezama visitó varias veces el Hotel Vedado. Tenía sólo 26 años y su primer libro estaba en imprenta, pero Juan Ramón incluyó ocho poemas suyos en su antología, colaboró en su revista universitaria *Verbum*, le concedió una extensa entrevista y, lo más extraño, no puso ningún reparo a la publicación, cuando era evidente que sus declaraciones habían sido rees-

---

tentaciones, aparece en esas crónicas como la réplica moderna de Cartago, Babilonia o la Roma decadente. En esta visión de la ciudad sin alma coincide también Juan Ramón, profeta de un sentimiento anti-norteamericano que Lezama comparte con la mayoría de los intelectuales cubanos de la época, preocupados por la injerencia yankee en el destino de la joven república.

critas y colocadas en la órbita del tema que entonces apasionaba a aquel joven estudiante de Derecho: la relación entre cultura e insularidad, el tópico de la isla como una variante geográfica de la morfología, esa «ciencia cultural» que la *Revista de Occidente* había puesto de moda en el ambiente hispanoamericano.

El *Coloquio* no es la típica conversación del maestro con el discípulo, como esas que tenía Juan Ramón en el comedor del Vedado. «Yo tengo la impresión» –dice Vitier– «de que Lezama no tuvo inmadurez en ningún momento. Es decir, que no tuvo un proceso, que no tuvo balbuceos. Al menos, si los tuvo no los conocemos. Se presentó ya de cuerpo entero, José Lezama Lima, con todas sus características». En efecto, Lezama nunca discute su propia poesía con Juan Ramón. A cambio, lo obliga a hablar de sus propios temas. Lo único parecido a una reticencia es el párrafo que precede al *Coloquio*, bastante tibio en comparación con la legendaria rispidez de Juan Ramón en casi todos sus tratos literarios:

> En las opiniones que José Lezama Lima «me obliga escribir con su pletórica pluma», hay ideas y palabras que reconozco mías y otras que no. Pero lo que no reconozco mío tiene una calidad que me obliga también a no abandonarlo como ajeno. Además, el diálogo está en algunos momentos fundido, no es del uno ni del otro, sino del espacio y el tiempo medios.
>
> He preferido recoger todo lo que mi amigo me adjudica y hacerlo mío en lo posible, a protestarlo con un no firme, como es necesario hacer a veces con el supuesto escrito ajeno de otros y fáciles dialogadores.

Este párrafo alimenta la sospecha de que Lezama inventó todo, o buena parte del *Coloquio,* incluyendo los parlamentos del propio Juan Ramón. Tenemos, además, los apuntes que hizo la fiel Zenobia en su *Diario* mientras corregía el texto de la conversación:

> Este trabajo no es muy satisfactorio, ya que todo lo que Juan Ramón hace es ponerlo en español. Hay tanto atribuido a J. R. que él nunca dijo

ni pensó decir y tanto que realmente dijo y está incorporado a los comentarios de L[ezama] L[ima], que hubiera tomado más tiempo desenredar la madeja que escribirlo de nuevo. Sin embargo, había suficiente valor en el diálogo como para salvarlo, y todo lo que hizo J. R. fue corregirlo lo suficiente para que no se anegaran totalmente las ideas en un mar de confusión, debido a la oscuridad de la expresión.

¿Por qué Juan Ramón, a pesar de lo quisquilloso que solía ser en esos asuntos, accedió a publicar aquel texto con mínimas variantes? Jamás lo sabremos. Lo cierto es que en esa conversación goetheana se resignó a hacer de Eckermann y soportó en silencio un fárrago de citas: Scheler, Frobenius, Goethe, Valéry, con tal de esbozar algunas ideas fundamentales. En el ámbito español, Ortega, Ganivet, Unamuno y el casi desconocido Pedro Cabrera ya habían vinculado la sensibilidad a un tipo de paisaje. Pero ninguno de ellos se atrevió a emprender lo que propone el *Coloquio*: convertir una característica geográfica en elemento capaz de subvertir una tradición que hasta entonces padecía un ostensible complejo de inferioridad.

En una famosa carta a Cintio Vitier, fechada en enero de 1939, Lezama adopta un tono de conspirador: «Va siendo hora de que todos nos empeñemos en una Economía Astronómica, en una Meteorología habanera para uso de descarriados y poetas, en una Teleología Insular, en algo de veras grande y nutridor». Semejante empeño (en el que hay también un dejo de ironía) convierte el *Coloquio con JRJ* en la búsqueda de una imagen del génesis y la finalidad de la isla, un mito de fundación. Aunque en otros países de Latinoamérica el mestizaje se había convertido en el emblema de la integración nacional, esa «expresión mestiza» no convencía al joven Lezama, que le reprocha no tocar la esencia de la *polis* cubana. Busca entonces un refugio teórico en la idea de una insularidad trascendental, que ha sido desfavorablemente juzgada por el propio Vitier. Lezama, dice el origenista,

> tenía el ímpetu de la juventud, pero se encontró con el andaluz universal que también se las traía y que, en un momento dado, le dice: Bueno, sí, usted tiene la pasión del mito insular, pero ¿qué cosa es una isla? Cuba es una isla, Australia es una isla, Groenlandia es una isla, Inglaterra es una isla, pero es que los continentes también son islas, están rodeados de agua por todas partes; el planeta es una isla. Lo que, desde luego, dejó a Lezama fuera de situación y le ayudó a precisar, pienso yo, su concepción del asunto, que llegó a sintetizar en un aforismo que a mí me parece magistral: «La isla distinta en el cosmos o, lo que es lo mismo, la isla indistinta en el cosmos».

Ante los recelos de JRJ («Creo que lo que usted me ofrece es un mito»), Lezama aclara que se sitúa en lo poético porque, presentada de otra manera, la idea de un privilegio de la cultura insular «alcanzaría, sin duda, una limitación y un rencor exclusivistas». «Yo desearía nada más» –dice– «que la introducción al estudio de las islas sirviese para integrar el mito que nos falta».

Esta teoría lezamiana de la «insularidad» aparecía sobre un fondo dominado por la idea del fragmento perdido, de una historia cubana sumergida en el sinsentido histórico. Si bien por esos años Lezama se mantuvo bastante ocupado en misiones grandilocuentes, sus expectativas privadas eran bastante pesimistas. La vida nacional se le había convertido en un páramo, donde sobresalía la evidencia de un país incapaz de producir una ruptura radical o un nuevo comienzo. «Imaginad La Habana de 1935» –dirá años después– «henchida de politiquería, con un inútil y rampante subconciente alborotado de pesadilla colectiva». La pesadilla era el sueño frustrado de la Revolución del 30: a la caída del régimen de Gerardo Machado (1925-1933) no siguió ningún gobierno legítimo. Al contrario, en apenas tres años (1933-1936) Cuba padeció una sucesión de efímeros gabinetes que llevaron la corrupción y el entreguismo de la joven república a extremos inéditos en el machadato. Este sombrío panorama explica las posteriores reservas políticas de la llamada «generación del 30»; para muchos de aquellos intelectuales sólo la cultura podía convertirse en el reducto cívico que resistiera la desmoralización de los poderes públicos.

Aunque en términos generales Lezama compartía el pesimismo de los años treinta, su idea de la cultura era muy diferente a la de los llamados *minoristas*, que agrupados alrededor de la *Revista de Avance* habían dedicado la década anterior a la búsqueda de una identidad nacional mestiza. Esta labor, a la que Lezama alude despectivamente como «allegamiento de acarreos y materiales superpuestos», llegó a alcanzar cierta notoriedad pública con la primera poesía de Nicolás Guillén y Emilio Ballagas. Por esa época, la reivindicación de lo afrocubano coincidía, además, con un debate público sobre cultura y raza. La antropología se discutía en los periódicos, y el llamado «problema judío» encontraba un símil fácil en el «problema negro». Se escuchaba la «música mulata» de Amadeo Roldán, Alejandro García Caturla o Rita Montaner, y en poesía irrumpía la moda recitativa con las voces radiales de Eusebia Cosme y Bertha Singerman. La idea de la identidad como resultado del mestizaje será asimilada en la metáfora del *ajiaco*, utilizada después por Fernando Ortiz para describir un proceso de «transculturación» al que Cuba debería su signo distintivo en relación con otras naciones caribeñas.

Lezama prefiere mirar hacia otra parte. Y el *Coloquio con JRJ* le da la oportunidad de definir un cambio de enfoque en la concepción de la cultura cubana. Un cambio, también en el estilo de la ensayística cubana: las diferencias del *Coloquio* con la crítica literaria que se había hecho en Cuba hasta el momento son notables. No hay en ese diálogo el más mínimo asomo de academicismo y los nombres de Valéry, Mallarmé o Joyce aparecen con naturalidad junto a los de Pascal o Goethe, en un libérrimo teatro de las ideas.

Si bien al comienzo del diálogo Juan Ramón se resiste a aceptar la originalidad de lo insular y cita el universalismo indispensable en toda cultura auténtica, luego acepta que «el mito de la sensibilidad insular» debe oponerse al eclecticismo de una expresión mestiza, al resultado cultural de una suma de sangres. Lezama se refiere, más o menos en clave, al *afroantillanismo* o *negrismo* en boga, esa poesía hecha para ser representada «con acompañamiento de voz o instrumento» y promovida por una cohorte de músicos y recitadores. «Preferir la música elemental de la sangre a las precisiones del espíritu» –afirma el cubano– «es lo mismo que habitar los detalles sin asegurarse de la legitimidad de una sustancia». Querer mover la poesía del lado del espíritu al lado de la naturaleza es «retrasarla a su primera sangre», «hacerla reincidir en etapas de la sensibilidad ya ganadas».

Ni Guillén ni Ballagas se sintieron aludidos por estas conclusiones, tal vez porque ambos eran, en esa época, poetas mucho más «establecidos» que el joven Lezama. En cualquier caso, la acritud de aquel joven iba destinada a ellos y no a Juan Ramón, un interlocutor bastante alejado de esos problemas. ¿Creyó realmente Lezama en la *teología insular*, o usó ese término para impresionar a Juan Ramón y a los futuros *origenistas*? Veinte años después, él mismo confesará que algo había de ambas cosas: la Teología Insular había sido una manera de evadir los disfraces de la síntesis criolla, de «lo popular turístico» y del folklore nacionalista. Dice en 1956:

> Desechando ahora el desarrollo de esa expresión [la Teología Insular], bástenos subrayar que le daba a su generación un sentido hímnico, whitmaniano, buscaba el *cantabile* optimista, para diferenciados afluir a lo universal… Creíamos que cada forma alcanzada artísticamente tenía que lograr, por una nobleza más evidente, una claridad para el estado, entonces, como ahora, indeciso, fluctuante, mediocrísimo.

Lo primero que hizo Juan Ramón al llegar a Trocadero 162 fue preguntar por la fotografía que dominaba la sala de la casa: el retrato del coronel José María Lezama, vestido con su uniforme militar. La pregunta produjo enseguida una corriente de simpatía y se habló entonces de los orígenes de la familia Lezama, de los vascos exiliados en Cuba. «Realmente mi madre y mi hermana, cuando yo salí a recibirlo, estaban encantadas con él» –recordará Lezama–. «Era un hombre muy difícil, pero como gran poeta que era, tenía la definitiva vía de salvación». En esa misma entrevista, Lezama menciona, sin embargo, el lado oscuro del andaluz, «lo protervo, lo demoniaco, lo encendido en cólera y reacciones dementísimas que eran también uno de los centros de su alma».

Hacia 1937, las relaciones de Juan Ramón con el resto de la España literaria eran desastrosas. Los equívocos y maledicencias del mundillo literario español le trajeron fuertes desavenencias con un grupo de escritores a los que, no sin razón, consideraba sus discípulos. Varios hechos ahondaron su ruptura definitiva con la Generación del 27: la discusión sobre *poesía pura*, los cambios políticos, el hecho de que sus antiguos discípulos adoptaran como nuevo maestro a Pablo Neruda y le encargaran que dirigiera la revista *Caballo verde para la poesía...*, todo eso contribuía a que Juan Ramón reforzara su recelo y se parapetase en su refugio de exiliado.

Poco después de la muerte del poeta español, en una nota publicada en el *Diario de la Marina*, Lezama compara el rencor juanramoniano con la bilis de Góngora –«avinagrada fábrica de oro en la niebla»–, y hace malabares retóricos para otorgarle, finalmente, las virtudes de la lucidez:

> Por su rencor se igualaba con Góngora, el brillador. Sus sarcasmos tenían algo de la honda de David, entrando con su cancioncilla y sus cordeles en el corralón de la pesadez. El reverso de su éxtasis era la lucidez en el rencor. «Hablo –a todos los que me han hecho mudo». Su

rencor nacía de ese paredón de la mudez, la propia por obligado asedio; la ajena, por negación de la gracia [...] Ejercicio de su lucidez, llevaba siempre su venablo al sitio donde más duele la maldición, pues todos nos estremecemos cuando el verídico descubre la oscura región en la que nuestra mudez fue merecida.

Hay varios ejemplos de esa «lucidez en el rencor» («la calumnia como género poético», escribirá Octavio Paz al rememorar su encuentro con Juan Ramón en Washington), reseñados en los diarios del joven cubano. En uno de los encuentros con Lezama, Juan Ramón habla de la poesía de Salinas y dice que es encaje de bolillo. O si se quiere, un tren en marcha con una velocidad más bien moderada:

–Se asoma usted a la ventana, señor Lezama, y ve pasar corderos, hombres, jilgueros y sirenas. Bergamín, si bien no tiene esos problemas de estilo, padece cierto defecto orgánico que le impide acogerse a la legalidad de la sintaxis. Y es que desde muchacho lo acostumbré mal, le revisaba todos sus trabajos. Ahora creo que eso se lo hace Marichalar, por eso sus trabajos son cada vez más aguados.
–Pero maestro, también en Claudel hay muchas repeticiones de palabras ¿Acaso Unamuno no habla de la «incorrección necesaria»?
–No haga usted caso. Unamuno, una vez que le hablaron de su discípulo Bergamín, dio sobre él un juicio insuperable: «Es el incapacitado mental número uno».

Lezama comprende por la rapidez y deficiencia de la frase que la cita es apócrifa, que Unamuno no debe haber dicho nada de eso. Pero sonríe y cambia de tema. Al parecer, Juan Ramón está en uno de sus días biliosos porque poco después la emprende contra Pérez de Ayala:

–Su señora, cuando se iba a divorciar de él, nos decía con mucha ingenuidad a Zenobia y a mí: «Yo no sé lo que le pasa a Ramón, que cuando va a escribir se encierra en su cuarto y necesita ponerse varias revistas enfrente: *The Criterion*, la *Nouvelle Revue Française*, la *Neue Rundschau*…

La mano se cierra, rápida como un abanico. Le hace un guiño a su interlocutor, que percibe la fina malicia sin inmutarse. Ya se ha acostumbrado a estos comentarios. Hace apenas un mes Juan Ramón le ha citado la misma anécdota a propósito de Eugenio D'Ors: su esposa ingenua, que no lo contaba por maldad… Le divierte este lado protervo de su maestro, y él mismo no se anda con rodeos a la hora de criticar a Ballagas, quien, por cierto, se ha burlado de su poesía en un almuerzo. La maledicencia ajena produce una incomodidad que sólo se disipa en el silencio o con una dosis equivalente de maledicencia. Y Lezama es un gran conversador.

–Parece que Ballagas está haciendo sonetos…
–Sí, me ha mandado algunos. Hay en ellos algo del coleccionista, aunque ese síntoma está atenuado por la búsqueda de una forma precisa.
–Me temo que hemos ido demasiado lejos en el camino del cisne, y por ahí se llega a la estatuaria. Como en la antología de la Hispanocubana, por ejemplo… Hasta Ballagas se asustó de estar en tan numerosa compañía.
–Eso fue lo que ustedes llaman «un numerito», una orquestación montada para llamar la atención y que luego fuera yo a rogarle a las puertas del castillo. Desde entonces me escribe cada vez que piensa venir a La Habana o cada vez que la musa lo visita.
–A ver qué aporta esa musa guajira, pues ya hace mucho que lo tiene en fase adoratriz. Por el momento no le ha dictado otra cosa que imitaciones de Neruda, un Neruda aguado en Evaristo Carriego. Nadie como él, ¿no cree usted?, revela las influencias mal asimiladas, el atolondramiento del vanguardista provinciano por incorporar a los que han ganado en verdad esas posiciones. Detrás de su aparente timidez se cree un Orfeo tropical.

La referencia a Neruda sonroja a Juan Ramón.

—Ese señor, Neftalí Reyes, no entiende nada y se entretiene en cantar contra mí en coro de necios o beodos. Su poesía no tiene acento propio. Es como un vertedero a donde hubiera ido a parar el sobrante, el desperdicio, el detrito. Vaga como un rebuscador que encuentra aquí y allá por su camino un pedazo de cartón, un vidrio, una suela de zapato, un ojo, una colilla y los fuera uniendo y pegando sin ton ni son sobre el tablero de su taller, pero dejándose olvidado también el útil ajeno: un lápiz, una tijera de sastre. Sus amigos de partido se han contagiado. Cuando llegó Marinello de México me llamaron para que fuera al muelle a esperarlo. Pero ya sabe usted que no soy hombre de comisión ni de turba. Luego, cuando pasé por su casa, me dijo: «¿No ha querido usted comprometerse?». Lo invitamos entonces a comer en nuestro hotelito. El jefe de comedor, un asturiano que se llama José Méndez, me había dicho que sería feliz si podía darle la mano. Vino a nuestra mesa y le dije levantándome: «Mi amigo José Méndez, asturiano que lo admira hace tiempo, quiere saludarlo». Méndez extendió su mano dura y trabajada, pero tuvo que guardársela porque el comunista, sentado, no le tendió la suya con sortijas.

—Politiqueros... No les haga usted caso.

—A Marinello le oí sus discursos populares. Pero me pareció retórico, imperativo. Le falta sencillez, y el espíritu libre que hay que comunicar al humilde. Así se lo dije a Clarita Porcet, que estuvo de acuerdo conmigo. Y ahora esta notita que acaba de publicar, ese entrefiletito torpe y venenoso en el periódico de la Legación. Ya he protestado ante don Fernando. Marinello, Roa, Guillén y compañía creen que no me entero de lo que dicen a mis espaldas. Pero yo lo sé todo, lo leo todo. A Zenobia ya le da náusea tanto periódico. Diga usted lo que diga, prefiero a Ballagas; al menos sabe respetar. Por cierto, me ha anunciado que escribirá un «Prontuario de Flora lírica». Se le ha ocurrido conversando con nosotros, que le preguntamos a qué sabía el marañón.

—En la gran división de las frutas, esa dualidad que rigen el mamey y la piña, el marañón está del lado de la piña, una armadura que protege una pulpa dulcísima, y que al chuparla aprieta la boca. Mi primer marañón lo comí cuando tenía cinco o seis años de edad y ese sabor recorre el tiempo incólume, sin que logre olvidarlo. Pero no se esfuerce, maestro, ni siquiera Góngora pudo clasificar ese mundo de paladares güelfos y gibelinos.

–¿Cree usted que podríamos hablar de eso en la Universidad?

–No se haga ilusiones. Hemos estado insistiéndole al rector para que usted lea en el Aula Magna. ¿Y sabe lo que ha respondido ese señor?: «Hay que tener mucho cuidado con quien viene a hablar aquí. ¿Es conocido ese señor Jiménez?»

–En cualquier caso, ese no es mi lugar sino el de Menéndez Pidal. Bueno, me marcho ya porque supongo que tendrá ganas de encender uno de esos puros deleitosos que yo padezco. ¿Puede pedirme un coche de alquiler? Para venir he tomado uno de esos monstruos verdes y ana-ranjados que ustedes llaman «guaguas», pero a esta hora las fuerzas me abandonan.

Se levanta, sonriente. Dice adiós a la madre. Le elogia el café a Baldomera. Y sube al coche, después de comentar algo sobre los espléndidos nubarrones de los trópicos.


Febrero de 1938. Lezama, con un traje modesto y ceñido (el mismo con que aparece en una foto junto a su hermana Eloísa, en el Relleno del Malecón), camina presuroso rumbo al Hotel Vedado. Por fin, después de los sucesivos cierres de la Universidad, ha terminado las clases de Derecho y se dedica a preparar su tesis: *La responsabilidad criminal en el delito de lesiones*. Trabaja por las mañanas en un bufete privado, pero lo poco que gana se lo gasta en librerías: *La Victoria*, del exiliado español Tomás Méndez, que aviva con sus bajos precios los celos de la competencia: la *Minerva*, la *Contemporánea* y la *Económica* de Obispo y O'Reilly. El dueño de estas dos últimas, Alberto S. Veloso, permite que Lezama le compre a plazos y esa largueza se vuelve, según su hermana Eloísa, una trampa, «una centrífuga interminable».

El joven llega sonriendo, pero Juan Ramón está melancólico: lo ronda la imagen de su sobrino, muerto meses antes en las filas franquistas. Invita a comer a Lezama (Zenobia está fuera de la ciudad), comentan los primeros síntomas de una gripe y la furia de los ciclones tropicales. El día anterior, la poeta y periodista Herminia del Portal ha hecho su visita ritual al Hotel Vedado para hablarle a Juan Ramón de Valéry, D'Ors y otros intelectuales que ha conocido en París, en casa de Milena Barili. A Juan Ramón le interesa la relación de Barili con Valéry y otros escritores franceses. Pero su otra pasión son los chismes sobre sus contemporáneos. «Le contaba» –recuerda la cubana– «de Eugenio D'Ors , de una vez que en la librería *Le Cercle* sostuvo un debate literario con Valéry. Valery lo fulminó. Y D'Ors, porfiado, insistía en discutir: *Parce que* [...] Yo imitaba muy bien el acento castizo de D'Ors cuando hablaba francés. A Juan Ramón le causaba mucha gracia. No hacía más que terminar y él: "dímelo otra vez"».

Otra anécdota: en enero de 1939, el célebre lingüista Karl Vossler, invitado, también por Chacón y Calvo, para hablar sobre el Siglo de Oro en el Instituto de Altos Estudios, coincide en el Hotel Vedado con Juan Ramón. Ha decidido atender las fervientes recomendaciones de Menéndez Pidal y escapar del invierno bávaro en aquella «Niza de los americanos». Desde el primer instante, el andaluz pone en marcha su máquina de recelar, hasta que Chacón, de regreso del hospital donde ha estado ingresado por una misteriosa operación «no grave pero muy molesta», se da cuenta de que sus invitados llevan varios días sentándose en mesas contiguas sin hablarse, y hace las debidas presentaciones. Por supuesto, sale el tema de la guerra inminente, y la obligada mención a la Alemania nazi sonroja al filólogo. Juan Ramón le cuenta la tragedia del exilio español, y conmueve a Vossler con la historia de su biblioteca perdida. En tono más áspero, le anuncia que no podrá asistir a su conferencia, presidida por el ministro de Alemania. Para aflojar tensiones, Zenobia le enviará flores a *frau* Vossler, con quien comparte el estupor europeo ante los carnavales del trópico.

Días después, Juan Ramón, sumido en una profunda depresión, cede a las presiones de su esposa y se marcha definitivamente a la Florida. No son muchos los que van a despedirlos al muelle. Están los Florit, Camila Henríquez Ureña, las hermanas Lavedán, Elena Mederos, el señor Porro. Los Camacho le mandan un coche con chófer. Algunos traen regalos: para Juan Ramón un pasador de corbata, para Zenobia un ramillete de guisantes y un agua de colonia Guerlain.

Días después, Lezama le escribe a Juan Ramón, que ha intentado conseguirle una beca de estudios en la Universidad de Gainesville:

> Me sería muy conveniente embarcar antes que el curso empezase con objeto de repasar y perfeccionar el idioma. Para trasladarme con esa anticipación me sería imprescindible el envío de los trescientos pesos en efectivo. Me alegraría en extremo que usted hiciese posible que la universidad me enviase ese adelanto para hacer el necesario gasto de viaje. De ese modo también conseguiría familiarizarme con el paisaje antes de que el curso empezase.
>
> ¿Gainesville es un pueblecito que está cerca de Miami? ¿está muy lejos? ¿La universidad se encuentra cerca de donde usted vive? ¿Me sería posible verlo a usted con frecuencia? Dispense esas preguntas en serie, pero usted sabe que hay en el fondo de todo eso un problema de raíces. Eso y la lección que le aprendemos al aire, me atemorizan un poco al trasladarme, y me fuerzan las preguntas. Todas esas cosas que usted me diga me darían seguridades que me son necesarias.

No sabemos si llegaron los trescientos pesos. Pero ya en Navidad Lezama sabe que no hará el viaje: nada podría convencerlo de abandonar a su madre, una viuda sola y con dos hijas. En una carta posterior aducirá vagos «motivos familiares» para justificar el primero de sus viajes frustrados. «Ahora sólo puedo hablar» –escribe en una tarjeta de Navidad a su maestro– «con piedras, alambres, sombras y en el mejor de los casos, espejos».

# CARPENTIER O EL LUGAR DEL CLÁSICO

Cuando en 1991 Guillermo Cabrera Infante reveló que uno de los escritores emblemáticos del *canon cubensis* en realidad había nacido en Lausana, Suiza, muy pocos le creyeron. Cabrera Infante era famoso por su maledicencia, y Carpentier había sido durante muchos años su rival político, el único gran escritor cubano que apoyaba sin fisuras la Revolución, y cuya obra, elevada a la categoría de monumento nacional, despertaba un respeto reverencial en el extranjero. Así que el artículo de Cabrera pasó desapercibido y no pudo competir contra la *vulgata* biográfica en la que Carpentier, con su característico acento francés, se declaraba habanero; nacido, por más señas, en la calle Maloja.

En un país donde las biografías literarias son un género en peligro de extinción, resulta comprensible que ciertas anécdotas de un escritor oficial se alejen del relato de su vida contada por él mismo. Pero en este caso, la omisión resulta más significativa. Como ha escrito Roberto González Echevarría en el nuevo prólogo a su ensayo *Alejo Carpentier; el peregrino en su patria*, lo interesante del asunto no es el lugar de nacimiento, sino la mentira: ese escamoteo biográfico es un indicio de la manía del escritor latinoamericano por acomodar el relato de su vida a los avatares de su proyecto literario.

Varias crónicas maliciosas de sus contemporáneos han aireado los flecos de esa infancia idílica del hijo de emigrados, que presumía de una abuela pianista, discípula de Cesar Frank, y de un padre arquitecto «que empezó a trabajar el violoncello con Pablo Casals». En realidad, Carpentier vivió su infancia y adolescencia en un pueblo de las afueras de La Habana, pasó unos años en el liceo parisino Janson de Sailly y regresó a la capital, donde su madre, de origen ruso, sobrevivió dando clases de francés. El padre, envuelto en un lío de faldas, había desaparecido en Panamá y al joven Alejo, según recuerda Heberto Padilla, no le quedó más remedio que montarse en un caballo y ponerse a vender leche de casa en casa.

Truncos sus estudios universitarios de arquitectura, en La Habana de los años veinte había dos antesalas del inframundo profesional: el periodismo y la política. Por ambas se paseó Carpentier, y su talento como cronista le ganó las páginas de *Chic* y *Carteles*. Como buen comunista de la época, viajó a México y conoció a Diego Rivera, firmó protestas y pasó por la cárcel, donde aprovechó para escribir una novela afrocubana poco inspirada, que más tarde repudiará. Su encuentro con Robert Desnoes, en un *cocktail* de periodistas habaneros resultó providencial: el poeta francés le regaló su pasaporte para que se fuera a París y lo puso en contacto con el grupo surrealista.

Hasta aquí, la biografía de Carpentier no se aparta mucho de la de su generación: jóvenes imbuidos de un idealismo militante, para quienes la cultura giraba en la órbita del mestizaje y el compromiso político alternaba con papeles secundarios en las tertulias de André Breton. Carpentier pasó los años treinta en París, donde se convirtió en un experto en radiodifusión y desposó a una musa de la *belle epoque*, Eva Frejaville, cuyo desbordante erotismo le ganaría una reputación legendaria entre el mundo intelectual habanero. Por esos años, el escritor también viajó varias veces a Madrid donde hizo amistad con García Lorca, Alberti, Bergamín y Salinas, y participó en el II Congreso por la Defensa de la Cultura, celebrado en 1937.

Sin embargo, en 1945 Carpentier corta su vínculo con la farándula musical e interrumpe su carrera de periodista para irse a Caracas a trabajar en la publicidad y la radio. Durante esos quince años que pasó en la Venezuela de Pérez Jiménez («a quien le cogió hasta la respiración», dice Gastón Baquero en una carta a Lydia Cabrera) hizo un paréntesis en sus inquietudes revolucionarias para dar forma definitiva a su vocación literaria. Fueron sus años definitivos, en los que publicó o concibió el núcleo de su obra novelística, y su famosa teoría de «lo real maravilloso americano».

El año antes de salir de la isla Carpentier publica un relato, *Viaje a la semilla*, en el que anuncia los rasgos del proyecto novelístico más importante de la literatura cubana. Pasión por la historia, imaginería barroca que se complace en recargados decorados arquitectónicos, distancia de la narrativa psicológica e interés por el tiempo como la materia suprema de la ficción: todo está ya en ese cuento concebido como un *tour de force*. Luego vendrá *El reino de este mundo* (1949), en cuyo prólogo se lee la astucia de quien toma distancia de la ortodoxia surrealista sin desechar sus mejores hallazgos (los de Pierre Mabille, por ejemplo, que hizo de la cultura antillana un campo de pruebas para sus teorías sobre el imaginario).

En 1953 Carpentier publica *Los pasos perdidos*, tal vez su mejor novela y la primera que pone en escena el enfrentamiento metafísico entre Naturaleza e Historia, fuera de los moldes de la llamada «novela de la selva». Es la más autobiográfica de sus obras pero también el momento en que, como en una obertura operática, la literatura latinoamericana atraviesa y resuelve la contradictoria relación de la Cultura con el Paisaje.

La otra gran obra de Carpentier (si dejamos a un lado su incursión en la novela de dictadores, *El recurso del método*, y un admirable trío de *nouvelles*: *El acoso*, *Concierto barroco* y *El arpa y la sombra*), es sin duda *El Siglo de las Luces*. La publicó en 1962 en México y al año siguiente en Cuba, donde había vuelto al triunfar la Revolución. La Revolución lo nombró ministro consejero de la embajada en París.

Refugiado en el prestigio del *boom* y oculto tras la aureola de los más prestigiosos premios literarios y las traducciones a todos los idiomas, Carpentier se abroqueló hasta su muerte en su refugio parisino y en las labores burocráticas de la embajada cubana. El precio que pagó por ese permiso oficial para residir indefinidamente en el extranjero fue una larga serie de caricaturescas declaraciones filotiránicas y otras ambigüedades, sin duda el lado más prescindible de su biografía.

II.

De todos los escritores que merecen el lugar del clásico en la apretada disposición del canon cubano, el primero, sin duda, sería Carpentier. La textura de su prosa, el alcance de su erudición y su peso a la hora de juzgar el raquítico conjunto de nuestra novelística le garantizan un puesto, incluso en la escala virgiliana de autores que permanecerán en la memoria después de transcurrido un siglo.

Sin embargo, a muchos lectores cubanos la obra de Carpentier no ha dejado de producirles una curiosa mezcla de admiración y sospecha, la sensación de estar ante un esfuerzo demasiado premeditado. Es esa incomodidad la que está tras los reproches de Cabrera Infante y el retrato desacralizador de Padilla. O la que suscitó los recelos de Baquero, Suárez Solís o Lorenzo García Vega. Y es también la que impulsa, en sordina, el estudio de Roberto González Echevarría, *The Pilgrim at Home*. Porque el lugar de Carpentier como clásico puede entenderse de dos maneras contradictorias.

La primera, dentro de su propio marco, ese marco que Carpentier eligió para sí mismo al hablar de las peculiaridades del hombre y la literatura en América. Para entenderlo tendríamos, por supuesto, que tomarnos en serio su teoría de «lo real maravilloso». Tal vez por eso la consagración de Carpentier tuvo lugar, primero, fuera de Cuba. O como dice González Echevarría, Carpentier pasó a convertirse en escritor latinoamericano sin haber sido un escritor cubano.

En efecto, hasta los años cincuenta su obra era mal conocida y peor leída dentro del medio intelectual habanero. Y en los sesenta, con la moda del *boom*, las novelas de Carpentier fueron interpretadas como maravillosas maquinarias del barroco versallesco, e incluso traducidas del francés (!). En el orbe de la novela española, por ejemplo, Carpentier no ha dejado más huella que un decorativo premio Cervantes y algún que otro elogio de Juan Benet (que se entiende mejor cuando nos enteramos de que Benet, como Carpentier, leyó a Faulkner en francés).

En toda esta serie de equívocos también participa el novelista, que desde *El acoso* hasta finales de los años setenta evitó escribir sobre su país. Ello le granjeó todo tipo de suspicacias, desde las burdas descalificaciones de Marinello hasta los velados (y no tan velados) reproches de Carlos Rafael Rodríguez. En cualquier caso, para Carpentier lo cubano sólo tenía sentido, primero, dentro del conjunto del Caribe (cuando todavía pensaba en términos de «lo real maravilloso americano»), y de una historia continental, donde lo americano en su apogeo dialogaba con la cultura de sus decadentes descubridores. El abandono progresivo de las tesis expuestas en el prólogo a *El reino de este mundo*, luego incluido en *Tientos y diferencias* como «De lo real maravilloso americano», y su desplazamiento hacia una ambigua teoría del Barroco como estilo mestizo, no es más que la evidencia del error (fecundo, si se quiere, puesto que dio lugar a excelentes novelas) a la hora de juzgar el papel del escritor en el contexto latinoamericano. Una de las grandes virtudes del ensayo de González Echevarría es no dejarse engañar por las tesis spenglerianas de Carpentier:

> Mientras Carpentier y los escritores latinoamericanos modernos denunciaban la tradición occidental, su búsqueda de una conciencia y un modo de expresión latinoamericanos se volvía, paradójicamente, más europea. Y la idea de que este o aquel sistema de pensamiento, esta o aquella tendencia artística tenía que ser adaptada a la situación latinoamericana implicaba las más de las veces simplificar ese sistema al insertarlo en un código ya conocido de tópicos no analizados, implicaba hacer subrepticiamente de Latinoamérica el objeto natural o privilegiado de ese sistema o tendencia –ya fuese el existencialismo, porque la historia «nueva de Latinoamérica la hace desarraigada en su esencia, o el surrealismo, porque Latinoamérica es diferente y arcana.

Al rebelarse contra el surrealismo y esforzarse por aislar en el concepto de lo maravilloso algo exclusivamente americano, Carpentier no tiene otro remedio que moverse hacia una ontología de la cultura, hacia la idea spengleriana de los ciclos fisiológicos que afectan a ésta: lo maravilloso existe todavía en América, mientras que Europa sólo puede verlo como misterio perdido. La razón, entonces, deja paso al mito, la magia deja de ser el objeto analizado para convertirse en método. Es lo que González Echevarría, ducho en postmodernas teorías de la otredad, llama «la doble o meta-alienación» de Carpentier:

> La magia puede que esté en esta orilla, pero tenemos que verla desde la otra para verla como tal. La peculiaridad hispanoamericana será entonces ese doblez, esa atopía suspendida entre un aquí y un allá –viaje perpetuo, ruta en busca de una Antilla siempre elusiva. El error será el errar. La pregunta será entonces no si el hispanoamericano pierde su autenticidad al poner pluma sobre papel, sino cuestionar la base misma de esa pregunta.

Resulta muy curioso que con todas estas teorías trasnochadas Carpentier haya producido algunas de las mejores ficciones de su lengua. Es cierto que las ficciones no están obligadas a un estatuto de veracidad comprobable, a un «nexo concreto con el referente». Pero incluso así no puede ignorarse que en Carpentier las novelas y ensayos se mueven en un mismo territorio conceptual: *El reino de este mundo* ilustra el fracaso de la taumaturgia surrealista y la entrada en escena de lo maravilloso caribeño, *Los pasos perdidos* evoca muchas de las tesis de Spengler y *El Siglo de las Luces* traza, al mismo tiempo, una reflexión apocalíptica sobre la historia y una apología de la grandeza revolucionaria inseparable de unos grandes ideales que «nunca caen en el vacío».

Carpentier creía a pie juntillas que cierta «comunidad en el idioma» acabaría por crearnos un destino particular en el planeta, ajeno a las leyes económicas que rigen el mundo moderno, o que la amalgama de estilos que se daba en América estaba fuera del cauce de la cultura occidental, o que la historia del Nuevo Mundo debía centrarse en sublimes fundaciones, beneficiadas por un lenguaje que intentaba expresar realidades nunca vistas antes del Descubrimiento, o que América nunca estaría amenazada por los peligros del clasicismo ni, por lo tanto, del nietzscheanismo. Con este repertorio de ideas tan burdas sorprende que haya escrito buenas novelas cuya materia fundamental es, por cierto, la sustancia de lo histórico.

González Echevarría ha estudiado en detalle la relación discordante entre los pronunciamientos ensayísticos de Carpentier y su escritura novelesca para concluir también que, como pensador, Carpentier se equivocó en casi todo. Sin embargo, al repasar su agudo ensayo no dejan de asaltarnos las dudas. ¿Podemos prescindir por completo de este ideario de Carpentier a la hora de juzgar las virtudes de su narrativa? ¿Acaso estas ideas no encontraron cierta traducción en varias lecciones estilísticas y estéticas? ¿Acaso no marcaron, en algún momento, los giros y los desenlaces de algunas de sus tramas? Y, sobre todo, si el novelista Carpentier fue capaz de concebir una teoría para acomodar en ella un tipo de novela que, en el fondo, resulta una prolongación de la mirada europea por otros medios, ¿no nos obliga esto a preguntarnos por el lugar del clásico y la utilidad de sus mentiras dentro de una tradición que se presume original?

Leer a Carpentier a partir de un enfoque puramente sociocultural sería entender su literatura como la empresa mágica de un hombre que intenta redefinir el mundo que lo rodea antes que afrontar la realidad de una posición de dependencia o, al menos, de menor grandeza; un hombre cuyas aspiraciones (más que su educación) lo convirtieron en el perfecto mandarín de la cultura revolucionaria cubana. La pregunta por este tipo de crítica sería: ¿acaso al elegir simbólicamente la alta cultura europea Carpentier no elegía también el camino que le permitiría «elevarse» sobre sus borrosas circunstancia biográficas? ¿Fue ese elección de un estilo visiblemente afectado, ampuloso, rebuscado y genial una experiencia estética desinteresada y, en cierto sentido, impersonal, o una manifestación disfrazada de la pregunta por el origen?

Las respuestas, por supuesto, no son sencillas. La operación por la que Carpentier tomó distancia literaria de su realidad y consiguió un lugar fundamental en nuestra tradición fue también una operación de supervivencia. Primero, dentro de un medio asfixiante de literatura ramplona y compromisos sociales. Y supervivencia, luego, dentro de los excesos de la cultura revolucionaria. En ambos medios, Carpentier fue siempre un *rara avis*. (González Echevarría nos recuerda la acepción que da Covarrubias de peregrino: «cosa rara»). Pero, entonces, ¿el clásico sería el raro? No se trata sólo de eso que Harold Bloom define como la «radical extrañeza» o «rareza consustancial» a todas las obras maestras de la literatura, sino de que la figura que mejor merece, en términos incluso estilísticos, la denominación de clásico de la literatura cubana sea la de un escritor fuera de lugar, alguien que sale de su tierra, que está casi siempre en camino. Si Carpentier juega el rol del peregrino en su propia patria no es sólo porque en Cuba todas esas teorías sobre lo americano siempre han olido a rancio. Sin esos intentos por acomodar sus ficciones dentro de una teoría continental, Carpentier no habría tenido un papel tan influyente como maestro o precursor de mucha narrativa latinoamericana. Recordemos, como ejemplo antitético, lo que sucedió con Onetti: un excelente novelista sin grandes teorías, en un momento en el que los intelectuales latinoamericanos se consagraban como opinadores permanentes sobre cualquier tema.

Una de las interpretaciones posibles de la teoría de Spengler sobre la decadencia de las civilizaciones es que lo opuesto a lo clásico no es tanto lo romántico como lo bárbaro: a lo mejor esa prosa alambicada de Carpentier es un intento de sobrevivir a la barbarie. Y a lo mejor nuestro clásico no es más que un pícaro, la encarnación de un estilo empeñado en sobrevivir a las más difíciles circunstancias.

## ii. Pasando lista

# Prolegómenos a una lista

I.

¿Qué ha pasado para que el juego de las listas se haya vuelto inseparable del ejercicio crítico? Tendríamos que remontarnos a aquellas encuestas decimonónicas en las que se le preguntaba a un escritor famoso qué libros llevaría a una isla desierta. Se concebía entonces al lector ideal como una especie de Robinson, y su elenco como la defensa de un placer minoritario sobre las aburridas ventajas de la civilización. En nuestro siglo, sin embargo, la escasez de islas desiertas coincide con una inquietante proliferación letrada. Al convertirse en producto, la literatura moderna debe soportar, con mayor o menor disgusto, el trato propio de la mercancía. Y todo lo que se pone a la venta tiene que ser contado, enlistado, inventariado.

En esas labores, el deslinde de la crítica aspira a distinguirse de la lógica del mercado. Pero, ¿lo consigue realmente? ¿Acaso la crítica de hoy no es una especie de cámara de ecos donde resuenan también las exigencias comerciales?

En su ensayo *La littérature à l'estomac*, Julien Gracq se permitía comparar su tradición con el murmullo enardecido de una Bolsa, en la que los críticos literarios jugaban un papel semejante al de los apostadores.

El problema no sólo concierne a esa crítica francesa convertida, según Gracq, en unas Galerías Lafayette por las que los lectores transitan como un niño en el Paraíso de los juguetes. En todas partes lo literario está hoy amenazado por lo publicitario, y la consagración de un escritor depende, cada vez más, de su presencia en ciertas cábalas críticas y/o mediáticas.

«Cuando el placer literario» –dice Gracq– «se aparta cada vez más del goce solitario y sentido para socializarse, para transformarse en perpetuo intercambio de signos de reconocimiento, en "placer-reflejo", en el modo de alinearse en una colectividad cambiante, y finalmente en camelo, la presión multiforme que nos rodea por doquier hace que acabemos no viendo (literalmente) esas formas consagradas, como no vemos realmente la moda del día, "lo que se lleva", con sus aspectos monstruosos, grotescos, aberrantes».

Sin embargo, en medio de la ceguera propiciada por los catálogos de venta, la crítica puede, a veces, ejercer una función correctiva. Algunas listas cumplen una función, digamos, homeopática: su carácter libérrimo, sentimental, arbitrario se opone dignamente a las «pasiones frías» del mercado y sus constantes «descubrimientos».

La profesionalización de los estudios literarios abarca también el ámbito de la Academia, una estructura medieval que ha sobrevivido al cambio de milenio pero que, sobre todo en el ámbito hispanoamericano, ostenta una pobreza de ideas francamente inquietante. Por suerte, los grandes críticos literarios cubanos han sido, casi todos, poetas; nuestra República de las Letras tiene poco que ver con el balneario mental de la didaxis.

Tenemos, por otro lado, la Política Cultural, que Harold Bloom convierte en el gran enemigo de la crítica literaria. Con razón. En Cuba, por razones fáciles de deducir, la política cultural de los últimos cuarenta años sólo ha servido para legitimar una crítica pacata, refugiada cada vez más en las medias verdades o en el imperio de las alusiones. En el exilio, al menos hasta los años ochenta, el panorama tampoco es muy alentador: los críticos están casi todos a la sombra de la Academia y padecen muchas veces la indiferencia de sus cofrades.

Durante muchos años la literatura cubana presumió de una industria editorial al margen del mercado. La nueva política cultural se tradujo en alfabetización, tirajes masivos, creación de nuevos sellos editoriales… y un control absoluto del Estado sobre cualquier papel impreso. Sin embargo, a la larga resulta imposible aislar cualquier tradición literaria de un mercado crítico que marca pautas de interpretación, libera pasiones y establece jerarquías canónicas bajo cualquier circunstancia. Desde ese punto de vista, el escritor es un elemento irreductiblemente burgués (en el sentido flaubertiano, no marxista), y no hay revolución que consiga aplastar durante mucho tiempo su filisteísmo esencial, su irrefrenable vanidad.

Fenómenos característicos del mercado literario, como el llamado *boom* de la novela latinoamericana, resultaron, a la larga, decisivos para la literatura cubana. Marcada, cada vez más, por las circunstancias políticas, nuestra literatura se mantenía como una especie de reserva india, un campo vallado en el que se publicaban libros como quien lanza flechas al futuro. Por ese entonces, todo lo que se alejara de ciertos parámetros tenía que sortear la censura del Estado y el silencio de los críticos. Las excepciones, pocas, no hacen más que confirmar la regla. El arte de la reseña, depauperado en ejercicios laudatorios, nos recuerda que la función del intelectual en la Revolución tiene muy poco que ver con la única crítica literaria digna de tal nombre.

II.

Vayamos, entonces, a las fechas. Los límites escogidos no representan un corte espiritual, sino cronológico. Sin pecar de sociologismo, hay que reconocer que la Revolución marca un punto de inflexión en nuestra historia literaria. Aunque eso que Cyril Connolly definió como el espíritu moderno («lucidez, ironía, escepticismo, curiosidad intelectual, combinados con la intensidad apasionada y la sensibilidad exaltada de los románticos, su rebelión y sentido de la experimentación técnica, su conciencia de que vivían en una época trágica») es un proceso espiritual que se remonta entre nosotros al siglo XIX, desde otro punto de vista, el de la reacción antiburguesa, la Revolución puede verse como el epítome momentáneo de nuestra modernidad, un proceso semejante al que antes había impulsado a los simbolistas franceses, a los intelectuales antivictorianos y a los escritores que, en Estados Unidos, se manifestaron contra la rígida herencia puritana.

Ese impulso produjo, durante nuestra particular Edad Heroica, una serie de obras cuya indiscutible calidad literaria coincide con el contexto de una transformación social. Pero, como ha demostrado el historiador Roger Chartier a propósito de la Revolución francesa, no son los libros los que hacen las revoluciones: estos sólo comienzan a actuar cuando ella se ha puesto ya en marcha. Una vez instaladas, ciertas transformaciones culturales permiten que los intelectuales (y sus lectores) imaginen la posibilidad de una ruptura revolucionaria con el pasado. En el caso cubano, ese proceso no duró más de una década. Después de los años sesenta, las circunstancias políticas se volvieron hostiles para la creación literaria. Por eso esta lista, que insiste en agrupar libros concebidos en un sentido moderno, es decir, como artefactos que combinan cierta idea de perfección artística con un proceso colectivo de transformación espiritual, incluye muchos más títulos del periodo 1960-70 que del siguiente.

Por prudencia nos detenemos en el umbral del siglo XXI: a partir de esta fecha se abre demasiado el espacio de lo opinable y de lo personal. Eso que damos en llamar «la distancia crítica» implica, al menos, el tramo de una generación para conservar cierta objetividad y resistirse a la maligna tentación de enjuiciar a nuestros contemporáneos.

III.

En América Latina, el concepto de renovación literaria ha estado centrado en la figura del autor. Es difícil separar vida y obra dentro de esta literatura, tal vez porque en estos parajes el escritor moderno ha sido visto siempre como un «raro», como aquellos adalides iconoclastas que Darío consagró en sus famosas semblanzas de 1896.

La lista de Darío (en la que figuraban Whitman y Verlaine, Edgar Allan Poe, Lautréamont, Valle-Inclán, Mallarmé, Lugones y Martí, entre otros) incluía a quienes proclamaban «nuevas maneras de pensamiento y de belleza», escritores que, como sacerdotes al servicio de la creación, debían padecer por fuerza «la persecución de los domicianos del utilitarismo».

Esta idea del escritor como víctima de la sociedad ha provocado un molesto síntoma crítico: el autor, si es moderno, interesa más que su obra. Es cierto, como dice Gimferrer, que en nuestra lengua la modernidad existe porque existen los «raros», pero la singularidad de una obra no siempre va acompañada de la singularidad de su autor. Los personajes que se apartan de los moldes y convenciones de su época pueden escoger un trayecto secreto, una inadaptación que manifieste sus principales virtudes dentro de la escritura, aunque la crítica pase de largo o no sepa reconocerlas. Entre nosotros ese fue el caso, por ejemplo, del novelista Miguel Collazo, o de los poetas Raúl Hernández Novás y Ángel Escobar, que tuvieron que suicidarse para ser tomados en serio, o al menos, leídos con seriedad.

Haciendo esta lista uno se sorprende de la cantidad de autores cuyo verdadera importancia sólo vino a ser reconocida después de su muerte. Buena parte de la obra de Piñera es póstuma; Calvert Casey entró en nuestro banquete crítico a la hora de los postres, Guillermo Rosales no tuvo mejor fortuna. Como si nuestra comprensión del canon tuviera que pasar por el gesto necrológico, que siempre nos obliga a ver al escritor como un personaje de otra obra.

Los libros: siempre en segundo plano; la obra es siempre materia maleable. Son escasas las reediciones en el último siglo. Las traducciones a otros idiomas de los clásicos de la literatura cubana están llenas de errores garrafales. Tenemos poquísimas ediciones críticas y las colecciones al estilo de la Biblioteca de Clásicos Cubanos suelen atascarse en el tercer o el cuarto volumen, casi siempre del siglo XIX. Y en la isla no se han publicado nunca algunos de los libros esenciales para entender la cultura cubana.

IV.

Observemos, ahora, los problemas prácticos de una lista como esta. Mi selección excluye, de entrada, las antologías (incluso las recopilaciones hechas por el propio autor, con mínimas adendas de textos nuevos) y el teatro (porque simplemente carezco de lecturas teatrales que rebasen un puñado de clásicos). A pesar de seguir criterios más bien tradicionales para clasificar cada uno de los libros mencionados, en no pocos casos la etiqueta se revela problemática. ¿Cómo definir *O*, de Guillermo Cabrera Infante? ¿Es *Pequeñas maniobras* de Piñera una novela corta o un relato largo? *Onoloria*, de Collazo, ¿es una noveleta o una suma de prosas líricas? ¿Son verdaderos ensayos los textos que incluye Sarduy en *El Cristo de la rue Jacob*? ¿Cuál sería la línea que separa al ensayo de las memorias en la prosa de Lorenzo García Vega? Los *Divertimentos* de Eliseo Diego y algunos cuentos de Lezama, ¿no serán en realidad poemas en prosa? Son preguntas de escoliasta, y el lector sabrá disculpar las etiquetas que no coincidan con las suyas.

Muchas son las dudas, y otras tantas las apuestas. ¿Es esta una literatura nacional? En mi lista, más de un tercio de los libros han sido publicados por primera vez fuera de Cuba. Incluso un escritor tan «oficial» como Carpentier tenía buen cuidado en garantizar lectores fuera de su país. Y los otros… bueno, los otros son el exilio: la obra de quienes se fueron, el tercio de vergüenza literaria que le toca a nuestra Revolución cultural.

Por afán de precisión bibliográfica, en esta lista se citan siempre las primeras ediciones en español (o algunas de autores cubanoamericanos, en inglés). Pero convendría precisar que, en algunos casos, la edición que reviste verdadera importancia para nuestro proceso literario no es la primera, sino alguna posterior. Por ejemplo, los ensayos de Carpentier recogidos en *Tientos y diferencias* fueron editados por la UNAM en 1964, pero se conocieron en Cuba por la edición de Unión, de 1966. La primera edición de *El regreso* de Calvert Casey, fechada en 1962, no incluye algunos cuentos fundamentales que sí aparecen en la edición ampliada del año siguiente. En la edición de Seix Barral de 1967, *El regreso y otros cuentos*, vuelven a faltar varios relatos, entre ellos «En San Isidro», que anuncia esa acuciante pregunta por el deseo que reaparece, de manera radical, en su manuscrito póstumo: «Piazza Morgana».

Por último, un breve comentario a las glosas incluidas. La idea original era incluir breves textos comentando todos y cada uno de los libros enlistados. Pero ello hubiera dado a esta sección un peso desaforado en el conjunto del libro. He preferido, entonces, seleccionar sólo algunas de nuestras obras clave y reseñarlas con la libertad de quien acaba de descubrirlas. Más que reseñas, se trataría a veces de notas de solapa o de contraportada, un género humilde que, como escribe Roberto Calasso, aún no ha encontrado historiador ni teórico.

Así como en esos textos un editor recoge muchas veces los motivos que lo han llevado a publicar determinado libro, en estas glosas intento precisar, a veces para mí mismo, las razones de mis preferencias.

# La lista

1960-1970

José Lezama Lima, *Dador*, poesía, 1960
Cintio Vitier, *Poética*, ensayo, 1961
Samuel Feijóo, *Azar de lecturas*, ensayo, 1961
Walterio Carbonell, *Cómo surgió la cultura nacional*, ensayo, 1961
Heberto Padilla, *El justo tiempo humano*, poesía, 1962
Guillermo Cabrera Infante, *Un oficio del siglo XX*, ensayo, 1962
Manuel Moreno Fraginals, *José Antonio Saco, estudio y bibliografía*, ensayo, 1962
Calvert Casey, *El regreso*, cuento, 1962, 1963
Alejo Carpentier, *El Siglo de las Luces*, novela, 1962
Virgilio Piñera, *Pequeñas maniobras*, novela, 1963
Calvert Casey, *Memorias de una isla*, ensayo, 1964
Virgilio Piñera, *Cuentos*, cuento, 1964
Roberto Fernández Retamar, *Historia antigua*, poesía, 1964
Manuel Moreno Fraginals, *El Ingenio, complejo socioeconómico cubano*, ensayo, 1964.
José Lezama Lima, *Paradiso*, novela, 1966
Gastón Baquero, *Memorial de un testigo*, poesía, 1966
Alejo Carpentier, *Tientos y diferencias*, ensayo, 1964, 1966
Miguel Barnet, *Biografía de un cimarrón*, novela, 1966
Nicolás Guillén, *El gran zoo*, poesía, 1967.
Guillermo Cabrera Infante, *Tres tristes tigres*, novela, 1967
Reinaldo Arenas, *Celestino antes del alba*, novela, 1967
Virgilio Piñera, *Presiones y diamantes*, novela, 1967
Severo Sarduy, *De dónde son los cantantes*, novela, 1967
Antonio Benítez-Rojo, *Tute de reyes*, cuento, 1967
Eliseo Diego, *Divertimentos*, cuento, 1967

Ambrosio Fornet, *En blanco y negro*, ensayo, 1967
Rafael Alcides, *La pata de palo*, poesía, 1967
Manuel Díaz Martínez, *Vivir es eso*, poesía, 1968
Heberto Padilla, *Fuera del juego*, poesía, 1968
Lina de Feria, *Casa que no existía*, poesía, 1968
Eliseo Diego, *Muestrario del mundo, o Libro de las maravillas de Boloña*, poesía, 1968
Miguel Collazo, *El viaje*, novela, 1968
Edmundo Desnoes, *Memorias del subdesarrollo*, novela, 1968
Norberto Fuentes, *Condenados de Condado*, cuento, 1968
Roberto Friol, *Alción al fuego*, poesía, 1968
Cintio Vitier y Fina García Marruz, *Temas martianos. Primera serie*, ensayo, 1969
Severo Sarduy, *Escrito sobre un cuerpo*, ensayo, 1969
Reinaldo Arenas, *El mundo alucinante*, novela, 1969
Virgilio Piñera, *La vida entera*, poesía, 1969
Cintio Vitier, *Poetas cubanos del siglo XIX*, ensayo, 1969
Virgilio Piñera, *El que vino a salvarme*, cuento, 1970
Eliseo Diego, *Versiones*, poesía, 1970
Fina García Marruz, *Visitaciones*, poesía, 1970
Lino Novás Calvo, *Maneras de contar*, cuento, 1970.


1971-1980

Nivaria Tejera, *Sonámbulo del sol*, novela, 1971
Jorge Mañach, *Teoría de la frontera*, ensayo, 1971
Roberto Fernández Retamar, *Calibán*, ensayo, 1971
Cintio Vitier, *Crítica sucesiva*, ensayo, 1971
Alejo Carpentier, *El derecho de asilo*, novela, 1972
Miguel Collazo, *Onoloria*, novela, 1973
Guillermo Cabrera Infante, *Vista del amanecer en el trópico*, cuento, 1974

Alejo Carpentier, *Concierto barroco*, novela, 1974
Alejo Carpentier, *El recurso del método*, novela, 1974
Octavio Smith, *Crónicas*, poesía, 1974
Eugenio Florit, *Tiempo y agonía*, poesía, 1974
Lorenzo García Vega, *Rostros del reverso*, narrativa, 1974
Eliseo Diego, *Noticias de la Quimera*, cuento, 1975
Cintio Vitier, *Ese sol del mundo moral*, ensayo, 1975
José Lezama Lima, *La cantidad hechizada*, ensayo, 1976
José Lezama Lima, *Oppiano Licario*, novela, 1977
José Lezama Lima, *Fragmentos a su imán*, poesía, 1977
Roberto González Echevarría, *Alejo Carpentier: the pilgrim at home*
    *(Alejo Carpentier: el peregrino en su patria)*, ensayo, 1977
Severo Sarduy, *Maitreya*, novela, 1978
Cintio Vitier, *De Peña pobre*, novela, 1978
Lorenzo García Vega, *Los años de Orígenes*, ensayo/memorias, 1979
Guillermo Cabrera Infante, *La Habana para un infante difunto*,
    novela, 1979
Alejo Carpentier, *El arpa y la sombra*, novela, 1979
Gustavo Pérez Firmat, *The Cuban condition*, ensayo, 1979
Ezequiel Vieta, *Swift: la lata de manteca*, cuento, 1980


## 1981-1990

Reinaldo Arenas, *Termina el desfile*, cuento, 1991
Carlos Franqui, *Retrato de familia con Fidel*, memorias, 1981
Luis Rogelio Nogueras, *Imitación de la vida*, poesía, 1981
Osvaldo Sánchez, *Matar al último venado*, poesía, 1982
Raúl Hernández Novás, *Da Capo*, poesía, 1982
Severo Sarduy, *La simulación*, ensayo, 1982
Natalio Galán, *Cuba y sus sones*, ensayo, 1983
José Kozer, *Bajo este cien*, poesía, 1983
Oscar Hurtado, *Los papeles de Valencia el mudo*, cuento, 1983

Enrique Saínz *La literatura cubana de 1700 a 1790*, ensayo, 1983
Gastón Baquero: *Magias e invenciones*, poesía, 1984
Severo Sarduy, *Un testigo fugaz y disfrazado*, poesía, 1985
Fina García Marruz, *Hablar de la poesía*, ensayo, 1986
Severo Sarduy, *El Cristo de la rue Jacob*, ensayo, 1987
Ángel Escobar, *La vía pública*, poesía, 1987
Virgilio Piñera, *Un fogonazo*, cuentos, 1987
Virgilio Piñera, *Muecas para escribientes*, cuentos, 1987
José Lezama Lima, *Cuentos*, cuento, 1987
Octavio Smith, *Andanzas*, poesía, 1987
Delfín Prats, *Para festejar el ascenso de Ícaro*, poesía, 1987
Carlos Augusto Alfonso, *El segundo aire*, poesía, 1987
Enrico Mario Santí, *Escritura y tradición*, ensayos, 1987
Octavio Armand, *Origami*, poesía, 1987
Guillermo Rosales, *Boarding home*, novela, 1987
Reinaldo Arenas, *El portero*, novela, 1988, 1989
Cintio Vitier, *Crítica cubana*, ensayo, 1988
Cintio Vitier, *Hojas perdidizas*, poesía, 1988
Antón Arrufat, *Las pequeñas cosas*, ensayo, 1988
Virgilio Piñera, *Una broma colosal*, poesía, 1988
Antonio Benítez Rojo, *La isla que se repite*, ensayo, 1989
Reinaldo Arenas, *Viaje a La Habana*, novela, 1990


1991-2002

Eliseo Diego, *Cuatro de oros*, poesía, 1991
Enrique Labrador Ruiz, *Cartas à la carte*, ensayo, 1991.
Emilio García Montiel, *El encanto perdido de la fidelidad*, poesía, 1991
Raúl Hernández Novás, *Sonetos a Gelsomina*, poesía, 1991
Ángel Escobar, *Abuso de confianza*, poesía, 1992
Leví Marrero, *Escrito ayer. Papeles cubanos*, ensayo, 1992

Reinaldo Arenas, *Antes que anochezca*, memorias, 1992
Guillermo Cabrera Infante, *Mea Cuba*, ensayo, 1992
Jesús Díaz, *Las palabras perdidas*, novela, 1992
Reina María Rodríguez, *En la arena de Padua*, poesía, 1992
Pedro Marqués de Armas, *Los altos manicomios*, poesía, 1993
Severo Sarduy, *Pájaros de la playa*, novela, 1993
Rafael Alcides, *Nadie*, poesía, 1993
José Lezama Lima, *Fascinación de la memoria*, ensayo, 1993
José Lezama Lima, *Diarios*, 1994
Guillermo Rosales, *El juego de la viola*, cuentos, 1994
Juan Carlos Flores, *Los pájaros escritos*, poesía, 1994
Carlos Victoria, *La travesía secreta*, novela, 1994
Carlos Augusto Alfonso, *Población flotante*, poesía, 1994
Orlando González Esteva, *Elogio del garabato*, poesía/ensayo, 1994
Gustavo Pérez Firmat, *Life on the Hyphen*, ensayo, 1994
Zoé Valdés, *La nada cotidiana*, novela, 1995
Omar Pérez, *Algo de lo sagrado*, poesía, 1995
Margarita Mateo, *Ella escribía poscrítica*, ensayo, 1995
Antonio José Ponte, *Un seguidor de Montaigne mira La Habana*,
   ensayo, 1995
Carlos A. Aguilera, *Retrato de A. Hopper con su esposa*, poesía, 1996
José Manuel Prieto, *Nunca antes habías visto el rojo*, cuento, 1996
Nivaria Tejera, *Espero la noche para soñarte, Revolución*, memorias,
   1997
Abilio Estévez, *Tuyo es el reino*, novela, 1997
Manuel Moreno Fraginals, *Cuba, España; España, Cuba*, ensayo,
   1997
Fina García Marruz, *La familia de Orígenes*, ensayo, 1997
Eliseo Alberto, *Informe contra mí mismo*, memorias, 1997
Carlos A. Aguilera, *Das Kapital*, poesía, 1997
Antonio José Ponte, *Asiento en las ruinas*, poesía, 1997
Sigfredo Ariel, *Hotel Central*, poesía, 1997

José Manuel Prieto, *Enciclopedia de una vida en Rusia*, novela, 1997

Octavio Armand, *El pez volador*, ensayo, 1997

Orlando González Esteva, *Escrito para borrar*, poesía, 1997

Reina María Rodríguez, *La foto del invernadero*, poesía, 1998

Ismael González Castañer, *Mercados verdaderos*, poesía, 1998

Atilio Caballero, *La última playa*, novela, 1998

Iván de la Nuez, *La balsa perpetua*, ensayo, 1998

Pedro Juan Gutiérrez, *Trilogía sucia de La Habana*, cuentos, 1998

Ena Lucía Portela, *El pájaro, pincel y tinta china*, novela, 1998

Rafael Rojas, *El arte de la espera*, ensayo, 1998

Rafael Rojas, *Isla sin fin*, ensayo, 1998

Pedro Juan Gutiérrez, *Trilogía sucia de La Habana*, cuento, 1998

Néstor Díaz de Villegas, *Confesiones del estrangulador de Flagler Street*, poesía, 1998

Leandro Eduardo Campa, *Little Havana Memorial Park*, poesía, 1998

Omar Pérez, *¿Oíste hablar del gato de pelea?*, poesía, 1999

Eliseo Diego, *En otro reino frágil*, poesía, 1999

José Manuel Prieto, *Livadia*, novela, 1999

Omar Pérez, *La perseverancia de un hombre oscuro*, ensayo, 2000.

Jorge Ángel Pérez, *El paseante Cándido*, novela, 2000

Eliseo Diego, *Poemas al margen*, poesía, 2000

Emma Álvarez-Tabío, *Invención de La Habana*, ensayo, 2000

Julio Girona, *Café frente al mar*, cuento, 2000

Rolando Sánchez Mejías, *Historias de Olmo*, cuentos, 2001

Iván de la Nuez, *El mapa de sal*, ensayo, 2001

Jorge Ferrer, *Minimal Bildung*, novela, 2001

Aliuska Molina, *As de triunfo*, poesía, 2001

# GLOSAS

José Lezama Lima (1960): *Dador*
La Habana: Impresores Úcar, García, S. A.

No sólo por su título, oscuro y refulgente, es éste el libro más extraño de toda la poesía cubana. También por las circunstancias en que aparece. A sus cincuenta años, Lezama es un autor «consagrado» que casi nadie se atreve a leer. Ha escrito sus mejores poemas, ha publicado ensayos indispensables, ha fundado una revista y encabeza un grupo literario. Y sin embargo, los años sesenta lo sorprenden cambiando su ánimo melancólico («Se nos fue la vida hipostasiando / haciendo con los dioses un verano...») para redescubrir en la Revolución el anillo perdido de las antiguas mitologías.

Desde finales de la década del cincuenta, la literatura cubana apunta hacia unos rumbos que no son los del *origenismo*, así que este libro titulado con uno de los nombres del Espíritu Santo sólo provocará la sorna e indiferencia previsibles. Indiferencia que muy pronto, desde el parapeto de *Lunes de Revolución*, se convertirá en franca hostilidad generacional. El Lezama del que todos estos jóvenes se mofan es precisamente el poeta de *Dador*, epítome de esa exasperación metafórica que caracteriza «lo lezamiano».

El libro se abre con el poema que le da título; un desprendimiento, en prosa, de aquellas *Aventuras sigilosas* donde lo autobiográfico aparece, como en los cuadros de algunos pintores caravaggescos, como fragmentos de *natura in posa*. Tres adolescentes con máscaras doradas se sientan en un salón donde hay cuatro armaduras que ejecutarán una especie de danza con las figuras del primer plano. De pronto, el fragmento en prosa se interrumpe para dejar paso a una de esas estrofas de larguísimo fraseo, típicas de la poesía de Lezama:

«El esturión con flaca tinta borrosa/ preparando los tapetes rajados de las consagraciones/ comienza a balbucir en el culto maternal de las aguas». Lo que sigue es una fabulación incoherente y arrítmica, donde apenas adivinamos el curso de una poética en medio de la imaginería medieval: cultivos de mijo, rituales y sacerdotes, soldados entrando en Damasco… Aquí Lezama busca fundar una mística que conserve el sabor de las teogonías. Sin embargo, en mitad del camino de su «anábasis» se fatiga y abre su dicción poética al criollismo del octosílabo (con divertimentos fonéticos que recuerdan a Brull) y a una serie de veintisiete sonetos, «Venturas criollas», voluntariamente tejidos con «mal oído». Para volver a crisparse, ya en la segunda parte del libro, con tres grandes poemas programáticos: «Los dados de medianoche», «Recuerdo de lo semejante» y «Nuncupatoria de entrecruzados». En el intermedio, al final de la primera parte, una «glorieta de la amistad», donde el poeta, a golpe de dedicatoria, otorga sus nombramientos amistosos como si se tratara de una orden de caballería.

La propia Fina García Marruz, una de las agraciadas en esta glorieta y la única voz crítica que se atrevió con el libro en su momento, tendrá que reconocer que Lezama «a veces parece que pidiera algo inaudito a las palabras». «Todo deviene en máscaras, giros, saltos, silencios, estridencias», dice un perplejo Álvarez Bravo. Varios lectores han confesado sus dudas ante estas páginas, aunque a veces las disfracen de supremas virtudes. «Yo escucho en sus páginas –dice Sarduy– como un efecto de *boomerang* o de magia, la voz de mis padres, el rumor amable de la lengua cubana». Pero con su deslumbrante sobreabundancia e insoslayable originalidad, *Dador* es la prueba de un fracaso; un fiasco deslumbrante, un proscenio donde la poesía quiere ser conocimiento supremo y no consigue mostrarnos más que una noche plena de insinuaciones. Estamos ante un libro huraño que obliga a preguntarse si basta la búsqueda del incondicionado poético para hacer gran poesía; que se recorre como quien avanza en medio de una bruma densísima, siguiendo destellos, espigando versos, paseando entre las ruinas de una mitología atlántica en la que nunca sabemos a ciencia cierta lo que está pasando. Lezama ya apunta a la novela, por lo que todo el libro (el más voluminoso de todos sus poemarios), puede ser concebido como un desesperado intento por abroquelarse en un estilo que recobra las resonancias alquímicas del calificativo «hermético».

Sin embargo, en *Dador* están incluidos dos de los grandes poemas de Lezama: «Para llegar a la Montego Bay», la crónica de un viaje brevísimo hacia un paisaje antillano que le resultará ajeno, y «El coche musical» («Empacho de faroles frigios, quioscos cariciosos/ de azul franela, mudables lágrimas compostelanas»), que no es, como afirman algunos críticos despistados, el relato barroco de una escapada nocturna con baile y automóvil, sino un homenaje a los conciertos de Raimundo Valenzuela, que tenían lugar en el Parque Central a finales del siglo XIX y principios del XX.

Tendrán que pasar 17 años de silencio poético para darnos cuenta que *Dador* cerraba una fase, no sólo de la poesía lezamiana –que con *Fragmentos a su imán* se abrirá a otra dicción–, sino en la poesía cubana, que nunca volverá a lucir tan desesperada libertad de cualquier causalismo.

Heberto Padilla (1962): *El justo tiempo humano*
La Habana: Unión

Después de publicar un cuaderno adolescente, *Las rosas auda-ces*, a los treinta años Padilla reúne 31 poemas escritos entre sus constantes viajes e «impostergables tareas» de joven funcionario de la Revolución para presentarse al Premio Casa de las Américas. Pero aquel año un jurado en el que estaban Retamar y Marinello prefiere premiar *Por esta libertad* de Fayad Jamís, y Padilla tiene que conformarse con mención. Meses más tarde, la recién estrenada Unión de Escritores le edita este libro de sobria elegancia, que lo convierte, de pronto, en una voz clave dentro de la lírica cubana.

Antibarroca, eminentemente visual y narrativa, heredera de la tradición anglosajona, la poesía de Padilla busca desmarcarse de la idea metafísica del tiempo que había dominado la poesía origenista. Y lo hace con un título sacado de Salvatore Quasimodo, donde la gesta del presente se describe como un renacimiento sin dolor. Los primeros poemas de este libro, «Dones» y «Padres e hijos», muestran un sostenido ímpetu lírico, y un tono coloquial que no descuida el trabajo con el lenguaje. Recordemos, por ejemplo, ese tercer fragmento de «Padres e hijos» («Bajo el árbol de güiras, / cerca de las raíces, estás gritando / el daño. / Nómbralo, cacatúa de pico férreo. / Arráncalo, totí; haz garra de tus uñas / y vuela; sé tú la única sombra / de mi infancia. / Destrúyelo, lechuza; un ojo tuyo / aleje lo que entierran aquellas manos / crueles»), que termina con un grito generacional: «¡déjanos ser!». (Pues no, al poeta no lo dejaron ser, como se verá más tarde). En cambio, hay otra sección del libro, la tercera, que está lastrada por el peaje a las circunstancias históricas: «Pancarta para 1960», «Playa Girón», una «Canción» que hoy casi inspira pesadillas («Duerme, / mi guerri-llera / La vida sigue en pie»), «Libre y maniatada España», «Ahora que estás de vuelta», y ese horrible poema que da título al libro, donde se estrena la moda, luego tan imitada, de cerrar «en alto» con aliento de (falsa) profecía: «El justo tiempo humano va a nacer». Este libro debe ser leído junto con el famoso *Fuera del juego* para darnos cuenta de que el cambio entre los dos poemarios no fue de tono poético. Llevado por la idea de la poesía comprometida, o de la función civil de la poesía, Padilla se internó, a la manera de su admirado Maiakovski, en los terrenos escabrosos de la opinión. Y ya sabemos cuál fue el resultado.

Sin embargo, pese a su vocación de vate revolucionario, y a ese vicio retórico que lo lleva a hablar a veces en nombre de la Histo-ria, Padilla fue un poeta con sobrados dones: en este libro están sus rondas (la famosa versión con variaciones de «Estaba la Pájara Pinta») y un poema profético, «Infancia de William Blake» («Cualquier día / me obligan a salir a la calle, / me apalean; me lanzan como a una rata / en cualquier parte. / / (Tú no puedes saberlo. Es de la época). // Contra mí testifica un inspector de herejías»), que merece figurar en cualquier antología de la literatura cubana.

Alejo Carpentier (1962): *El Siglo de las Luces*
México: Compañía General Editora

Empiezo por confesar mi sorpresa cuando hace algunos años me
topé con el Victor Hugues que describe V. S. Naipaul en *La pérdida
de El Dorado*. La imagen de Hugues que yo guardaba en la memoria
era, por supuesto, la que aparece en *El Siglo de las Luces*: el atractivo paladín de la libertad que regresa al Caribe para difundir los
principios de la Revolución francesa. Victor Hugues o el Redentor,
que hace su entrada en la casa de Empedrado acompañado de las
aldabas neoclásicas de la prosa carpenteriana, convertido en un ser
capaz de poner a funcionar los aparatos del Gabinete de Física, sanar
a los enfermos y hacer caminar a los inertes (sic). Así que cuando
Naipaul empezó a contarme la historia de un mulato vengador y
resentido, un aventurero, un vagabundo capaz de hacer cualquier
cosa por ganarse un nombre, «de familia pobre, peluquero fracasado,
posadero fracasado, patrón de barco fracasado, después teniente de
navío de la armada francesa..»., me di cuenta de hasta qué punto
Carpentier convertía en mito todo lo que tocaba con su prosa.

La leyenda cuenta que a comienzos de los años cincuenta el
autor pasó unos días en la isla de Guadalupe porque su avión se vio
forzado a hacer escala en un sitio llamado Le Gosier. Allí conoció
a un corso, Mario Petroluzzi, y escuchó de su boca las hazañas
de aquel marsellés que había derrotado a los ingleses y abolido la
esclavitud. Pero tratándose de una versión fabricada por el propio
novelista, no debería ser tomada demasiado en serio. Lo importante
es que Victor Hugues le permitió a Carpentier trazar su obra de
mayor calado: había encontrado al Revolucionario, un personaje

arquetípico capaz de aportar profundidad psicológica al interés del autor por «los grandes temas, los grandes movimientos colectivos [que] dan la más alta riqueza a los personajes y a la trama». En contra de la opinión de Bloom, yo creo que Carpentier escribía mejores novelas cuando se alejaba de la novela histórica convencional. Es decir, lo prefiero en *Los pasos perdidos, El arpa y la sombra* y *Concierto barroco*. Sus otras grandes novelas, *El reino de este mundo* y *El Siglo de las Luces*, aunque coinciden en el escenario histórico antillano, también presentan diferencias importantes entre sí. En *El Siglo de las Luces* esa confusión entre mito e historia que caracterizaba *El reino de este mundo* está mejor resuelta, mediada por un modelo cabalístico que ha causado verdadero furor en Yale. La empresa de novelar la Revolución en parajes tropicales compensará su calado épico con una trama que parece sacada de una novela romántica: una historia de iniciación. Los devaneos sentimentales entre Sofía, Carlos y Esteban, tres habaneros hundidos en un mundo de arte, belleza y pasiones adolescentes compensan la grandilocuencia de tanta revuelta.

La novela fue publicada en México (y en francés, por Gallimard) en 1962. Sólo al año siguiente salió en Cuba, donde el autor había vuelto tras el triunfo de otra Revolución, autóctona. Algunos críticos la han leído como una parábola sobre el peligro saturnino de todas las revoluciones: Hugues como un proto-Castro. Pero esa interpretación contrasta con la última obra publicada de Carpentier. La altura de *El Siglo de las Luces* pone de relieve el fracaso de *La consagración de la primavera* (1978), intento de una épica sincrónica, con alarde de planos paralelos y un aburrido enaltecimiento de la indistinción entre el individuo y la masa. En Cuba se la esperaba como la gran novela de la Revolución, la suma alquímica del gran escritor y el funcionario comprometido. En realidad, fue el único fiasco del Carpentier maduro. Lastrada por un esquema marxistoide (o mejor, hegeliano), *La consagración...* abarca una historia mundial de sublevaciones, donde la cubana sería la última fase de un ciclo (tras Rusia en 1917 y la Guerra Civil Española). Pero tanta ambición quedó reducida al maniqueísmo, saturada de personajes acartonados y párrafos mal escritos. El gran novelista demostraba así una sorprendente incapacidad para abordar aquello que carecía de densidad histórica y novelar un tiempo y espacio demasiado próximos.

Calvert Casey (1964): *Memorias de una isla*
La Habana: Ediciones Revolución

Si empezamos a leer de atrás hacia adelante, es decir, desde el colofón, nos enteramos de que *Memorias de una isla* costó un peso con veinte centavos, y que sus tres mil ejemplares se terminaron de imprimir en octubre de 1964, Año de la Economía. (Por esos días, Olga Guillot cantaba en el Carnegie Hall, el Che Guevara le aseguraba a Moreno Fraginals que *El Ingenio* sería un clásico y los soviéticos inauguraban en secreto la base militar de Lourdes). El volumen, de poco más de cien páginas, está presillado y tiene en la portada un dibujo de Chago, a quien Casey debe haber conocido en la redacción de *Lunes*. En general, el diseño (de Umberto Peña) es lo bastante cuidado como para llamar la atención (tratándose, por supuesto, de un libro editado después de 1959): tipografía Bodoni, caja estrecha, paginación con palabras.

A diferencia de sus mejores lectores, yo descubrí a Calvert Casey por este cuadernillo donde se ocupa de la necrofilia martiana, de D. H. Lawrence y la pornografía, de Kafka, Ramón Meza, Henry Miller y Miguel del Carrión. Los ensayos dedicados a escritores cubanos y, sobre todo, «Hacia una comprensión total del xix» bastarían para colocar al autor entre nuestros mejores críticos literarios. Pero mi sección preferida es la tercera, que el prólogo subtitula «Lugares», donde se describen un par de «paisajes electivos». Casey había nacido en Baltimore, de padre norteamericano y madre cubana, pero su infancia transcurrió, como decimos, «en el interior». Desde entonces, la isla tuvo para él la benevolencia de lo materno: fue el mundo idílico de sus primeros juegos, una naturaleza encargada de amigar opuestos. Tras rondar por Ginebra, París, Nueva York, México y Haití (periplo que, suponemos, le habrá hecho ver lo cubano con otros ojos), Casey regresó a Cuba en 1959. Por circunstancias que no serán muy difíciles de imaginar, el paraíso le duró un año; los dos «lugares» que enmarcan esa felicidad están fechados en 1960.

El primero, que da título al libro, junta cuatro viñetas de Isla de Pinos, escenario de su adolescencia: «un lugar vago, sin límites, de cabalgatas interminables y generosa lluvia». La «isla» de Casey es un paraíso anterior a la quema, selva pacífica en la que conviven los elementos primordiales.

Ese bosque doblemente insular esconde un claro, donde aparece una casona de bejuco y madera, con muebles de mimbre pintados de blanco. La casa, lo sabremos luego, fue perdonada por el huracán del 26 y en ella habita todavía una anciana centenaria que pregunta a los visitantes si ya cayó Machado. Su único acompañante en medio de esa vegetación intemporal es Tim, un majá de ojos furiosos, convertido en mascota inofensiva. En la última escena diluvia, la selva nocturna susurra un cántico lácteo. El escritor cree oír esa voz «en lo más profundo de la poceta radiactiva, por entre las piedras del tibio manadero desde donde era posible atisbar el centro de la tierra, que algunos creen ígneo y yo supongo femenino y húmedo».

El segundo paisaje se titula «El centinela en el Cristo», y cuenta el paseo de una noche de verano, en la que Casey y un amigo extranjero deciden ir a ver el Cristo de Casablanca. En el Muelle de Caballería alquilan una falúa (estamos en los sesenta, por supuesto), cruzan la plazuela y los portales del caserío, inician el ascenso por la escalera del Observatorio. La escapada tiene un aire furtivo, de aventura adolescente en busca de una ciudad que pide ser vista a vuelo de pájaro. A lo lejos, dormita un soldadito. La Cabaña parece una cabaña. De pronto, a los amigos se les ocurre que el sitio en que se encuentran sería ideal para una ofensiva enemiga contra la fortaleza:

> Sentados frente a la enorme estatua, medíamos la distancia con la vista y conjeturábamos, con la calma de quien medita un abstruso problema, las posibles formas de ataque, cuando al volvernos para apreciar mejor una distancia vimos a nuestras espaldas, casi tocándonos, como si también tomara parte en el abstracto cálculo, pero sonriendo y reposando acostado sobre la tierra, al soldado rebelde que habíamos visto allá abajo, como vagando sin rumbo junto a la carbonera.

Allí, bajo el Cristo de Casablanca, Casey experimenta su verdadera transfiguración revolucionaria. Un ángel sonriente le pone un Garand en el pecho al tiempo que lo desarma con su ambigua belleza. Había subido, se nos dice, «como un gato montés». Imposible no advertir las connotaciones eróticas de esta escena disfrazada de diálogo policial. (Imaginamos al escritor medio asustado, sacando el carné de periodista, explicándose ante el fusil con esa dicción arenosa y torpe que lo convertía en blanco de burlas fáciles). Aunque alude a su conversación con alguien que «se expresaba en términos inusitados de la vida y la muerte, pero sobre todo, de la vida y del derecho al disfrute de sus bienes inagotables; de una nueva justicia, de un concepto más humano y menos abstracto del bien», en realidad Casey relata una de esas visiones cavafianas donde lo esencial no son las palabras del adolescente sino «la expresión intensa del rostro»:

> Todas las palabras estaban de más ante aquel producto telúrico, un ser dulcísimo producido por la violencia, mitad criatura de los riscos, mitad apóstol justiciero y juguetón que mostraba dientes fuertes y blanquísimos en una gran risa de adolescente [...] Para mí, alimentado sobre la misma tierra, este pequeño muchacho campesino de pómulos altos, de melena negrísima y tirante, atada fuertemente a la nuca con peinetas de carey en un mechón de muchacha, con absoluto desprecio por los

atributos convencionales de su sexo, era tan inesperado como podía serlo para mi asombrado amigo, que veía ahora frente a sí asombrosamente resumida, la Revolución.

Si en 1960 Casey descubría las virtudes de la Revolución gracias a un efebo verdeolivo, un lustro después terminará expulsado del paraíso por ese mismo arcángel caprichoso. Como dice Cabrera Infante: «Calvert era el escritor ideal para una época ideal –mientras duraron ambos». Gracias a *Memorias de una isla* podemos atisbar ese paréntesis, el sueño de una liberación pagana («los rostros atezados, los cabellos largos castigados por el viento de enero, las miradas que querían penetrarlo todo») que le devuelve sensualidad a los afanes épicos de aquellos años.

Gastón Baquero (1966): *Memorial de un testigo*
Madrid: RIALP

Baquero salió de Cuba en marzo de 1959, protegido, según cuentan, por cuatro embajadores. Atrás dejó su casa, sus amigos, la ciudad a la que había dedicado «Testamento del pez». Y entró en el anonimato madrileño: un piso modesto en Antonio Acuña, las miserias del pluriempleo (cuenta la leyenda que una Navidad el otrora todopoderoso jefe de redacción del *Diario de la Marina* tuvo que disfrazarse de Rey Baltasar para ganar unas pesetas), y alguna que otra invitación a una tertulia de poetas segundones. En 1960 publicó un cuaderno, *Poemas escritos en España*, donde regresa a la antigua poesía española, a ese heptasílabo en que brotan las «Canciones de amor de Sancho a Teresa». En esos años de exilio, Baquero incuba su mejor libro. Publicado en la por entonces prestigiosa colección Adonais (cuyo premio habían ganado Hierro, Valente, Francisco Brines, Claudio Rodríguez o Félix Grande), *Memorial de un testigo* pasó casi desapercibido. Nieve y silencio. Pero Madrid también le regaló a Baquero la estación plácida que describe en su «Anatomía del otoño», y mucho tiempo para leer y destilar su melancolía con filosófica resignación («Todo es uno y lo opuesto, todo es nada y es vano: / la figura sin rostro y la sombra lejana. // Por eso da lo mismo la llanura o el soto, / nacer sobre los Andes o en la mar antillana: / aterirse en invierno o asfixiarse en verano: / todo es humo y ceniza. La vida, un sueño roto...»). Junto con esos humores sombríos, una suerte de mitología, de espacio imaginario donde el poeta descubre, en palabras de Florit, «el don de colocar la geografía / en el lugar del corazón ausente».

El poema que da título a este libro es justamente la consagración de ese juego de invenciones, de esa «imaginización» que convierte al poeta en testigo de pasadas grandezas: «Cuando Juan Sebastián comenzó a escribir la *Cantata del café*, yo estaba allí: / llevaba sobre sus hombros, con la punta de los dedos, el compás de la zarabanda». Esta conjunción de personajes históricos de distintas épocas y culturas (el mismo «testigo» le alcanza luego unos potes de pintura a Rafael, le sostiene un candelabro a Mozart o hace de palafrenero de Napoleón), le otorgaba al Gastón poeta el aire de un mago sacando fastuosos conejos de una chistera raída.

El oficio de las «permutas históricas», como él mismo lo llama, confiere a su poesía un aliento fabulador que a veces se desperdicia en la elocuencia, en ese «énfasis excesivo» del que se lamentará años después en alguna entrevista.

En su *Autoantología comentada* Gastón escoge 23 poemas y los divide en dos secciones: poemas *impersonales*, «a los que llamo así por verlos con sólo poesía por dentro» («Brandenburgo, 1526», «El gato personal del conde Cagliostro», «Marcel Proust pasea en barca por la bahía de Corinto», «Saúl sobre la espada»...) y poemas *personalizados*, «porque no giran como los anteriores al impulso de la invención absoluta de la fábula, sino que nacieron motivados por una experiencia personal, mía o ajena» («Los lunes me llamaba Nicanor», «Fábula», «La esperanza», «Joseíto Juai toca su violín en el Versalles de Matanzas»...) Declara luego su preferencia por los primeros, que a su entender contienen lo «irreal realizado». Sin embargo, la originalidad de Gastón está precisamente en el sabio intercambio entre estos dos polos de su poética: un tono oratorio para lo íntimo («Cuando los niños hacen un muñeco de nieve», «Magnolias para Betina», «Amapolas en el camino de Toledo», «Discurso de la rosa en Villalba»...), y un tono intimista a la hora de tejer sus fabulaciones históricas («Silente compañero », «Madrigal para Nefertite», «Relaciones y epitafio de Dylan Thomas »...). Además, en *Memorial...* hay algunos poemas con vocación de himno («Nocturno luminoso», «Fanfarria en honor del Escorial»), donde Baquero desafía la voz admonitoria de Lezama, que le pedía no dejarse llevar por el oído, por el arrastre de la sonoridad.

Con los años su poesía se irá haciendo más sentenciosa (y previsible), pero en este libro hay un nivel de condensación lírica excepcional. Entre los poemas suyos que prefiero: «Negros y gitanos vuelan por el cielo de Sevilla» («...pero la noche nochea la sangre de negros y gitanos, y la feria, la esperanza, ¡la feria!, / se hunde en el gemido de la noche, apaga sus pequeños soles y sus lunas de papel plateado, / como se apaga la cerilla hundida en el vaso de manzanilla»), donde Gastón demuestra que de los *origenistas* él fue el único que leyó en serio a T. S. Eliot.

Guillermo Cabrera Infante (1967): *Tres tristes tigres*
Barcelona: Seix Barral

Por la época en que Cabrera Infante comenzó a escribir este libro, toda la prosa cubana estaba obsesionada por la presencia hipnótica de la gesta. La esperada novela de la Revolución oscilaba entre la censura y el *pathos* exigido por la magnitud del acontecimiento; adolecía de afanes didácticos y su arsenal se limitaba a los recursos épicos: con suerte despuntaba algún émulo tropical de Babel. Esta novela marcó un punto de no-retorno y demostró que la onomatopeya era tan legítima como la epopeya. *Tres tristes tigres* también resucitó la carcajada en la literatura cubana. Todo lo que la gravedad revolucionaria había querido arrinconar en el desván de las frivolidades salía a flote para anunciar la resurrección del género omnívoro.

Cabrera comenzó la novela en 1961, y la fue armando con fragmentos durante cuatro años. En 1964 ganó el premio Biblioteca Breve, pero quedó encallada en las oficinas de la censura franquista. Por confesión del propio autor y por una correspondencia con Carlos Barral que se ha publicado recientemente, sabemos que a Cabrera el obstáculo de la censura le sirvió para emprender un «revisionismo antirrealista» que consagra su escritura como fiesta verbal. Con ya se ha notado, en *TTT* aparece un escenario nuevo dentro de la literatura cubana: ni el paradiso intramuros y doméstico de Lezama ni la neoclásica «ciudad de las columnas» de Carpentier, sino el tejido urbano de los años cincuenta. Antonio José Ponte escribe: «A sus protagonistas no les preocupa la ciudad vieja; se van al Vedado, a los cines, a la Rampa, a las playas, a estudios de televisión y a las redacciones de los periódicos. En esa novela, la literatura se entiende como un modo de ganarse la vida, como un juego de letras y de citas, como el juego de las palabras». Al mismo tiempo, Cabrera Infante concede a sus cachorros una especie de fiebre de ubicuidad que sólo mitiga el goce nocturno.

Se ha dicho muchas veces que *TTT* es una celebración de La Habana, pero al terminar la novela nos asalta la duda: el elogio resulta demasiado ambiguo. Caín es nuestro Petronio, nuestro árbitro de la moda, como bien ha visto Néstor Díaz de Villegas. «La ciudad-meretriz que sale a escena en sus páginas –seducida y abandonada por los mismos intelectuales que la hicieron estrella por una noche– es objeto de burlas, no de apologías. Un trío de condescendientes canallas decide lanzarla a la fama, pero sólo como fenómeno de circo [...] Están allí para hacer el cuento –del oropel, de las fiestas galantes, de la música que se tocaba en el burdel político– y no para meterse en líos. No hay conciencia social en *TTT*, sólo un monstruoso inconsciente colectivo».

En medio de esta gozosa alabanza de la noche, nos topamos con ese maravilloso paréntesis paródico, «La muerte de Trotsky referida por varios escritores cubanos, años después –o antes», el texto que abre (y cierra) nuestra tradición de parodias literarias. La literatura cubana sería insoportablemente seria sin Bustrófedon. Pero estas cosas hay que saber hacerlas.

La oralidad de *TTT* desata las pasiones del escritor principiante. Pero es terreno vedado: Cabrera Infante, como Borges, no admite imitadores.

Norberto Fuentes (1968): *Condenados de Condado*
La Habana: Casa de las Américas

La trepidante biografía de Norberto Fuentes podría suscitar en el
lector de estos relatos dos reacciones antagónicas que en realidad no
lo son tanto: el desprecio y la fascinación. Para no quedarnos en el
umbral de la paradoja, aclaremos que ambas reacciones comparten
cierto exceso, el *pathos* propio de la épica revolucionaria.

El mundo de estos cuentos es un ejército vencedor dedicado a
labores de contrainsurgencia: la llamada «lucha contra bandidos»
que a comienzos de los años sesenta movilizó varios pelotones del
Ejército Rebelde hacia la zona montañosa del Escambray. Norberto Fuentes estuvo allí, como corresponsal y como soldado. En
esa época, no está de más recordarlo, los corresponsales llevaban
siempre un fusil al hombro. Podría decirse que Fuentes nunca salió
de esas montañas: su iniciación adolescente lo convirtió en un reo
del mundo militar, aunque su controvertida carrera de escritor a
la sombra de los fusiles le regalara luego muchos otros pretextos,
incluyendo la guerra cubana en Angola, la vida de su admirado
Hemingway en Cuba y los sucesos que describe en su versión del
famoso caso Ochoa-La Guardia: *Dulces guerreros cubanos* (Barcelona: Seix Barral, 2000).

A decir verdad, no ha sido Fuentes el único rehén de esa fascinación por la gesta revolucionaria cubana. Aunque Ángel Rama
lo consideró «el escritor más original surgido con el triunfo de la
Revolución», una buena parte de la cuentística cubana de los sesenta
y setenta (*Los años duros*, de Jesús Díaz, *Los pasos sobre la hierba*,
de Eduardo Heras León, incluso el Guillermo Cabrera Infante de

*Así en la paz como en la guerra*) eructa los alcoholes de la épica y la presencia paralizante de la Gorgona revolucionaria. Pero si los recursos épicos son de por sí precarios, la necesidad de narrarlos como gesta trágica los reduce aún más. Al final, la obra de todos estos *enfants terribles* acaba convertida en una empresa didáctica. Curiosamente, es la presunta intensidad moral del asunto tratado en estos relatos de Norberto Fuentes lo que exacerba la proximidad entre el arte y la vida, hasta el punto de reducir el primero a la segunda.

Tras la prosa de Fuentes hay dos divinidades tutelares, Babel y Hemingway, cuyos ecos resuenan en cualquier párrafo de *Condenados...* Muchos de estos cuentos muestran una convincente economía de recursos aunque a veces arrastran torpemente al lector hacia un final cargado y efectista. Fuentes es el cronista por encargo de ese culto a la muerte que signa todas las revoluciones. Varios relatos («El capitán descalzo», «El honor limpiado», «Melo»...) nos descubren también las dotes de un narrador que sabe moverse en un ambiente de «hombres probados».

Este libro de Norberto Fuentes se incluye en nuestra lista por méritos propios, pero también para ahorrarnos la engorrosa tarea de comentar los tomos de Díaz y Heras León. Esa famosa «trilogía dura» confirma que la prosa de la Revolución cubana es un género atrapado entre dos monstruos: por un lado, la censura; por el otro, el realismo exigido por la magnitud del hecho revolucionario. Me temo que este libro, que tanto indignó a ese pésimo lector que es Fidel Castro, logró sortear el primero de esos peligros para terminar rendido ante el segundo

Cintio Vitier (1969): *Poetas cubanos del siglo XIX*
La Habana: Unión

Vitier *abregé*. Este cuaderno rosa es, al mismo tiempo, una apostilla y un resumen de *Lo cubano en la poesía*. Incurre en los mismos vicios teleológicos de su predecesor, pero la ligereza de la forma «semblanzas» lo preserva de algunos excesos del tratado. En un pasaje dedicado a fijar la «matanceridad», Vitier invoca la fenomenología para afirmar que «las esencias no se describen: se intuyen». Digamos, entonces, que el carácter intuitivo de este recorrido por nuestro siglo poético se corresponde mejor con sus 57 páginas que con las quinientas de su tratado.

Cada uno de los perfiles lleva un título con aire de adivinanza: «El embrión»: Zequeira, «El desterrado»: Heredia; «El juglar»: Plácido; «El esclavo»: Manzano; «La retórica»: tres parrafitos para la Avellaneda, donde Vitier se suma, en sordina, a la devastadora revisión de Virgilio Piñera y declara que en realidad no tiene nada que decir sobre «la primera voz femenina de nuestra lírica» («Confieso mi fracaso y doblo con pena la hoja de la Avellaneda sin haber podido recibir de ella ninguna enseñanza»); «El obseso»: Milanés; «El desaparecido»: Juan Cristóbal Nápoles Fajardo, el Cucalambé; «El maestro»: Mendive; «El obrero»: Luaces: «El errante»: Zenea; «La obediente«: Luisa Pérez de Zambrana; «El artista»: Casal; «La imposible»: Juana Borrero; «El poeta»: Martí, claro. Pero si Piñera siempre vió a los poetas cubanos del XIX haciendo poesía «un poco a la buena de Dios», sin un plan definido (salvo Casal), carentes de concentración y de brújula, como dispersas «fuerzas de la naturaleza que no lograron llegar a una síntesis», para Vitier se trata de todo lo contrario: fragmentos en busca de un *telos* imantador, un siglo de preparativos para el Poeta con el que al fin se borran las diferencias entre el Arte y la Vida. Con mañas muy poco fenomenológicas, el Teilhard de Chardin de nuestra historiografía literaria insiste en transportarnos del «embrión» al «poeta» (lo cual nos provoca la tentación, seguramente diabólica, de invertir los papeles a ver qué sale). Pero en general, los cromitos de Vitier acaban siendo convincentes, más por el estilo que por los argumentos: el libro resume con gracia su erudición decimonónica y su trabajo de archivero, corrige algunas pifias históricas de *Lo cubano en la poesía* y adelanta intuiciones para futuros ensayos.

Celebremos este tono de *essay* con el que Vitier pasea por la galería de nuestros eminentes para regalarnos grandes ideas: lo mismo nos cuenta cuál era el poema cubano que prefería Cernuda, que nos resume en un párrafo la tragedia de Manzano emperifollado por sus marquesas:

> El fondo orgiástico y abisal de la esclavitud, como de toda crueldad en sentido metafísico, reside en el insondable concepto del «capricho». La volubilidad femenina, que puede ser encantadora como ornamento o fantasía, puede ser oscuramente demoníaca cuando se convierte en ley. [...] La mayor humillación consiste en ser tratado como una cosa, un útil, e incluso un «adorno». El sadismo de la Marquesa nos espanta menos que su capricho.

O cuando emparenta a Milanés con los «lelos» y los «raros» de su natal Matanzas. O cuando dice que la historia que nos cuenta, la de la poesía cubana del XIX, es en definitiva, una historia de desaparecidos: «Zequeira y Milanés se invisibilizaron en la locura, Heredia en el destierro, Plácido en el humo de la descarga de los fusileros, Manzano en el silencio del terror». Y también en esas páginas sobre el Cucalambé, con el misterio de su desaparición, que a Vitier le parece cumplimiento de un destino anunciado en su poesía, tan cercana a lo anónimo y a la tonada rústica. Esa palabra, «destino», resume la verdadera intención de estas páginas: paseando por nuestro XIX, Vitier se convenció a sí mismo de que no podía hablarse de nuestra poesía sin tener en cuenta el sino poético de sus escribidores.

Virgilio Piñera (1969): *La vida entera*
La Habana: Unión

Virgilio Piñera (1988): *Una broma colosal*
La Habana: Unión

Antón Arrufat nos cuenta que Piñera nunca decía «he escrito un poema»; tenía con su poesía una curiosa manía de discreción. Rodríguez Feo tuvo que insistirle para que publicara *La vida entera*. (La aparente ambición del título se esfuma al enterarnos de que se trataba de una broma *gay*: «la vida entera» era el modo sintético en que Arrufat y Estorino declaraban que a un paseante particularmente agraciado valdría la pena dedicarle toda la existencia). Para colmo, está esa nota introductoria donde su autor se atribuye el título de «poeta ocasional». Parece otro de sus gestos irónicos, pero es la primera vez en la literatura cubana que un escritor se cambia la etiqueta de Poeta por la de «alguien que escribe poemas». Porque Piñera escribía poemas, no libros de poesía –lo cual nos autoriza a juntar aquí dos títulos suyos: uno publicado en vida (la poesía escrita del 41 al 67); otro póstumo, con poemas del 70 al 79.

Si Lezama es el Poeta, Piñera son los poemas. Algunos se le perdían o los desechaba, otros los regalaba a sus amigos. Los que le importaban se los sabía de memoria: eran, sobre todo, una voz, que poco a poco se fue despojando de las virtudes del canto. Como dice Rolando Sánchez Mejías, quizás el arte de Piñera fue «el arte de graznar», ese chillido de arpía con que quebró el cristal de la lírica cubana. Entre nuestros poetas, es Virgilio quien «rompe la vajilla»: fuera los paisajes idílicos, fuera las églogas, fuera la retórica del alma. Bienvenido el cuerpo, los lugares comunes, las frases hechas: tras sus graznidos está el proyecto de una poesía inseparable de la vida, que no ceda ante el juego de las suplantaciones líricas ni escamotee las zonas turbias de lo real.

El gran tema de la poesía de Piñera es lo que el mismo llamó, a propósito de la literatura argentina, el *tantalismo*: la contradicción entre la mediocridad omnipresente de la realidad y las coartadas literarias que la evitan, el afán de la otra vida, la veneración de una segunda naturaleza. Porque Virgilio no se hacía ilusiones con lo cubano: «Sería ridículo, sin haber tenido el apogeo de una cultura pasar como los retóricos de una decadencia. Imposible a la altura a que estamos continuar con las soluciones de hace un lustro y medio; entonces ellas funcionaban; hoy no serían sino peso muerto. *Orígenes* tiene que superar ese delicuescente marbete de *morceaux choisis* con que se adornan las culturas cuando, habiendo cumplido su fase dinámica entran a esa elegante pero estéril postura de la momia». La historia de la literatura cubana moderna es, en gran parte, la narración de esa pelea: el Flaco contra el Gordo, Virgilio solo contra *Orígenes*. Infiltrado primero en la *manière* retórica de su adversario, mimetizado en un hermetismo superficial y parodiando a sus admirados sonetistas franceses.

Eso no quiere decir, como he leído en alguna parte, que Piñera haya empezado escribiendo «poemas origenistas»: incluso los que publicó en *Orígenes* tienen un peculiar pulso narrativo. Tampoco hay que olvidar que, en los predios de la mitología clásica, las Furias se oponen a las Gracias. Pero es cierto que todavía a principios de los cuarenta Piñera solía alternar la alta retórica con la crítica del artificio. Hasta que un día descubrió que todo aquello era mentira, tantalismo puro, y dio la patada del elefante. Su manifiesto *Terribilia meditans* es mucho más que una crítica a Lezama (para empezar, abusa de la primera persona del plural). Tiene la beligerancia de los panfletos, pero no busca tanto provocar como despertar. «La historia de la poesía en Cuba –dice Piñera– es la de una sostenida resonancia, y la de un gran sueño. La resonancia es Europa; el gran sueño, lo que se ha operado oníricamente, olfatoriamente, al faltarnos el punto de apoyo inevitable de una cultura tradicional». Cuba se le aparece a Piñera como otra *Cuba*, aquella divinidad romana que se ocupaba de cuidar el sueño de los niños, y nuestros poetas como las réplicas de Rip van Winkle, siempre de codos en el puente, igual que Milanés. El tantalismo insular, el encantamiento bucólico de «lo cubano» que había resistido, airoso, los ataques de Mañach se derrumba finalmente ante el trabajo de zapa hecho por Piñera: «Es por ello que nos preguntamos, con toda ansiedad, si el instrumento es para después de la realidad o la realidad para después del instrumento».

*La isla en peso* no es un arrebato surrealista sino una elaborada respuesta a esa pregunta, el primer intento radical por poner el «instrumento» en función de la «realidad». Piñera sabe que no basta con escandalizar a los origenistas recordándoles que «en el falo de un negro la Creación se muestra». No es suficiente con oponer una anti-mitología antillana a la mitología origenista. También la voz tendrá que descomponerse, trascender el alejandrino. Romper el instrumento: convertir el poema en mascarada fónica, en pura jerigonza. Y es así como Virgilio se interna en el inframundo poético de una cubanidad menos etérea que el mimbre airoso con que Vitier teje lo cubano: es el descenso a Pocito, «do la Evabarajera Baró / dice el padosa, el pretesén y el pornivé; / te lo dice sentainstaladanalgadamente / sobre el periespíritu de Patracleo». En esos cinco famosos poemas fechados en 1970, «Papreporenmedeloquecanunca», «Lady Dadiva», «Un flechapasandogato», «Decoditos en el tepuén» y «Si muero en la carretera», Piñera descoyunta nuestro lenguaje poético, «desfosiliza» la poesía cubana. En otros de esa misma época («Una noche», «Y cuando me contó», «Tararí tarará») ensaya la antipoesía: su voz no tiene ya ni el más ligero dejo de canción. Hasta que consuma el tránsito del coloquialismo al idiolecto, esa «lengua de Virgilio» que Antonio José Ponte celebra como el gran logro de nuestro escritor: poner a los lectores a hablar en su idioma.

El «festín para existencialistas» que Vitier, horrorizado, veía tras *La isla en peso* acabó en una orgía canibalesca: Virgilio abre y cierra nuestras más radicales incursiones en el prosaísmo. (¿Acaso en poemas como «Los muertos de la patria» y «Cuando vengan a buscarme» no tenemos, condensada, toda la poesía civil de Padilla?). Esperemos que dentro de unos años nuestros profesores de literatura abandonen sus prejuicios y se dediquen a explicar las relaciones entre *La isla en peso* y «La gran puta», por ejemplo, en vez de repetir los prejuicios de Vitier.

No creo que Antón Arrufat tenga razón cuando dice que *Una broma colosal* es un libro premeditado. Esas parecen razones de albacea. A partir de 1971, año en que fue condenado al ostracismo absoluto, Piñera dejó de pensar en términos de libro, mucho menos en libros de poesía. Confiaba en que la posteridad se dedicaría a juntar poemas suyos como un ramillete (y tenía razón). De ahí esa costumbre de adosarle una fecha a cada uno de sus poemas, como alfileres de una colección entomológica: fechados, le recordaban al autor su condición de materia perecedera. Un poema tras otro, un año tras otro, una misma corriente, un flujo vida-obra. Uno de nuestros grandes poetas cumplía así su destino de «poeta ocasional», sin libros definitivos ni poética explícita, regurgitando todavía desde el turbio vivero de lo inédito.

Reinaldo Arenas (1969): *El mundo alucinante. Una novela de aventuras*
México: Diógenes

Si creyésemos que también nuestra novelística puede padecer pulsiones freudianas y temblores nietzscheanos, el caso de Arenas podría servirnos como una buena ilustración de las tesis de Bloom sobre la «angustia de las influencias». Se trata, por supuesto, de un malestar limitado a los escritores modernos; los clásicos, explica Bloom, están a salvo de la angustia provocada por un predecesor porque para ellos lo importante no es la originalidad del tema abordado sino el modo de tratarlo. En cambio los modernos se empeñan en luchar con sus predecesores y logran, en algunos casos, una inversión de los términos de influencia: a veces es el antecesor quien parece inspirado por el predecesor, en la medida en que la creación más reciente resulta la más lograda. Dice también Bloom: «Las influencias poéticas –cuando tiene que ver con dos poetas fuertes y auténticos–, siempre proceden debido a una lectura errónea del poeta anterior, gracias a un acto de corrección creadora que es, en realidad y necesariamente, una mala interpretación».

Hagamos la prueba de leer la carrera literaria de Reinaldo Arenas bajo estos supuestos críticos. Si sólo hubiera publicado *Celestino antes del alba*, nunca habría podido desprenderse del peso de sus maestros y de la angustia de no ser un escritor autoengendrado. Sin embargo, ya en 1968, con una segunda novela que muchos consideran su mejor obra, el novelista mostró su verdadera ambición: colocarse a la altura de sus maestros. O si se quiere ver de otra forma: con *El mundo alucinante*, Arenas pasa de ser un narrador cubano, a convertirse en un novelista hispanoamericano.

Su hallazgo, por supuesto, no surge de la nada. En el pasaje de *La expresión americana* que José Lezama Lima dedica la turbulenta vida del independentista mexicano fray Servando Teresa de Mier (1765-1827) están muchas de las claves de *El mundo alucinante*. Al hacer del dominico un personaje que encarna la transición del barroco al romanticismo, Lezama da el primer paso para colocar su biografía en los confines entre historia y novela. Lo novelesco de estas peripecias americanas, la «ringlera de sus fugas y sus saltos de frontera», provocan incluso que fray Servando sea definido, en algún momento, como «un precursor de Fabricio del Dongo».

El ensayo de Lezama, a su vez, debe mucho a otro de Alfonso Reyes donde se incluye a fray Servando en una selecta lista de «hombres simbólicos». Como Blanco White o el cardenal Newman, personajes con quienes comparte la escritura autobiográfica y «la inaplacable angustia de no haber sido bien comprendidos», fray Servando representa el tránsito del viejo orden a una nueva mentalidad.

Se diría que con este simbólico protagonista y el jugoso comentario de Lezama, Arenas ya tiene adelantada la mitad de su empresa. Sin embargo, aunque se le ha colocado muchas veces a la sombra de esas páginas lezamianas, en *Un mundo alucinante* Arenas realiza todo lo contrario de un acto de obediencia. Se trataría, más bien, de una «mala lectura». Sin duda intentó leer las memorias del mexicano bajo el prisma de la interpretación lezamiana. Pero la realidad fue más fuerte. Arenas carecía del bagaje intelectual de Lezama y de Reyes, así que el destino de fray Servando no le servía para ilustrar un devenir conceptual en la historia americana. Recordemos que en el tercer capítulo de *La expresión americana*, fray Servando es «el primer escapado, con la necesaria fuerza para llegar al final que todo lo aclara, del señorío barroco, del señor que transcurre en voluptuoso diálogo con el paisaje». Para Arenas, en cambio, el fraile es su manera de hablar del perseguido, es decir, de él mismo. De ahí que en el prólogo confiese sin ambajes su personal variante del credo flaubertiano: «tú (Fray Servando) y yo somos la misma persona».

Si en *Celestino antes del alba* Arenas exploraba la veta lírica dentro de la novela tradicional, en su segundo intento se lanza de lleno a reinventar la estructura y el lenguaje del género. La trama es abigarrada: cuenta la turbulenta vida del fraile mexicano famoso por la prédica, en 1794, de un sermón según el cual la llegada del Evangelio a América dataría del tiempo de los Apóstoles, no de la Conquista. La Virgen de Guadalupe se habría aparecido, no en la capa del indio Juan, sino en el manto de Santo Tomás, convertido en el dios/hombre Quetzalcóatl y primer evangelista de los indígenas. Semejante afrenta al virrey español y a la Inquisición le valieron a fray Servando la cárcel y el destierro durante casi toda su vida. Huyendo de sus enemigos y fugándose de múltiples calabozos recorrió España y buena parte de Europa, viviendo las curiosas aventuras que cuenta en sus entretenidas memorias, divididas en dos partes: *Apología del Doctor Mier* y *Relación de lo que sucedió en Europa al Doctor don Servando Teresa de Mier después que fue trasladado allá por resultas de lo actuado contra él en México, desde julio de 1795 hasta octubre de 1805,* ambas escritas en las cárceles de la Inquisición entre 1817 y 1820.

En el libro de Arenas, las peripecias biográficas de fray Servando aparecen encadenadas en una trepidante estructura de novela bizantina (o de novela fantástica, al estilo de las aventuras del barón de Münchhausen). El protagonista se nos muestra desprovisto de los atributos de fineza, cortesanía y oportunidad que les atribuye Lezama. El pícaro fraile de Arenas no hace «de la persecución un modo de integrarse» ni «cree romper la tradición cuando la agranda». Simplemente huye, es apresado y escapa, una y otra vez.

En esa repetición constante del ciclo prisión-fuga-exilio, su historia se nos revela como el relato de un vencido, no de un vencedor. Fray Servando, según Arenas, no consigue nada; ni siquiera después de su muerte: momificado, su cuerpo alimenta la avidez de *mirabilia* de un célebre circo en Bélgica, donde es exhibido como una víctima de la Santa Inquisición. El hombre puede llegar a ser metáfora, parece decirnos Arenas, pero eso no lo salva de terminar como víctima de la Historia.

Hay partes de la trama que recuerdan también el estilo exorbitante de las crónicas de Indias. El fraile llega a las costas de Cádiz en una ballena y es apresado, pero escapa al lanzarse de la ventana de su calabozo con ayuda de un paraguas; de ahí se dirige a Valladolid, donde conoce a un cura norteamericano que fornica con las mujeres a quienes confiesa. Sale en busca del Rey para pedirle justicia y es entonces que tiene lugar un episodio en los jardines reales, expuesto a la manera dieciochesca de un sueño moralizador sobre los efectos de la lascivia cortesana. Más tarde, disfrazado, fray Servando se marcha a Pamplona, en compañía de unos clérigos contrabandistas.

Allí desbarra contra la estrecha noción del hombre americano (sátira evidente de las teorías de Carpentier sobre «lo real maravilloso»), considerado una criatura mágica, marcada por el instinto y la pasión. El fraile va a Bayona (donde tiene lugar el episodio de Raquel, la judía que lo quiere para sí), y después a Burdeos (con el conde Gijón, un millonario peruano) y a París, donde se encuentra a Simón Rodríguez, junto al cual traduce *Atala*, de Chateaubriand. Rodríguez, que también aparecía en *La expresión americana* como personaje prototípico del nuevo americano, le presenta nada menos que a Bolívar, su discípulo. En París, fray Servando traba amistad con madame Récamier, tiene largas conversaciones científicas con Humboldt en su castillo, y se entretiene con las agudezas de Madame de Stäel en su salón.

El tejido de Arenas es intrincado, «al abultamiento de sucesos corresponde una verdadera neoplasia de las palabras» (Garrandés). Neoplasia suavizada, eso sí, por un humor delirante. El último gran periplo del fraile, después de salir de la cárcel de Veracruz, lo lleva a La Habana, en cuyas callejuelas, embozado dentro de un coche, atropella a la perra de las condesas de Aguasclaras. Las autoridades lo persiguen por este crimen –la perra es toda una personalidad y las campanas de la catedral habanera tocan a rebato cuando la noticia se divulga– y otra vez huye nuestro fraile. Llega a nado a las costas de la Florida, regresa a México, se enfrenta al emperador Iturbide y condena la política de Santa Anna...

Colocado en el otro extremo de la reconstrucción histórica al estilo, por ejemplo, de *El Siglo de las Luces*, Arenas ha usado un molde biográfico para emprender una deconstrucción irónica de «la expresión americana», con un derroche de juegos estilísticos que van desde los cambios de persona narrativa hasta versiones contrapuestas del mismo suceso relatado. No cuesta trabajo reconocer en las referencias al acoso constante a Fray Servando la azarosa situación del propio Arenas en los años sesenta. El manuscrito de esta novela salió clandestinamente de Cuba, fue traducido al francés por Didier Coste (*Le monde hallucinant*, Editions du Seuil, 1968) y ganó ese mismo año el Premio de Le Monde a la mejor novela extranjera.

Alejo Carpentier (1974): *Concierto barroco*
México: Siglo XXI

Un émulo de Sainte-Beuve (o de Lacan) buscaría en la infancia borrada de Carpentier la raíz de esta escritura que huye de la oralidad para internarse en un registro voluntariamente arcaico y artificial donde se proyecta la imagen tradicional de «lo barroco». A las confusas raíces biográficas correspondería una pulsión de investigación histórica y la referencia a modelos arquitectónicos y musicales, que caracterizan lo que Roberto González Echevarría ha llamado «la figura de un escritor sistemático», es decir, «el escritor que vuelve una y otra vez sobre los mismos temas y repite giros estilísticos y personajes; que lo domina, en fin, una obsesión o una red organizada de obsesiones».

Esta mezcla de voluntarismo y «combinatoria previsible» que define la novelística de Carpentier lo convierte, al menos dentro de la literatura cubana, en el modelo del «escritor profesional», ese genio omnicomprensivo, capaz de poner la novela latinoamericana al nivel de las exigencias sinfónicas. Pero es también lo que concede a ciertas zonas de su prosa un aire de grandilocuencia dieciochesca, en la que resulta difícil no suponer las estrategia de una mitificación semejante a la que él mismo criticara en la mirada surrealista.

Sin embargo, en *Concierto barroco* Carpentier encuentra la manera de mezclar el estilo cortesano con la farsa, la perfección armónica con el desorden de lo heterogéneo. Fue Francesco Malipiero quien le dio a conocer la existencia de una ópera de Vivaldi, inspirada en la conquista de México y estrenada en 1733, cuyo título era *Montezuma*. Pero si dejamos a un lado esa manía de

Carpentier de buscarle un origen ilustre a todas sus tramas, saltará a la vista la relación entre esta noveleta y un texto fundador de la literatura cubana. No sé si alguien ha escrito ya algún estudio sesudo sobre este asunto, pero creo que *Concierto barroco* es una inversión de *Mi tío el empleado*, la novela de Ramón Meza. Cuenta la historia de un indiano rico que parte para Europa con escala en La Habana, donde su sirviente muere por una epidemia. Ahí conoce al negrito Filomeno, en compañía del cual se embarca hacia Europa y recorre Madrid, Valencia, Barcelona. En España, el indiano no encuentra nada que lo entretenga, así que la pareja, sarcástica variante de la ilustre cervantina, se marcha a Italia, donde están por comenzar las fiestas del carnaval veneciano.

Allí tendrá lugar la escena cumbre de esta noveleta: el *concertino* de Antonio Vivaldi, Georg Friedrich Haendel y Domenico Scarlatti, que invitan al indiano y a Filomeno a un convento, donde también acuden, solícitas, las jóvenes huérfanas y las monjas con sus violines, violas, clarinetes y flautas para ejecutar el *ripieno*. La irrupción de los calderos del negrito Filomeno en el Ospedale della Pietà tiene, sin duda, todos los atributos de una carnavalización (aunque Carpentier nunca llevó lo cómico al extremo de parodiarse a sí mismo).

En su *concerto grosso* Carpentier exhibe un estilo deslumbrante y se toma esas libertades temporales que antes fueron rupturistas y ahora se estudian en todas las universidades: Haendel alude a Stravinski, y hasta Louis Amstrong mete su trompeta en el simposio. Y el tiempo, materia última de toda gran narrativa, reafirma sus virtudes circulares, en una fábula perfecta donde el ayer y el mañana se confunden.

Natalio Galán (1983): *Cuba y sus sones*
Valencia: Pre-Textos

Natalio Galán da vueltas raras por la literatura cubana: primero como ayudante de investigación para *La música en Cuba*, de Carpentier; y más tarde como amigo de Piñera en sus rondas por los bajos fondos habaneros. Presencia intermitente en las tertulias de *Ciclón*, fue también crítico musical del periódico *Revolución*, libretista de óperas (hay una intitulada *Los días llenos*) y, después de 1964, habitante de París, Madrid, San Juan y Nueva Orleáns. Cabrera Infante lo describe, además, como uno de los mejores bailadores que tuvo oportunidad de conocer, y ese elogio, por venir de quien viene, no es poca cosa.

Las mismas habilidades dancísticas que menciona Caín, el sentido del ritmo, la coordinación, esa guasa del rumbero bufo mezclada con la desenvoltura técnica del bailarín profesional, se trasladan a la prosa de este libro. A pesar de ser un estudio erudito, hiperdocumentado, sobre el insondable tema de los orígenes de la música popular cubana, el ensayo de Galán es un derroche de buena prosa y sentido del humor. Se nota uno que es uno de esos libros escritos después de ser rumiados durante mucho tiempo: aquí la erudición atraviesa numerosos archivos a lo largo de cuatro siglos, en busca del punto medio entre la tesis autóctona de Sánchez de Fuentes y el «cosmopolitismo» de Carpentier. Lo que se rastrean son «efectos musicales», y a menudo el lector se extravía en los meandros de una complicada y variadísima orografía musical que busca nada más y nada menos que «unificar un fenómeno callejero... y organizarlo metódicamente». En los entretelones de esa historia densísima, dividida en capítulos como «El anfíbraco se retrata», «La Habana toma por los ingleses», o «La habanera como réquete-metaplasmo», desaparecen las fronteras entre lo popular y lo culto.

Lo más curioso es que la prosa de Galán se adecua perfectamente a esta empresa, con algunos de los párrafos mejor concebidos de la crítica cubana.

Su estilo abarca, además, un espectro retórico que ya quisieran para sí muchos de nuestros críticos literarios: en el capítulo titulado «Estampitas» se inventa diálogos de 1701 entre personajes que encarnan (sí, como aquellos de Lezama) conceptos y fusiones musicológicas. En otros rastrea la historia decimonónica de la contradanza a partir de una conversación telefónica entre la Marquesa de Merlín y Pichardo, el lexicógrafo de las *Voces cubanas*; o ensaya lo que pondría si lo invitaran a escribir la entrada «Habanera» de la *Golden Enciclopedia of Music* de Norman Lloyd:

Habanera, por su genealogía, fue la mulatica musical más presumida de Cuba. Debió ser contemporánea de Cecilia Valdés y no creo equivocarme, por razones que explico. Sus pechos estaban bien formados y su cadera pronunciada por el 1840, cuando un nombre comenzó a designarla. Como Cecilia, Habanera era Valdés, no se le conocían padres. Muy amadrinada por la contradanza se la veía a menudo compartir los bailes con danza, siempre en un tono aristocrático criollo que la gente admiraba. Bolero no le ofrecía competencia, pues era de prosapia española, llegado de afuera, andaluz rodeado de convenciones peninsulares muy teatrales.

Severo Sarduy (1987): *El Cristo de la rue Jacob*
Barcelona: Edicions del Mall

Publicado por primera vez como el volumen 46 de las selectas
Ediciones del Mall (en la portada, de textura granulosa, el propio
autor imita a su admirado Rothko), este libro se anuncia como una
reunión de «epifanías», de marcas, tanto físicas como mnémicas.
La primera sección, «Arqueología de la piel», recoge descripciones
de algunos accidentes corporales: una espina clavada en el cráneo,
una cicatriz, una verruga, historias de un ombligo o la fractura de
los dos incisivos superiores. La segunda parte, «Lección de efímero»,
es un selecto y premeditado registro de imágenes, incidentes, lugares, que han dejado huella en la memoria del autor. «Registro de lo
que, a veces por azar, me comunicó con algo» –dice Sarduy con sus
mañas de trascendentalista *light*. El emblema de esas revelaciones
es el «texto» (y aquí encaja a la perfección el comodín del término
galo) donde se engarzan unos dientes rotos tras un resbalón invernal
con la posterior estancia en un hospital norteamericano, más una
visita a la capilla local donde se celebra un rito bautista y la súbita
aparición de un retablo del Cristo flagelado, en un camión al descubierto, que sorprende a Severo mientras se toma una cerveza helada
en el café de la esquina que forman las calles Jacob y Bonaparte.
De las mejores postales del libro, la titulada *Tibet sur Seine*, que
empieza con una excursión en coche a Vincennes, a un templo
budista escondido en el bosque. Día de nieve, carretera sinuosa
salpicada de travestís «aparatosamente brasileños»:

–¿Dónde está el templo budista? –le grito a uno de ellos.

Distraído, limándose las uñas, me responde:
¿Qué quiere decir «budista»?

En la escritura de Sarduy asistimos muchas veces a esta irrupción del *koan*, al coqueteo humorístico con lo metafísico, siempre súbito, agazapado en medio de la inmensidad. (En otro lugar define «escritura» a la manera de un maestro zen: «Respuesta a una pregunta que se desconoce»).

Detrás de su fleteo imaginario, que pugna con el indiscutible (aunque espejeante) rigor de su escritura, asoma ese atajo que comunica el juego con lo trascendente: el más zen de los escritores cubanos es también el más frívolo. Veámoslo aquí, en pleno alarde oriental de nadismo creativo:

> La escritura es inútil [...] Sano entretenimiento frente a esas imágenes que pasan, al ensarte aplicado de las palabras, su justa alineación y consonancia: absurdo pasatiempo del ocioso, vicio benigno del desempleado. [...] Escribir supone esa inconsciencia, esa ligera irresponsabilidad del que olvida o soslaya...

*El Cristo de la rue Jacob* anticipa el tono confesional que luego adoptarán muchos postestructuralistas, y su ambigüedad genérica lo convierte en un festín: todo un catálogo de sus obsesiones en poco más de cien páginas.

Impulsado por el proyecto de una autobiografía corporal, Sarduy nos habla por primera vez de sí mismo, colocándose junto a sus temas de siempre: el budismo, la amistad, la cosmología, el travestismo como la cara festiva de la muerte. Desde ese punto de vista, estas páginas marcan el giro de su obra hacia una introspección que llegará a su apoteosis con textos como «Lady S. S». y los fragmentos de «El estampido de la ciudad».

El libro se cierra con la carta que Lezama le envió a Sarduy en julio de 1969, donde aparecen varios tópicos de la mitología neobarroca: la piña confitada de Sceaux, el elogio del «peregrino inmóvil» y la «llanura de nieve». Desde París, Severo le saca partido a esa prueba de la existencia del maestro de Trocadero, comentándola como si de un manuscrito medieval se tratara, llenándola de escolios (y de notas a sus escolios) para probar, por la oblicua vía del deber hermenéutico, que él es el verdadero «heredero» del legado lezamiano. Lo cual, dicho sea con todo respeto, tiene más que ver con los afanes genealógicos de Sarduy que con la insobornable evidencia de la literatura.

Guillermo Rosales (1987): *Boarding home*
Miami: Salvat


No deja de ser trágico que alguien como Guillermo Rosales, cuya breve biografía parece un catálogo de penurias y desdenes, acabara derrotado por su propio éxito. En 1987, cuando ganó la primera edición del premio Letras de Oro, los escasos amigos que le quedaban en Miami asistieron al asombroso espectáculo de un nihilista eufórico, cuyo *smoking* alquilado delataba una incongruente pretensión de elegancia. La alegría de Rosales era un tanto prematura: la joya del concurso literario patrocinado por American Express se publicó a destiempo en la editorial de siempre, la distribución fue pésima y, en resumen, no pasó nada. Pero esa nada le recordó a Guillermo Rosales su destino de escritor maldito. Regresó entonces al cauce de la autodestrucción mientras el éxito le hacía un guiño burlón desde las críticas displicentes de tres o cuatro periódicos locales. ¿Qué pudo ser más amargo para él que descubrirse en medio de una vidita literaria, compartiendo página con los chismes y la politiquería de su ciudad odiada? Supongo que esa última y definitiva decepción contribuyó a que Rosales terminara pegándose un tiro en julio de 1993.

Diez años después, el éxito de una traducción al francés arrastró esta noveleta hacia una editorial española que distorsionó el título original al presentarlo como «La casa de los náufragos». El prejuicio provinciano contra un título en inglés pasó por alto que el propio Rosales siempre evitó metáforas banales como esa que ahora lo acompaña en portada. No hay mejor título para esta novela que el que escogió su autor: *Boarding home*, esto es, la pensión o asilo adonde van a parar, por voluntad expresa de sus familiares, unos seres desahuciados: «Locos en su mayoría. Aunque, a veces, hay también viejos dejados por su familia para que mueran de soledad y no jodan la vida de los triunfadores».

El libro cuenta la historia de un «perdedor», William Figueras, que después de intentar ser escritor en La Habana, llega a Miami «huyendo de la cultura, la música, la literatura, la televisión, los eventos deportivos, la historia y la filosofía de la isla de Cuba». Su familia espera un ser triunfante, pero lo que aparece en el aeropuerto es un guiñapo, un tipo medio loco, casi sin dientes, al que tienen que ingresar ese mismo día en una sala psiquiátrica. En medio de una ciudad obsesionada con el éxito, William, que se autodefine como «exiliado total», sólo encuentra lugar en «una casa de escombros humanos». La Revolución lo ha convertido en un despojo, y ahora el Exilio le asignará su papel en un reparto de seres infernales. Terribles todos estos personajes de *Boarding home*, que a veces nos recuerdan los dostoievskianos *Apuntes de la casa muerta*. Pero si el presidio le deja a Dostoievski la certeza de que «los hombres son hombres en todas partes», la casa de los locos convence a Rosales de lo contrario: en determinadas circunstancias, todo humano se topa con su devenir-animal.

Como homúnculos de algún experimento fallido, irán apareciendo el señor Curbelo, el mezquino dueño del hospicio que sueña con trofeos de pesca submarina; Reyes, el viejo tuerto de cuyo ojo gotea constantemente una gota de pus amarillento; Hilda, la anciana decrépita envuelta siempre en un vaho de orines; Ida, la gran dama venida a menos; Louie, el americano aullador; René y Pepe, los hermanos retardados que luchan como animales prehistóricos por un pedazo de pan untado con mantequilla de maní; Tato, el homosexual de armario que le revela a William ese «trágico final de la muerte que es la vida»... Por encima de todos estos seres incurables, campeando como un Gerión vernáculo, con medio cuerpo en la insania y la otra mitad en la «psicología de la calle», el maligno Arsenio, pastor de locos y encarnación de la bestia nacional.

Arsenio es el espejo diabólico en que William Figueras está obligado a mirarse para descubrir el verdadero *horror cubensis*. Guiado por un oscuro imperativo de supervivencia, nuestro protagonista no tendrá otro remedio que convertirse en bestia («yo soy una bestia como tú», le confiesa en algún momento a su guardián) mientras, para compensar, espiga versos de una antología de poetas románticos ingleses convertida en libro de cabecera. Hasta que aparece Francis, la loquita nueva a la que William penetra dulcemente mientras casi la estrangula. Esta mujer, que comparte su pasado y su culpa, le regala un amor amargo, hecho de ilusiones perdidas, que se alimenta con el sueño de una fuga en común. Pero Francis también es un guiñapo que apenas consigue aliviar sus recuerdos de la épica comunista con pastillas de etrafón forte. Y lo que parecía un desliz romántico termina en excursión a un nuevo círculo del horror, un momentáneo paréntesis de felicidad que pronto atraerá a las bestias.

Decíamos antes que el estilo de Rosales desconfía de las metáforas totales; precisemos ahora que esa desconfianza lo distingue de sus compañeros de la llamada «generación del Mariel», cuyo representante más conocido es Reinaldo Arenas. Aunque *Boarding home* recuerda un poco el tono de *El portero*, fábula de un exilio obligado a escoger entre la frustración y la demencia, su protagonista no tiene siquiera el consuelo de hablar con los animales.

Lo que separa a Rosales de Arenas es su repentina intuición de que la alegoría es también una forma de consuelo simbólico. Siempre que la literatura cubana ha intentado mostrar el horror de su historia reciente acaba refugiada en mundos alegóricos. En *El color del verano* Arenas llevó al paroxismo el poder carnavalesco de la alegoría cubana presentándonos un asilo tan represivo como irreverente, un irónico «jardín de las delicias». Pero ni en la *Pentagonía* de Arenas, ni en *Pájaros de la playa*, la última novela de Sarduy, donde un apestado eleva el sida a la categoría de metáfora del devenir, ni en

*Tuyo es el reino* de Abilio Estévez, ni en las recientes alegorías futuristas de Juan Abreu encontramos la fuerza que emana de este libro de Rosales. *Boarding home* no es metáfora de nada. Al contrario: lo que nos descubren estas cien páginas es que a la literatura cubana le sobra metáfora, de la misma manera que le sobra realismo testimonial. Realismo y metáfora son dos caras, igualmente gastadas, de la misma moneda, cada una le sirve de coartada a la otra en su empeño de esquivar la ficción del horror cubano.

A este descubrimiento llega Rosales por el camino del odio. En un relato titulado «La estrella fugaz», el escritor Carlos Victoria, su amigo y albacea, narra la historia de tres personajes, William, Ricardo y Marcos, que son el evidente trasunto de Rosales, Arenas y él mismo. Ahí se dice que William «no alimentaba el odio; el odio lo alimentaba a él. El odio lo hacía oír voces, ver enemigos en cada rostro, escuchar insultos en cada frase. Por odio enflaquecía hasta volverse este desecho humano, este espectro cuya mirada llena de desprecio asustaba».

Hay escritores, como Rosales, que no pueden ocultar la realidad de su odio; que sin el odio no pueden, incluso, llegar a ninguna otra realidad. Al narrador de Rosales el odio le permite diseccionar la realidad hasta revelar el esqueleto mondo y lirondo de una mediocridad histórica. Por eso *Boarding home* tampoco es, como ha dicho algún crítico despistado, una metáfora existencial que trascendería las circunstancias cubanas. La imagen que se nos muestra es inseparable de una historia convertida en el asilo al que van a parar «victimarios, testigos, víctimas». Un asilo donde las fantasías no liberan, porque hasta los sueños ya están «historizados». En sus noches de asilo William Figueras ha tenido dos sueños premonitorios. En el primero Fidel Castro aparece refugiado en unas ruinas y gritándole: «¡Cabrón!, ¡nunca me sacarás de aquí!». En el segundo, Castro levanta, socarrón, la tapa de su féretro pidiendo un cafecito antes de decir: «Bien, ya estamos muertos. Ahora verán que eso tampoco resuelve nada».

Antonio Benítez Rojo (1989): *La isla que se repite. El Caribe y
la perspectiva postmoderna*
Hanover: Ediciones del Norte

Lo original de este libro dentro del amplio *corpus* de estudios
sobre el Caribe es marcar un camino distinto al estudio de sus
semejanzas y diferencias, para sostener una idea particular del
Caos, un nuevo paradigma que aborda la dispersión de las distintas
formas simbólicas de las sociedades de plantación.

A partir de una estructura triádica (La Sociedad, El Escritor,
El Libro) Benítez Rojo diseña un Texto General (el Caribe) donde
se cruzan las tres posibilidades. De la misma manera, aquí se dis-
tinguen tres lecturas de ese Texto: diferenciadora, unificadora y
«lectura tipo Vía Láctea, de tipo Caos, donde se detectan regula-
ridades dinámicas –no resultados– dentro del desorden que existe
más allá del mundo de líneas predecibles».

Del Caribe como *societal area* (Mintz) hemos pasado a la *rhyt-
mical area*. Pero ese Ritmo unificador ya no puede reducirse a sus
expresiones inmediatas (la música, la danza) sino que se extiende
«de cierta manera» hasta abarcar casi cualquier otredad cultural.
Interpretaciones heterodoxas de autores «clásicos» (Las Casas, Guillén, Ortiz y Carpentier) se completan en la última parte con las de
otros textos de la colombiana Fanny Buitrago y el puertorriqueño
Edgardo Rodríguez Juliá.

Benítez Rojo es un caníbal de la teoría, capaz de usar dos nociones antagónicas del Deseo con tal de sacar provecho crítico: por
ejemplo, el análisis de lo insólito en la Crónica de Las Casas sigue
un camino freudiano y emparenta lo *uncanny* con el sueño, la

carencia, y el deseo reprimido por la culpa y la castración. Esto no coincide con el concepto subversivo del deseo que, extraído del *Anti- Edipo* de Deleuze y Guattari, se menciona en la Introducción y se «aplica» en el ensayo sobre Guillén: producción de una «Máquina deseante» que no responde a la carencia freudiana ni esgrime lo reprimido para encerrar los flujos de la líbido dentro del triángulo edípico.

Este libro de ensayos, hoy archicitado y reconocido como un texto clave de los llamados Estudios Culturales, fue el primero en analizar «lo cubano» con la por entonces novedosa metodología postmoderna. Quince años después, al releerlo, nos asalta la sospecha de que Benítez Rojo era un pensador muy moderno, carpenteriano casi, al que la universidad norteamericana le obligó a sumarse a la moda del Caos y el Azar.

Reinaldo Arenas (1989): *El portero*
Málaga: Dador

Lo primero sería una lista, digamos profiláctica, de cosas con las que esta novela no tiene nada que ver. Olvidémonos, para empezar, de «realismo mágico» y de *baroque caraïbe*. A pesar de haber sido escrita en Estados Unidos por un cubano y estar ambientada en Nueva York, *El portero* tampoco pertenece a la literatura cubano-americana propiamente dicha, esa que hoy firman Oscar Hijuelos, Achy Obejas, Cristina García, etc. En uno de esos polémicos mapas sociológicos, este libro de Arenas ocuparía un espacio al margen, el barrio inhóspito donde se refugiaron los «marielitos» para encontrarse con la otra cara del sueño americano.

Todos los escritores de la llamada «generación del Mariel» giran alrededor de algunos dogmas, que son también los únicos temas de la obra de Arenas después de 1980: la patria como leprosorio, la fuga como única esperanza, la imagen de un exilio que no coincide con el modelo del éxito.

Reconocido primero y luego proscrito en la isla, a Arenas se le atragantó la indiferencia de sus connacionales de la diáspora: esos cubanos deseosos de ganar dinero en el país de las oportunidades le parecieron los perfectos fariseos, y él quedó entonces como la doble víctima de la Revolución y del Exilio. Uno de esos «cubanos de Miami» es quien nos cuenta la historia de *El portero*, al que define como «alguien que, a diferencia de nosotros, no pudo (o no quiso) adaptarse a este mundo práctico; al contrario, exploró caminos absurdos y desesperados y, lo que es peor, quiso llevar por esos caminos a cuanta persona conoció».

En la primera novela de Arenas, *Celestino antes del alba,* unos niños descubren que los centinelas de un castillo de fantasía que ellos mismos han creado les impiden el paso. Y aunque hacen saber a los guardias que han sido ellos, con su juego, no sólo los creadores del castillo, sino también de todos sus habitantes, nada cambia por ello. Alberto Garrandés ha leído esa escena como una metáfora sobre las relaciones de lo real con lo irreal en Arenas, «del mundo acreditado con el ondulante descrédito de lo imaginario, [que] nos habla de la posibilidad de construir lo irreal, de enunciarlo y fundarlo con coherencia, no así de habitarlo». Veinte años después de su primera novela, Arenas conjura esta imposibilidad de habitar en la fabulación, y le regala a su nuevo protagonista el don que no tenían los niños de *Celestino*. Pues aunque se trata de un emigrante condenado a permanecer en el umbral de la «verdadera vida», al final conseguirá su liberación y terminará por habitar plenamente en la irrealidad.

La trama tiene visos de esperpento: tras fracasar en distintos trabajos, Juan consigue un empleo como portero en un rascacielos de Manhattan, donde ve desfilar todos los días a una extravagante galería de personajes: Roy Friedman, un anciano obsesionado con regalar caramelos a diestra y siniestra; Brenda Hill, «mujer algo descocada, soltera y ligeramente alcohólica»; Arthur Makadam, un donjuán ya entrado en años e impotente; Casandra Levinson, «propagandista incesante de Fidel Castro» que al mismo tiempo disfruta de todas las comodidades capitalistas; los señores Oscar Times, «ambos homosexuales y tan semejantes física y moralmente que en realidad conforman como una sola persona»; Walter Skirius, un científico obsesionado con los implantes artificiales... Vestido con el traje del iluminado («No era él la luz, sino que vino a dar testimonio de la luz»), nuestro portero quiere abrir la puerta de la «verdadera felicidad» a todos los habitantes del edificio, pero sólo consigue establecer una verdadera comunicación con sus mascotas.

En otras palabras, Juan no tiene otro remedio que volverse loco, la única puerta que encuentra lo conduce al delirio. Ese poder de la fabulación será su «salvación» cuando, al final de la novela, emprenda con los animales un viaje liberador y sin retorno.

En *Antes que anochezca* Arenas cuenta cómo le robó esta trama a Lázaro Gómez Carriles, que así lo confirma, *viva voce*, en la película dirigida por Julian Schnabel. Los dos vivían juntos en Nueva York, donde Lázaro había conseguido un trabajo en un edificio de apartamentos como *súper*: en parte portero, en parte haciendo pequeños arreglos. Algo llegó a escribir sobre esa experiencia antes de ingresar en un manicomio. Al salir, Arenas le mostró el manuscrito de *El portero* con una dedicatoria («A Lázaro, su novela»), que por cierto, no aparece en la reciente edición de Tusquets.

También se ha dicho que estamos ante una versión tropical de *Rebelión en la granja* de George Orwell (mezclada con las fábulas de Lydia Cabrera). Leyendas aparte, la novela tiene el sello inconfundible de la imaginación desbordante y del estilo, a veces desmañado, de su autor: nadie hubiera podido escribirla mejor que él. En París, donde todo el mundo estaba fascinado por el *magical mystery tour* del *boom*, se publicó un año antes que en español (*Le portier*, Presses de La Renaissance, traducción de Jean-Marie Saint-Lu), y quedó finalista del Premio Médicis.

Orlando González Esteva (1997): *Escrito para borrar*
Madrid: Ediciones La Palma


Buena parte de la poesía cubana del siglo XIX arrastra las consecuencias de una enconada división entre Forma y Naturaleza, que llega a su punto más radical (y exasperante) con la desolación de Julián del Casal. Casal exalta la pureza de la Forma, aunque para ello sea indispensable aborrecer el paisaje, reinventarlo. Este *mal de vivre* fue un síntoma poético pasajero; se «resolvió», como verá cualquiera que hojee antologías, en la literatura cubana posterior a Martí. Sin embargo, la misma tara regresó de maneras más sutiles a la poesía cubana (Boti, Poveda, Mariano Brull, Eugenio Florit, Dulce María Loynaz) a lo largo del siglo.

Un rápido vistazo a la más reciente poesía cubana basta para hacer notar la originalidad de González Esteva, poeta ocupado en amigar el paisaje con las formas poéticas tradicionales. «En todo americano hay siempre un gongorino manso», decía Lezama. Y es ese substrato del Siglo de Oro, domesticado en una entonación originalísima, lo que caracteriza a la poesía de González Esteva y lo que le otorga un lugar especial dentro de la poética cubana.

A diferencia del tono gozoso y jovial de sus primeras *Mañas de la poesía* (Miami, 1981), en *Fosa común* (México, 1996), Orlando mostró su interés por viejos temas barrocos, trenzando un largo poema lleno de alusiones, como una apretada fila de hormigas que lleva los fúnebres restos de una tradición al cementerio del reciclaje.

En el poemario *Escrito para borrar* el tema de la caducidad pierde la fúnebre entonación del barroco para adoptar la ligereza del *corsi* y *ricorsi*, de un juego permanente de los mismos elementos.

Con este «cuaderno de playa» el lector está obligado a entrar por la puerta abierta del desenfado. Pero también a entrever la precisión de la forma tras un rigor que se comunica secretamente con el juego. Barrocas son algunas preocupaciones del libro, que tal vez sería exagerado llamar filosóficas, si no fuera por esa veta poética tan española que vulgarizó a Heráclito y a Séneca. Barroquismo, entonces, a lo Eugeni D'Ors, quien hizo notar «eso que el barroquismo contiene de feminidad fatal, de prestigio de sirena».

Versos como «el silencio no sabía / quien le ordenaba callar, / y al no poder preguntar / más silencio parecía», o «una pared invisible / me separa de quien fui. / Tiene que haber por ahí / una puerta. Lo imposible, // posible. La arquitectura / de la realidad viciada / abierta a una bocanada / de aire, misteriosa y pura», o poemas como «Todo lo que brilla ve», original homenaje a Gaston Bachelard, aúnan la bonachona dicción de refrán con la reflexión sobre la transitoriedad de lo que existe, la percepción engañosa, la naturaleza de lo divino y las perpetuas metamorfosis de lo real.

Ese tono de «refranero» tiene un notable precedente en algunas letras de la música popular cubana, quizás la influencia más visible en la poesía de González Esteva. Por eso el soneto que Severo Sarduy dedicó a Orlando en *Un testigo perenne y delatado* empieza con esa inolvidable cita de vitrola, la canción «Piel canela» de Bobby Capó: «Que se quede el infinito sin estrellas…».

A la música cubana rinde merecido homenaje González Esteva, no sólo con citas explícitas (como esa del trío Matamoros en el poema «Jácaras divinas» o la de Ignacio Piñeyro en «Dancing in the dark») sino al prolongar la veta de aquellas letras que juntan lo narrativo con una especie de tradición del disparate, del *nonsense* criollo. (Recuerdo, por ejemplo, aquella canción de Abelardo Barroso que bien puede competir con los *limericks* de Edward Lear: «Una tarde estaba yo / muerto de hambre y merendando / me encontré una mata e' mango / cargadita de ciruelas / me puse a tirarle piedras / creyendo que era' avellana / sale la vieja Catana / "Barroso, deja esas nueces" / no le estés tirando piedras / a los limones franceses»). Estos garabatos mentales nos recuerdan las adustas palabras de Ramiro Guerra cuando decía que «el cubano sólo tiene aparentemente la obstinación de la ligereza».

Sin embargo, quizá la mayor virtud poética de González Esteva sea precisamente esa ligereza, esa manera de deslizarse entre los grandes temas con declarada vocación lúdica, con la misma engañosa sencillez de las danzas para piano de Ignacio Cervantes.

Detrás de esos juegos, hay un término acuñado muy en serio por Sarduy: «poesía bajo programa», búsquedas formales que representan una salida a esa crisis de sentido provocada por el logro libertario de las vanguardias. Pienso, como Sarduy, en Andrés Sánchez Robayna. También, y sobre todo, en la obra de González Esteva. En ambos autores hay huellas de «insularismo», de una elección que constriñe voluntariamente lo poético a una naturaleza al margen (sospecho, por ejemplo, que hay puntos en común entre el recurrente jardín de Sánchez Robaina: pájaro, río, rama, piedra, y el trópico desenfadado de Orlando: mar, gaviotas, sirenas), un mundo cercano al idilio, no en su acepción romántica, sino en la de Teócrito. Una relación entre formalismo e idilio que puede ser expresada de una manera más simple: la poesía –igualada a la búsqueda de una forma– se vuelve parte de una naturaleza estilizada.

En toda la poesía de González Esteva hay huellas de esa condición neobucólica, de ese mito insular donde la Poesía prescinde de la Historia para entregarse sin reparos al Paisaje. Orbe de relaciones que parece estar en las antípodas de casi todas las poéticas modernas y que, sin embargo, reposa subrepticiamente en ellas porque es el fundamento de toda poética: el asombro ante el paisaje, la escapada, aunque momentánea, del alud histórico. Ese lugar puede evocarse como la isla con nostalgia de la nieve (Casal), como un paisaje que la memoria rehace para igualarlo al

Paraíso (Florit), o presentarse, en este caso que nos ocupa, como el ombligo de una naturaleza casi edénica, escrita y descrita para volver a los orígenes, para borrar la Historia. A fin de cuentas, todas esas variantes intentan rehacer, de alguna manera, el vínculo Paisaje-Idilio-Poesía.

Jorge Ferrer (2001): *Minimal Bildung. Veintinueve escenas para una novela sobre la inercia y el olvido.*
Miami: Catalejo

Un autor poco conocido, un raquítico tiraje en una editorial novata y un título «raro» son circunstancias que podrían deparar a este libro una especie de anonimato impreso. Sería lamentable, sin embargo, que la primera novela de Jorge Ferrer no se recordara sino por la suma de tan infaustas excepciones, porque dentro de eso que llamamos «la actual literatura cubana», *Minimal Bildung* es bastante más que una pieza curiosa.

Me apresuro a aclarar que no soy un juez imparcial de este libro. Lo he leído más veces de lo aconsejable, lo he visto tomar forma y rodar de editorial en editorial, escoltada por algunos elogios e hilando, al mismo tiempo, un desafortunado puente de peros que las Ediciones Catalejo, en un acto de insólita valentía editorial, ha roto sólo a medias. Pero mi afinidad con *Minimal Bildung* no proviene de ninguna de esas circunstancias, ni siquiera de mi amistad con su autor. Simplemente su tema central, la accidentada formación del exiliado Buenaventura Vichy, me resulta más cercano que los de la mayoría de las novelas cubanas que he tenido ocasión de leer en estos años.

Aturdidos por un alud editorial que despacha como novelas catálogos de experiencias a las que apenas se ha aplicado otra disciplina que una confusa gramática o los rigores ocasionales de la división en capítulos, la estructura de este libro provocará, sin duda, cierta sorpresa: en vez de comenzar con su *incipit* «natural», esa escena de infancia que encajaría bien en cualquier *Bildungsroman* canónico

(«El patio de la casa siempre le pareció pequeño, y la calle que se abría tras la doble y recia puerta, demasiado ancha: una sinuosa plaza»), la novela empieza en un retablo, un teatro en donde al levantarse el telón aparecerá una bola sebosa que representa todo lo que el protagonista ha querido evitar para contar su historia. A la hora de narrar la formación –o *Bildung*– de Buenaventura Vichy se han obliterado ciertas circunstancias que a la larga terminarán por aflorar, en resbalones narrativos, por culpa de esa materia aceitosa en que se suele transformar lo autobiográfico. Sin embargo, antes de desaparecer, la esfera sebosa tiene tiempo de regalarnos una clave de lectura: «Dar un nombre, contar una vida es el menos inocente de los pasatiempos porque no disponemos… de un tiempo para ser nosotros y contarnos a nosotros mismos, y de otro tiempo para dedicar al advenedizo que nos habla o se deja leer. Es el mismo tiempo».

De esa frase se desprende la elección estilística reseñada en el subtítulo: una novela que toma forma como puesta en escena del acto de novelar, una parodia del apacible curso de esas vidas narradas como tradicionales «novelas de aprendizaje», donde se cuentan las condiciones y modalidades que hacen posible que un individuo forme su personalidad de una manera coherente, acumule un saber y ejercite su voluntad.

Como el arqueólogo que reconstruye su vasija ideal a partir de confusos fragmentos, o los cascotes de una construcción en ruinas, el lector que se asoma a la existencia fracasada de Buenaventura Vichy está obligado a aceptar sus constantes cambios de escenario, sus diversos oficios, sus alambicados diálogos, sus disfraces forzados… Ya en las primeras escenas notamos, además, que el lenguaje no cede ante la trama, sino que, al contrario, le ofrece una resistencia como de lengua traducida, ese efecto de extrañeza que producen las «lenguas futuras» o «lenguas exiliadas» –tal y como Ricardo Piglia descubierto en Gombrowicz.

El lenguaje forzado, crispado, artificial de esta novela me ha hecho volver, por momentos, a La Habana de hace una década, cuando un grupo de adolescentes presumidos nos dedicábamos a impartir clases de filosofía en parques públicos, convirtiendo la pedantería en una variante del rechazo a un saber provinciano, cuajado en estulticia académica. Es curioso, pero incluso un orden detestable puede provocar con el tiempo cierta nostalgia, una contradictoria sensación que no tiene que ver tanto con esa realidad desaparecida sino con lo que fuimos en ella. De pronto uno se descubre añorando una casa que albergó ambiguas preceptivas o esas noches en vela con un clásico recién descubierto, soñando con arqueologías o versiones subversivas del *make it new* poundiano. Todo eso no tiene otro remedio que el de convertirse en el núcleo de una ficción.

Sería difícil, para alguien que no haya vivido en Cuba durante esos años, entender de dónde sale el lenguaje de esta novela en la que un personaje está obligado a ser muchos. Tendríamos que indagar en la manera en que el lenguaje se funde con determinadas experiencias, en eso que Platón llamaba *Paideia*, en esa *Bildung*, que según advierte un ceñudo Heidegger en el exergo de este libro, «significaba por ese entonces: el saber esencial que configura todas las posiciones fundamentales de la existencia histórica».

Las circunstancias, sin embargo, no son siempre propicias, y a la hora de narrar una versión cubana del saber germánico uno se conforma demasiadas veces con su réplica posmoderna: los saberes de consumo, los conceptos de usar-y-tirar, una suma de peripecias casi novelescas en las que el nombre de Martin Heidegger es tan importante como una habitación propia. Rastrear la *Bildung* es simplemente descifrar cómo se llega a ser lo que se es; en este caso, un fantasma, un ser que, como el profeta Elías citado en una de las escenas del libro, no se mueve en su propia tierra.

La prudencia aconseja reseñarle la trama de esta novela a ese hipotético lector que ya acumula demasiados motivos de duda. Se trata, como ya he dicho, de una colección de escenas que alternan la narración, el diálogo y el monólogo filosófico. Sus protagonistas son Buenaventura Vichy, un exiliado cubano, excéptico y erudito; el filósofo Martin Heidegger (también aludido como «El Alemán»); Gerardo Shao, un librero cubano; el Dr. Allen Meisner, y varias mujeres cuyo rasgo más sobresaliente es propiciar el eros cognoscente del protagonista.

En las primeras escenas, Buenaventura Vichy recuerda un par de episodios de infancia, interrumpidos con el relato de su llegada a París (esa otra infancia de su nueva vida de exiliado). La cuarta escena es un diálogo filosófico entre Buenaventura y Heidegger, convertido de pronto en el oficial de aduanas que atiende una petición de asilo político. (Esta conversación tiene el mérito de subsanar un déficit histórico: el silencio que sobrevino en la filosofía cubana después que José de la Luz y Caballero se encontrara con Goethe y decidiera que la metafísica alemana no era un tema apropiado para sus conciudadanos insulares).

Las escenas 5 y 6 serían una ilustración literal de la metáfora heideggeriana de la «casa del ser»: Buenaventura hace obras en su piso. Conoce a una adolescente llamada Verónica. Sus encuentros sexuales son narrados alternando su punto de vista con el de ella, que describe a Buenaventura como un ser distante, casi traumatizado. Vendrá luego otro diálogo filosófico entre Buenaventura y Heidegger y una visita a la tumba de Proust en Père Lachaise.

La segunda parte cuenta cómo Buenaventura conoce en La Habana a Gerardo Shao, un librero de viejo, a quien le compra un tomo de las *Obras Completas* de Martí. Shao llama a Buenaventura y acuerdan una cita, pero antes se dirige a una *brasserie* donde cena con un curioso personaje, el doctor Meisner.

Después regresa a su casa, donde escucha, extático, cómo entra un intruso que asesina a su hermana. Cuando llega la policía, Shao es detenido como principal sospechoso. Intenta suplantar la personalidad de Buenaventura, pero la policía no le cree. Logra escapar y va a casa de Meisner; éste le confirma que, en efecto, el asesino ha sido Buenaventura. Shao, entonces, sube a un cerro donde experimenta una especie de transfiguración –cualquier semejanza con una película de David Lynch es pura coincidencia– y reencarna en la piel de su sosias Buenaventura.

Retrocedamos un poco para aclarar que mientras Shao y Meisner se entretenían con el menú y la camarera de la *brasserie*, Buenaventura tenía experiencias más apetitosas en un local erótico. Allí ha conocido a una masajista japonesa que resulta ser sobrina de un discípulo de Heidegger, el conde Kuki.

Hemos llegado a la escena 20 y faltan apenas 30 páginas para que termine la novela. Son, en mi opinión, las páginas más flojas. En un hotel de Atenas, Buenaventura piensa en su doble Gerardo Shao. Está en una ciudad que es todas las ciudades; evoca a Walter Benjamin, se encuentra con el pintor Kokoscha y su muñeca en Dresde, pero también con Don Tomás Estrada Palma, primer presidente de la República; viaja de París a Barcelona, en una bonita escena de trenes y adolescentes.

En la última parte, Buenaventura es atropellado en París por una chica hindú que se parece a la diosa Shiva. Le compra unos dados de regalo, es invitado a cenar en su mansión. La cena se convierte, como debe prever cualquiera que se vaya a cenar con Shiva, en una orgía que incluye criada y ambiente palaciego con aire del xviii francés. Se les unen luego Meisner, Heidegger y un tercer hombre aristotélico, un protohindú, que, la verdad, no sé bien qué hace aquí. Buenaventura y Heidegger terminan conversando sobre uno de los temas citados por el último en su famosa entrevista con *Der Spiegel*: la venida de los dioses (Shiva entre ellos). El filósofo aprovecha para confesarle que fue él quien mató a la hermana de Shao. En la última escena, Buenaventura se despide de Shiva y se mete en una ambulancia que lo lleva por las calles de San Petersburgo hasta un psiquiátrico de la era estalinista. Ocho años después se masturba leyendo a Heidegger.

La trama, como se ve, tiene tendencia al barroquismo. Hay que tener valor para tejer algo así, para ignorar ese vicio tan nuestro (pero ni remotamente original, en realidad es más castizo que el chocolate con churros) que consiste en impugnar la pedantería como un mal *per se*. El problema de la pedantería es, por supuesto, encontrarle un estilo, convertirla en medio y no en fin de lo narrado. En *Minimal Bildung* la pedantería se hace acompañar por la parodia de sí misma, y sirve para revelar aristas insólitas de lo real, visiones que solo tomarían forma a través de un saber tan heteróclito como la lista de libros que Buenaventura le ha comprado a Gerardo Shao (*Proust y Valéry*, de Curtius; *Ideario autonomista*, de Rafael Montoro; el estudio sobre Lutero de Lucien Febvre y los *Diarios* de Martí). Algunos ejemplos: un pato llega humeante a la mesa «como cualquier luterano de filas»; un personaje es achinado, «como sólo consiguen estarlo ciertos jarrones»; un timbre entra en la modorra de una siesta «con la sensación de que perdemos algo para ganar la continuidad de ese imponderable»; un personaje femenino alude a la cubanísima Cuquita («prima comunista de la Barbie»), bajo su parentesco con el conde Shuzo Kuki, visitante de Heidegger en Marburgo. También hay cierta convivencia entre lo pedante y lo grotesco, como cuando al relatar las desventuras habaneras de un hermano de Wittgenstein se intercala una viñeta de teatro bufo: aparece el vienés en un cuarto de solar, «donde simulaba interesarse por las magias de la afrocubanía, para lograr los favores de algún bugarrón ocasional, sórdido y potente, como mangas de agua de hidroeléctrica estalinista». En otra ocasión, el insomnio, «hipóstasis ojerosa de la totalidad», es opuesto de manera deliciosa a la siesta, «sueño digestivo, sueño que engorda».

Estas imágenes sucesivas propician, como el carrusel de cabina erótica al que se alude en cierto pasaje, que unas alambicadas y eruditas disertaciones terminen por adquirir legitimidad narrativa. Es por, así decirlo, una pedantería fluida, como la del mítico

Lezama conversador, que se explaya, socarrón, en esas páginas de *Paradiso* donde los personajes improvisan sobre cualquier tema de la filosofía occidental, sin olvidar el gracejo criollo. Mezcla llevada a niveles flamígeros en los diálogos novelescos de Severo Sarduy, que, como muchos de *Minimal Bildung*, parecen haber sido escritos para teatro. (Algo tiene Gerardo Shao, poseído por el «instinto-de-chinito-maricón que huye de», de Luis Leng, aquel otro chino que Sarduy sacó de *Paradiso*, donde se dice que preparaba muy bien las pechugas de ciertos pavipollos. Gerardo Shao sería como un Leng que hubiera vuelto a París, después de asquearse en las fondas chino-cubanas de Nueva York. O bien un Leng que optó por no marcharse al exilio y, cerrados todos los restaurantes de Zanja, se habría dedicado a vender libros en su apartamento de la calle Reina).

La vida de Buenaventura Vichy parece ilustrar el famoso *motto* de Stephen Dedalus en el *Retrato del artista adolescente*: «silence, exile and cunning». Silencio, exilio y astucia coinciden en una mengua del sentido del yo, son etapas de una disminución que debe terminar, por fuerza, en «la visión de los muertos». Justo en el octavo capítulo de *Minimal Bildung*, que cuenta la visita del protagonista al cementerio de Père Lachaise, encontramos las siguientes consideraciones necrológicas: «El exilio presupone la muerte con la misma pertinacia con que la *Bildung* presupone la memoria, porque asistir al cese de una vida con la que te has cruzado es la manera más patente, quizás la única tangible, de la continuación indeleble de la propia. Y de su contingencia». Gracias a eso que el narrador llama «una catequesis de la frustración», el exiliado está rodeado de muerte por todas partes: la de los demás arropa la suya, y el relato termina convertido en un extraño exorcismo, en «una biografía del que ya no es».

Tanto la consigna trifásica de Dedalus como las transfiguraciones de Buenaventura Vichy abren una especie de hiato en la realidad; los acontecimientos narrados por ambos protagonistas no conforman «su vida», sino un territorio en el cual les resulta imposible penetrar por completo, un dominio extraño del cual no se sienten parte, una fuga continua de algo que jamás han poseído, y que por lo tanto no logran concebir en términos de pertenencia, pero que les causa nostalgia, como si lo hubieran perdido. Y es ese sentimiento de pérdida el rasgo más sobresaliente de esta novela.

Toda primera novela tiene que lidiar con una contradicción adolescente: es un intento de percepción absoluta, pero es también un acto de voluntad. *Minimal Bildung* no resuelve esa contradicción. Es una novela aquejada por su voluntario aislamiento. Y en esa reclusión hasta una simple pregunta como «¿de qué trata este libro?» tomará a veces el cariz de la ofensa, ocupado el autor en los complicados movimientos tácticos de la batalla por lo esencial. Con suerte, un día ese escritor adolescente descubre que tras su misantropía se esconde también la necesidad de ser reconocido, y que el misántropo es alguien que aguarda el momento de manifestar su «natural» superioridad, tan virtuosa que debe ser reconocida al instante, sin engorrosos trámites intermedios.

Al escapar de esos vicios, un escritor irrumpe en esa vida que parecía la suya, y empieza una etapa donde la sensibilidad se arrellana a gusto en ese lugar que antes tenía reservado la voluntad. Hay una voz que le llega como desde la habitación de al lado, un murmullo que a veces logra confundirse con el rumor de su experiencia habitual, como esos cordeles tensos que al volverse invisibles a la luz del crepúsculo anuncian que ha llegado la hora de tomar la comida y la bebida que el Ramadán prohíbe durante el día. Es la voz con la que nos hablamos a nosotros mismos. Descubrirla tiene que ver con una resonancia, la coincidencia con otro murmullo semejante. Ojalá las próximas andanzas de Buenaventura Vichy apunten a esa nueva y radical transfiguración.

Rolando Sánchez Mejías (2001): *Historias de Olmo*
Madrid: Siruela

Hace algunos años, mientras escribía el prólogo a una obra de
teatro de Virgilio Piñera, me topé en una librería de lance con el
*Prometeo mal encadenado* de André Gide, editado por Fontamara.
El librito está dividido en doce escenas, y todas tienen como protagonista al personaje mítico travestido de *flâneur* parisino. En
una de ellas, por ejemplo, Prometeo se sienta en un café cerca de
la Ópera, tolera el farragoso discurso de un camarero y razona
acerca del hombre como el único ser capaz de una acción gratuita:

> «¿Una acción gratuita? ¿Cómo hacerla? Y fíjese que no hay que enten-
> derla como una acción que no reporta nada, porque si no... No, sólo
> gratuita: un acto que no esté motivado por nada. ¿Entiende? Ni interés,
> ni pasión, ni nada. El acto desinteresado, nacido de sí mismo; el acto sin
> objeto, por lo tanto sin dueño; el acto libre. ¡El acto autóctono!

Por ese raro azar de un libro que llama a otros libros, las *soties*
de Gide me llevaron a un género poco comentado, la opereta, en el
que lo mismo se inscribe el teatro menor de Piñera (*El no, Jesús, El
gordo y el flaco...*) que una buena parte de la obra de Gombrowicz.
«Si la ópera tiene algo de lo desmañado, decía Gombrowicz, de
lo irremediablemente destinado a la pretensión, la opereta, en su
divina idiotez, en su celestial esclerosis [...] se me antoja el teatro
perfecto, perfectamente teatral».

También al terminar las *Historias de Olmo* uno casi está obligado
a esbozar alguna teoría sobre las virtudes literarias del acto gratuito
y, de paso, sobre la benéfica influencia de Piñera-Gombrowicz en

un escritor cubano que ha decidido vivir fuera de Cuba. Olmo, protagonista de estos relatos, es como una metamorfosis del Prometeo de Gide. Pero la distancia que lo separa del personaje mítico es la misma que separa el nihilismo «por exceso» de aquel nihilismo tropical «por defecto» al que Piñera aludía en un fragmento de sus memorias:

> El sentimiento de la Nada por exceso es menos nocivo que el sentimiento de la Nada por defecto: llegar a la nada a través de la cultura, de la Tradición, de la abundancia, del choque de las pasiones, etc., supone una postura vital puesto que la gran mancha dejada por tales actos vitales es indeleble. Es así que podría decirse de estos agentes que ellos son el «activo» de la nada. Pero esa nada, surgida de ella misma, tan física como el *nadasol* que calentaba a nuestro pueblo de ese entonces, como las *nadacasas*, el *nadarruido*, la *nadahistoria...* nos llevaba ineluctablemente hacia la morfología de la vaca o del lagarto. A esto se le llama el «pasivo» de la Nada, y al cual no corresponde «activo» alguno.

Olmo, antihéroe por excelencia, tiene una vida «cosmopolita», pero al mismo tiempo está atrapado en ese nihilismo gelatinoso cuyo mejor representante es un personaje que Abela consagró en sus famosas caricaturas: el Bobo cubano. Que, en realidad, se hace el bobo, mientras pone en escena la desaparición del sujeto moral. Porque, como dice el Camarero de Gide, «no hay nada que desmoralice tanto como el acto gratuito».

El anterior elenco de autoridades no debe convertirse en la pantalla que impida una lectura desprejuiciada de estas *Historias de Olmo*. La verdadera calidad de un escritor es siempre anómala, y ante ella no basta comportarse como el *scholar* afanoso, que reconoce con aire ausente las características teratológicas de su víctima y pasa enseguida a un tema menos aburrido que el talento. Las circunstancias de una tradición o el tejido de las influencias constituyen en este caso un obstáculo-ventaja, el contorno de una foto borrosa, aquello que nos deja ver a través del cristal velado de una literatura reducida a moldes folclóricos. Lo esencial, es decir, el talento, siempre está más allá del cristal.

Digamos que el oído es la gran virtud de estos relatos. Pero el oído sólo se revela como virtud cuando la trama ha conseguido llevar hasta sus últimas consecuencias una teoría del acto gratuito. Las palabras, entonces, adquieren su verdadera consistencia, su condición «peligrosamente transparente». Para un escritor como Sánchez Mejías, la «vida ética» de su personaje pasa por esa condición del lenguaje, y por eso las verdaderas peripecias de Olmo tienen que ver con esa *musiquita* burlona que se menciona en uno de los relatos, una *musiquita* de la que no depende nada, y de la que, a la vez, depende casi todo.

Una buena parte de la ficción cubana actual hace esfuerzos denodados por sustituir la épica con algún otro tema de calado operático, y pasa por alto lo que me parece el mayor descubrimiento de estos minirrelatos de Rolando: el tono de opereta, el sonido burlón del pesimismo nacional. Cuando un escritor encuentra un tono, puede decir lo que le parezca. Si rechaza ese descubrimiento, su prosa tiende a volverse declarativa y pretenciosa. Olmo habla de cualquier cosa: de un viaje a China y de las cucarachas, de los kurdos y los zurdos, del Realismo Nacional y del exilio, de Buda y de las posiciones radicales, pero esa cháchara produce un trabajo de zapa más radical que las cansonas epifanías del sexo y la política.

Hay crisis que se divisan sólo cuando comienzan, en sus periodos embrionarios. Después ya es demasiado tarde para rastrear la lógica de la degeneración: el avance de la enfermedad hace desaparecer los síntomas. Jakob von Gunten, el adolescente de Walser, el Odradek de Kafka o el Bartleby de Melville son personajes representativos de esas fases, *caracteres sintomáticos*, por así decirlo. Olmo está emparentado con todos ellos. Es un nihilista ocasional pero –y tal vez por eso mismo– sus observaciones tienen efectos mucho más destructivos que el terrorismo de martillo y petardo que a menudo termina por hastiarnos, aunque sólo sea por exceso de ruido. Ese nihilismo desenfadado, que ostenta algo pueril en su juego irresponsable, es más inquietante que la rebeldía metódica: posee la virtud de la sorpresa y se dedica a corroer los detalles del lenguaje, que son, a fin de cuentas, la esencia de lo real.

# III. Penúltimos días

# I.
# POLÍTICA

# ¿Quién mató a Nicanor?

Se acaban de cumplir 80 años del asesinato en un callejón mexicano de Nicanor MacPartland, más conocido como Julio Antonio Mella, el 10 de enero de 1929.

No soy historiador y el Mella que más me interesa es un personaje dividido entre realidad y ficción: aquel que fascinó a José Lezama Lima en su época de estudiante politizado en la Universidad de La Habana, esa especie de Apolo habanero, cuyo carisma resulta inseparable del «perfil voluptuoso» al que se refiere Lezama en *Paradiso*.

De cualquier modo, objetividad obliga. Hace unos años dejaba yo cerrado un párrafo sobre Lezama y Mella con el final violento que todos aprendimos en la clase de Historia del Movimiento Obrero: «El líder fue asesinado por dos sicarios de Machado». Pero al tratarse de una biografía uno siempre carga con redoblados pruritos de objetividad. Así que me obligué a consultar algunas otras versiones sobre el asesinato de Mella, con resultados curiosos.

Veamos, por ejemplo, la biografía de Diego Rivera escrita por Patrick Marnham –*Soñar con los ojos abiertos* (1999); Barcelona: Debate–. Mientras rastrea el pasado de Tina Modotti, amante de Mella y del propio Rivera, el biógrafo norteamericano hace alusión al sombrío Vittorio Vidali, alias Enea Sormenti, comunista italiano al servicio del GPU (anteriormente Cheka y después NKVD y KGB), la tristemente célebre policía secreta de Stalin. A Vidali le gustaba viajar, y tenía una extraña habilidad para estar siempre en el lugar equivocado: huyó de Italia cuando se proclamó el fascismo y participó en la Guerra Civil Española con el nombre de «Carlos Contreras», primero como comisario político del Quinto Regimiento y luego en otras labores de propaganda.

Tras los sucesos de mayo de 1937 en Barcelona, se dedicó a labores más sórdidas: según archivos del KGB recientemente desclasificados tuvo una actuación destacada en la desaparición de Andreu Nin. Al terminar la guerra se exilió en México, donde permaneció hasta la caída del fascismo. Hay bastante información sobre Vidali en cualquier biblioteca, y su perfil torvo aparece también en uno de los frescos de Rivera, *Insurrección*, donde Mella, Frida y Tina reparten armas a unos obreros bajo la enseña roja de la hoz y el martillo.

En el verano de 1928, Vidali visitó Moscú acompañado de Rafael Carrillo, secretario general del Partido Comunista Mexicano, para asistir al VI Congreso del Komintern. De allí ambos volvieron con órdenes precisas de poner en práctica una reorientación ideológica. Según la opinión de Marnham, «el problema inmediato para esta reorientación se llamaba Julio Antonio Mella». «Éste no sólo era un personaje carismático, joven, atractivo y enérgico, sino que además era una persona poco preocupada por los convencionalismos. Había propuesto organizar una invasión de Cuba para derrocar al gobernante reaccionario Gerardo Machado».

El Comité Central le ordenó que abandonara sus propósitos, pero en septiembre Mella, tozudo como sólo puede serlo un cubano-irlandés, viajó en secreto a Veracruz para iniciar los preparativos de la invasión. Al final abandonó el plan, pero cuando el Comité Central mexicano se enteró de lo que Mella había hecho, lo amenazó con la expulsión. Furioso, Mella presentó la dimisión, que después retiró. Entonces Vidali lo acusó de «trotskismo», grave sambenito en un momento en que Stalin se preparaba para expulsar a Trotski de la URSS por «preparar una lucha armada contra el poder soviético».

Es obvio que para Vidali Mella era un caso flagrante de desviacionismo trotskista y, para colmo, se acostaba con su querida Tina, que a su vez estaba comprometida con Xavier Guerrero. A diferencia de otros comentaristas que al hablar de Tina y Mella nos trasmiten el pálpito de la admiración incondicional (véase, por ejemplo, la aburrida novela *Tinísima*, de Elena Poniatowska, o la biografía *Verdad y leyenda de Tina Modotti*, donde la periodista alemana Christiane Barckhausen-Canale describe la relación en tono elegiaco («Los unían dos vínculos poderosísimos: el amor y los ideales políticos... Consiguieron lo que pocas veces se logra con tanta perfección: la absoluta armonía entre la felicidad personal y el compromiso social»), Marnham no elude los entresijos políticos de esta relación a cinco bandas entre Tina, Mella, Vidali, Guerrero y Rivera: el Comité Central como vivero erótico.

Tina, a quien la policía mexicana acusó del crimen de Mella, había tenido la agilidad suficiente para evadir a tiempo los disparos nocturnos (a quemarropa, por cierto) y recoger las últimas palabras de su amante acusando a José Magriñat de estar implicado en su asesinato. Después fue deportada a Europa, pero en su mismo barco se coló, escapando a la inepta policía mexicana gracias a sus numerosas identidades falsas, el sombrío Vidali.

En el 2005, en el periódico mexicano *La Jornada*, tuvo lugar una polémica entre el mexicano José Steinsleger y el italiano Pino Cacucci, a la que se sumó, con no pocos argumentos, el historiador Claudio Albertani. Los viejos esqueletos estalinistas volvieron a salir del armario. Casi todos tenían algo que ver con Vidali.

El más famoso es el asesinato de Andreu Nin, descrito exhaustivamente en *Operación Nikolai*, un documental realizado por María Dolors Genovés y Llibert Ferri, que pasó hace algunos años la televisión catalana. También se han ocupado del «caso Nin» dos escritores españoles: *Fiebre y lanza*, novela de Javier Marías, el primer volumen de *Tu rostro mañana* (2002, Alfaguara); y el reportaje novelado de Ignacio Martínez de Pisón, *Enterrar a los muertos* (2005, Seix Barral), que narra la desaparición de José Robles, traductor español de John Dos Passos. En todas estas historias Vittorio Vidali sale muy mal parado.

Negando evidencias que hasta los novelistas ya aprovechan, algunos historiadores cubanos siguen defendiendo la tesis del asesinato de Mella a manos de los supuestos «pistoleros de Machado». Se trata, al parecer, de un dogma de fe. Evidencias de que Mella se involucró con el trotskismo mexicano, ganándose por ello el odio de los estalinistas y de un tipo tan tenebroso como Vidali están recogidas, desde hace años, por numerosos comentaristas, incluidos varios historiadores de la izquierda: Víctor Alba, en *Historia del movimiento obrero en América Latina*; Julián Gorkin, en *Cómo asesinó Stalin a Trotski*; Jorge García Montes y Alonso Ávila, en *Historia del Partido Comunista de Cuba*; Alejandro Gálvez Cancino en «L'auto-absolution de Vidali et la mort de Mella», *Cahiers León Trotsky* 26, junio de 1986) o por Pierre Broué, director del Instituto León Trotsky y autor de *Staline et la révolution*, y de *Histoire de l'Internationale Communiste. 1919-1943*... Sin embargo, en el imaginario histórico de mi generación la culpa de la muerte de Mella se le endosa a un caricaturesco Machado, «asno-con-garras». Recordemos, por ejemplo, aquella lacrimógena película de Enrique Pineda Barnet, donde el cine se regodea en asegurar aquello que la historia mantiene en la sombra. La historia real del asesinato de Mella habría que rastrearla teniendo en cuenta una posible operación de montaje y «sembrado» de falsas pistas, parecida a la que siguió al asesinato de Nin.

Otro episodio de la historiografía «documental» al servicio de la manipulación ideológica es el libro de Adys Cupull y Froilán González, *Julio Antonio Mella en medio del fuego. Un asesinato en México* (2002, México: Ediciones El Caballito), que Steinsleger cita como si fuera la Biblia, y donde leemos cosas como «la camarilla trotskista y la prensa mercenaria y nazifascista se lanzaron sobre el cadáver de la Modotti todavía caliente».

Las supuestas «evidencias» que remueven estos historiadores por encargo están burdamente manipuladas. Demuestran, sí, que Mella era antinorteamericano, y que para el gobierno de Obregón era un incordio. Pero donde no se atreven a entrar es en los archivos de la KGB, donde el «caso Mella» debe tener un abultado *dossier*.

Vale la pena leer con cuidado los artículos de Cacucci y Albertani, dos connotados intelectuales de izquierda, a los que resulta ridículo acusar de desinformados. Ambos citan, además, el testimonio de Félix Ibarra, viejo militante trotskista y camarada de Mella, al que Cupull y González no se tomaron el trabajo de entrevistar.

¿Víctima de la alianza Coolidge-Machado o de la policía secreta de Stalin? Revise el lector las dos hipótesis sobre el asesinato de Nicanor MacPartland, y escoja la que le parezca más plausible. Pero más allá de su trama de novela policíaca, el «*affaire* Mella» ilustra a la perfección los tabúes de nuestra «historia oficial».

Febrero, 2009

# UNA REVOLUCIÓN FOTOGÉNICA

I.

Aquel 8 de enero la caravana hizo su entrada triunfal en La Habana por la Carretera Central. Prosiguió hasta la Avenida de las Misiones, se detuvo un buen rato ante el yate *Granma*, y luego en el Palacio Presidencial, para saludar al recién estrenado presidente Manuel Urrutia, que se desvivió en atenciones con los barbudos. Fidel Castro presumió entonces de que ese recinto no lo tentaba: «Ustedes quisieran [...] saber cuál es la emoción que siento [...] al entrar en Palacio. Les voy a confesar mi emoción: exactamente igual que en cualquier otro lugar de la República. No me despierta ninguna emoción especial».

Luego propuso dirigirse a la fortaleza militar de Columbia, símbolo del batistato. Y allá fueron los blindados, primero por Malecón, y luego por las calles 23 y 41, mientras la multitud enfebrecida se abría a su paso. No homenajeaban a un presidente: adoraban a un Mesías.

Al llegar, sonó el Himno Nacional y empezó la ceremonia. Habló el líder estudiantil Juan Nuiry Sánchez, y luego el olvidado comandante Luis Orlando Rodríguez. Sobre la tribuna se acomodó el también comandante Camilo Cienfuegos (a esas alturas, la Revolución ya había dado más comandantes que la Segunda Guerra mundial). Cerca de las once y media de la noche, cuando Fidel Castro comenzó su discurso, se liberaron varias palomas blancas. Se habla de centenares de jaulas abiertas, pero en realidad fueron apenas tres aves, lanzadas desde muy cerca, entre el público. Una de ellas se posó primero en el hombro izquierdo de Castro, que miró hacia el cielo mientras la multitud rompía a aplaudir. Luego llegaron las otras.

Era un momento perfecto para quedar inmortalizado, y así sucedió, gracias a los oportunos clics de varios fotógrafos (José *Pepe* Agraz, Alberto Díaz *Korda* y Tor Eigendal son algunos de los más famosos). El orador evitó espantar a los pájaros, y en otro momento de su discurso, ya más relajado, se volvió de improviso hacia su compañero de tribuna para acuñar una frase célebre: «¿Voy bien, Camilo?». El interpelado asintió dos veces. Las palomas, para entonces, ya habían alzado el vuelo.

Cualquiera de las fotos emblemáticas de la Revolución trae consigo una pequeña «mitología». Cincuenta años después, historiadores y comentaristas no se ponen de acuerdo sobre cómo fue que llegó la paloma a posarse sobre aquella chaqueta verdeolivo. Las diferentes versiones van desde la teoría del «punto más alto» (los seis-pies-dos-pulgadas del orador) hasta una dieta de perdigones de plomo para impedir que los pájaros ganaran altura. Se ha mencionado incluso la asesoría de un experto colombófilo, que habría untado feromonas de palomo al chaleco para crear un efecto previamente estudiado en la multitud. La más difundida es la versión del periodista Luis Ortega, quien asegura que todo fue una escena preparada por Luis Conte Agüero, Secretario General del Partido del Pueblo Cubano (Ortodoxo) y estrecho colaborador de Fidel en esos años, hoy en el exilio:

> Esperó hasta el momento en que la multitud había caído ya en trance. Era un océano de gentes delirantes. Ya la voz de Fidel era ronca. Los aplausos y gemidos de la multitud apenas si lo dejaban hablar. Y fue entonces que Conte Agüero, con un ademán bíblico, soltó la paloma. Y la siguió en el aire con ternura. Su paloma volaría hacia Fidel y se posaría suavemente en su hombro y entonces un rugido saldría de la multitud.
>
> Pero, no. No ocurrió nada de eso. La paloma de Conte Agüero levantó vuelo, dio unas cuantas vueltas y se perdió en la distancia. Un sollozo salió de los labios del poeta que ya era Conte Agüero. Había sido traicionado por la paloma. Pero entonces ocurrió algo insólito, realmente milagroso. Otra paloma apareció de no se sabe dónde y se

posó en el hombre de Fidel. La nueva paloma era todavía más blanca y hermosa que la de Conte. Fue una revelación que dejó al pobre Conte temblando. Lo que él había preparado cuidadosamente como un truco de publicidad, se había convertido en un verdadero milagro.

Por sorpresa o no, las palomas cumplieron su misión simbólica. Se habló de la Paz (que era el tema de aquel discurso en Columbia) y del Espíritu Santo. También de rituales de santería, donde la paloma blanca sería símbolo de Obatalá, el Elegido, el hijo de Dios. «La gente pensaba que Fidel era el enviado de Cristo», resume el comandante negro Juan Almeida en un ditirámbico documental dirigido por Estela Bravo.

Hasta el *Diario de la Marina*, el más respetable de todos los periódicos cubanos, hizo referencia al simbolismo de la paloma en su editorial del 9 de enero:

> Nosotros, junto a la mayoría abrumadora de todos los cubanos, no podemos creer que tal suceso haya sido una simple incidencia, una anécdota sin importancia. No; en la paloma blanca sobre la mano diestra de Fidel Castro vimos un claro signo del Altísimo, porque ese signo universal de la paz traduce e interpreta cabalmente el gran deseo, la voluntad entera, de todo el pueblo cubano.

II.

La Revolución cubana encarna una tremenda paradoja simbólica al sostenerse sobre el prestigio de varias imágenes donde el mito busca invadir el lugar de lo histórico. A estas alturas, la historia ya no es algo que pasa, ni siquiera algo que «pasó», sino un legado de «falsas verdades» en blanco y negro que reclaman una vigencia eterna.

Las fotos más emblemáticas de la Revolución cubana no son exactamente «documentales»: contienen elevados niveles de idealización y estetización, es decir, todo lo contrario de la objetividad histórica. A falta de una visión de conjunto, tenemos ese puñado de imágenes cuyo *glamour* aumenta con el tiempo. Hoy la Revolución «son», en realidad, esas fotos, hipnóticos fragmentos del pasado convertidos en acicates para la conciencia, pero también en obstáculos para el juicio y el análisis. «El conocimiento obtenido mediante fotos fijas» –advertía ya Sontag en su célebre ensayo de 1973– «siempre consistirá en una suerte de sentimentalismo, ya cínico o humanitarista. Será un conocimiento a precios de liquidación: un simulacro de conocimiento, un simulacro de sabiduría».

Mientras más lee uno sobre el asunto, van apareciendo más capas del mito. La costumbre de soltar palomas sería, en realidad, el resabio de un antiguo rito de colonos franceses al fundar, a principios del siglo xix, algunas de las más célebres villas cubanas. Pero en Cuba las palomas también son símbolo de mala suerte. Palomas blancas son los animales que se le sacrifican a Olofi, el enviado de Oloddumare en la tierra, y haberlas manipulado en cautiverio acarrea, según la religión yoruba, terribles consecuencias (de ahí, tal vez, que Conte Agüero haya reescrito sus actos *a posteriori*). En cuanto a la simbólica profecía de paz, basta un simple repaso histórico –como el que hace Hugh Thomas– para que se revele como el más falso de los augurios.

Como en todas las mitologías, aquí los significados son perfectamente dobles y contradictorios. Sin embargo, esa noche del 8 de enero de 1959 marca dos mutaciones fundamentales, descuidadas por culpa del glamour fotográfico. Primero: fue el momento en que los cubanos dejaron de juzgar la nueva política ateniéndose a los hechos y empezaron a considerarla como una dieta de símbolos. Segundo, como bien explica Norberto Fuentes en su monumental *Autobiografía de Fidel Castro*, ese momento en que el elegido de las palomas se permite ante la multitud el cínico chascarrillo de preguntar a su compañero de guerrilla si lo está haciendo bien marca el comienzo del poder absoluto que Fidel Castro ha detentado durante los últimos cincuenta años, para desgracia de la nación cubana.

III.

Pocas revoluciones tan fotogénicas como la cubana. Tal vez esto se debe a que coincidió con un *boom* del fotoperiodismo, un género de posguerra, y ofreció la posibilidad de fusionar la profesión de trabajo documental con la tradición fotográfica (norteamericana) del humanismo visual en la que se superaron los antagonismos sociales y políticos. La ideología detrás de las fotografías que establecieron la célebre agencia Magnum, en 1947, no se apartó demasiado del modelo mitológico utilizado para representar a la Revolución cubana en muchos de los círculos mediáticos norteamericanos más importantes. Algunos de los más grandes fotoperiodistas de la época, como Burt Glinn, Lee Lockwood o Grey Villet caminaron por la convulsa Habana de los sesenta como colegiales en una fiesta. Tomaron fotos de sí mismos, posando con armas de fuego. Se vieron a sí mismos no sólo como testigos, sino también como participantes en un momento singular. Y sus fotos, que deberían haber mostrado el panorama del cambio radical, muestran en cambio una epopeya idealizada.

Todo esto se complementa con el uso propagandístico que Fidel Castro le dio a la fotografía publicitaria cubana, un género establecido en la década del cincuenta en Nueva York. El caso de Osvaldo Salas y su hijo Roberto Salas es un buen ejemplo de cómo se construye la fotografía épica del castrismo mediante los mismos trucos y tics publicitarios de los años cincuenta. Y luego, por supuesto, está Korda. Alberto Korda, formado en fotografía de estudio durante los años cincuenta, no sólo fue el creador de la famosa imagen del Che Guevara que se ha convertido en la fotografía más reproducida de todos los tiempos, sino también el arquitecto sofisticado de la imagen pública erotizada de la Revolución Caribeña. Los europeos no se quedaron atrás. Inspirados en la visita de Jean-Paul Sartre a Cuba, muchos fotógrafos y archiveros hicieron peregrinaciones a la isla en busca de la imagen perfecta, el «momento decisivo» de «la excepción cubana». Dos buenos ejemplos son Chris Marker y Agnès Varda. En 1961, un año antes de hacer su célebre *La Jetée*, el cineasta Chris Marker fue a filmar en Cuba. El resultado fue un documental enfático, *Cuba sí!*, que puede ser considerado hoy como la primera parte de *La Jetée*, una fábula futurista que se cuenta como un viaje al pasado, una historia de otro mundo, mantenido en la esclavitud por culpa de un experimento fundacional.

Para quienes crecimos en la Era del Descreimiento, este documental y esta voz en *off* (*La Jetée*, por cierto, también está narrada en *off*) muestra los trozos de una memoria inconcebible, un magma de imágenes donde se mezclan fusilamientos y ranas toro, Nicolás Guillén y una supuesta «democracia ateniense», niños y tabacos baratos, banda militar y rumba callejera. Esa amalgama era Cuba, y es probable que siga siendo algo similar 46 años después. El aire de franco primitivismo (nunca mejor dicho) que traslucen varios episodios del documental tiene que ver con el espíritu de un mundo amenazado, pero también con la idea de un origen primordial natural, un mundo primitivo como ese que vemos en algunas películas de ciencia-ficción y que reaparece aquí con ribetes tropicales (esa aldea sobre pilotes, ese alpinista improvisado, esa celebración del erotismo, esa ciénaga espontánea).

A la luz de lo que sabemos hoy, *Cuba sí* resulta, en realidad, la primera parte de *La Jetée*, una fábula futurista contada como un viaje al pasado, la historia de otro mundo, también amenazado, que se entretiene en ensayar un experimento fundamental. Bien lejos de la intención de su director (orígenes aristocráticos, ideología marxista, típico currículum de un radical de izquierdas), *Cuba sí* se revela hoy en la pantalla con los rasgos pavorosos de quien ha captado, casi sin darse cuenta, las claves de una mutación que se propone como nuevo comienzo, como renacimiento nacional.

El otro gran «metraje cubano» de los años sesenta es *Salut les cubains*, un «film-hommage», creado a partir de 1.800 fotografías seleccionadas entre más de 4.000 que Agnès Varda tomó durante su viaje a Cuba en 1962. Con esta película completa un trayecto que va desde las imágenes mitológicas al «turismo fílmico revolucionario», un género que florecería durante las dos décadas siguientes y que terminaría reducido a una versión didáctica de la fotografía documental.

Estos supuestos «testimonios visuales» son una extraña mezcla de realismo, fotografía publicitaria, compromiso social, recuerdos (una tradición fotográfica del siglo XIX) de una cultura diferente... Las fotografías que «documentan» la Revolución cubana se alejan cada vez más del «hecho social» para insistir en los encantamientos del esteticismo. Por alguna especie de «milagro», Cuba se convirtió en el enorme laboratorio de un mito visual que ha estado produciendo significado a lo largo de cinco décadas. Cosa también de la fotografía: en el fondo, tal vez toda revolución no sea más que una técnica de montaje, un experimento con el tiempo.

Abril, 2011

# Adiós a la excepción

En uno de sus relatos más divertidos, Gianni Rodari imagina la historia de un barón nonagenario, muy rico y muy enfermo, que vive recluido en una isla y a quien un santón egipcio le confiesa un día el secreto de la inmortalidad: debe juntar a un grupo de personas que trabajen día y noche, por turnos, y que repitan su nombre de manera incesante, como un mantra.

La repetición de esas sílabas («Lam-ber-to, Lam-ber-to») por parte del equipo de personas especialmente contratadas para la tarea hace que en un plazo muy breve las veinticuatro dolencias mortales que afectan al anciano vayan desapareciendo. El secreto de los faraones se convierte así en un experimento inducido de regeneración, con hilarantes consecuencias, hasta que el sobrino del barón, harto de esperar por la herencia, decide atacar la villa y secuestrar a los repetidores.

No son pocas las asociaciones que pueden hacerse entre este divertimento literario y los penúltimos días del castrismo. Al fin, a sus noventa años, Fidel Castro ha muerto y un coro de repetidores luctuosos no deja de evocarlo en ensalmos carentes de significado real: su supervivencia biológica rebasó, sin duda, su muerte política. Se insiste una y otra vez en su estatura simbólica, su calado histórico, su legado. Pero para los cubanos, Fidel Castro era *otra cosa*, algo inseparable de nuestras propias vidas y forzosamente íntimo, incluso si pertenecemos a una generación que llegó cuando la Revolución ya estaba hecha: nosotros, los «hombres nuevos», decididos a «traicionar» con el grito de que el emperador estaba desnudo. Uno no debería hablar de su propia vida en esos términos grandilocuentes que hoy veo en muchos titulares. Por lógica retórica, el «periodismo del día después» tiende a normalizar la figura del déspota. Pero recordemos aquella advertencia de Octavio

Paz: el caudillo es siempre la excepción hecha gobierno. Lo que otros ven como conquista antiimperialista o símbolo mundial, los cubanos lo padecimos, en primer lugar, como la persona que decretó durante décadas una falta absoluta de libertades privadas y públicas. Hubo un altísimo precio a pagar por ese «símbolo», y creo que hay que ser cubano para entenderlo. Es decir, la supuesta «grandeza» de Fidel Castro se construyó a expensas de un legado histórico y de un país que enfrenta ahora el gran trauma de recuperar su postergada normalidad.

Cuando la primera plana del periódico *Granma* proclama, bajo una imagen multiplicada del tirano, que «Cuba es Fidel» no hace sino prolongar el gesto esencial de la ideología castrista, el que rige aún el *statu quo*. Ideologías aparte, esa sinonimia entre Fidel, Revolución, y el destino de la nación cubana es el verdadero –y nada edificante– legado del castrismo, que ahora pugna por mantener el control mientras instala a paso de tortuga un capitalismo autoritario de estado.

Hace años, la prensa y los politólogos habían puesto todas sus esperanzas en la supuesta «transición» cubana, una zona mediática en la que se mezclaban buenos deseos y burdas falsificaciones. Después se empezó a aceptar la evidencia de que la «transición» era más bien una «sucesión» bien prevista: en Cuba, el poder verdadero sigue siendo cosa de una familia. Repasando varias entradas del blog donde traté de mostrar ese proceso, me doy cuenta de la sorprendente alquimia propagandística que ha conseguido dar legitimidad internacional a un político mediocre y segundón como Raúl Castro, elevado ahora a la estatura de «General Presidente». Me doy cuenta, también, de cómo dejamos de creer en que los cubanos se quitarían ellos mismos el lastre de cinco décadas de autoritarismo. Poco a poco, los analistas empezaron trasladar sus esperanzas de cambio a sucesos que ya no tenían su epicentro en Cuba, sobre todo a las elecciones norteamericanas. Y ganó Obama, y pasó el tiempo y pasó, y fue a La Habana, y se «normalizaron» relaciones con Estados Unidos, y la transición cerró su compás de espera al tiempo que la sucesión se acompañó de la purga política más significativa y silenciosa de las últimas décadas.

Tras la desaparición política de todas las figuras en las que se habían depositado esperanzas de «renovación», el aparato del Estado y el Partido fue ocupado por pragmáticos leales y sin escrúpulos. Las nuevas figuras claves del actual proceso, semiocultas entre varios «hombres de paja», son familiares de Raúl: su hijo y su yerno. Ambas cosas, transición y sucesión, son ya eventos del pasado, acontecimientos cuyo efecto de novedad ha quedado agotado. En Cuba, todo lo que iba a pasar ya pasó. En su lugar tenemos ficciones periodísticas como «nueva política», «fin de la Guerra Fría», «proceso de apertura»... Sigue la represión contra los opositores, la economía se ha contraído, se dice que Internet llegará algún día a las casas... El castrismo ha quedado reducido a ese cascarón vacío cuyos índices de emigración son un amargo epitafio del Hombre Nuevo.

A la propaganda oficial le queda ahora apelar a un culto desmedido a la personalidad del déspota muerto, intentar su «conservación» casi mágica, engendrar réplicas de los órganos más desgastados de una vieja clase política por efecto de pura retórica. En el centro, un ejército de repetidores pronuncia una y otra vez el mágico apellido, ejercita ese ritual que apenas consigue disimular el gran fracaso de la más prolongada excepción política en Latinoamérica.

Noviembre, 2016

2.
ARTE

## Adrián Melis: el arte del no-trabajo y el trabajo del arte

Cuando en 1830 José Antonio Saco publicó sus recomendaciones para eliminar la vagancia en Cuba (su célebre *Memoria*) seguramente no imaginaba que dos siglos después la pereza seguiría siendo un tema de inquietante actualidad en la isla.

A principio del siglo XX, durante la República, abundaron los testimonios críticos sobre esta «enfermedad moral» del cubano que, según Emilio Roig de Leuchsenring, tendría sus raíces en la organización colonial del trabajo en dos castas incomunicadas: el que explota y el explotado, sin esperanzas de ascenso social. La vagancia sería en realidad una especie de picaresca defensiva, la respuesta privada a un sistema económico y social incapaz de garantizar un funcionamiento equilibrado de sus partes.

La implantación del sistema socialista como parte del experimento revolucionario iniciado en 1959 consagró antiguas y nuevas formas de improductividad. Pero si antes la vagancia era un fenómeno que se mostraba sin vergüenza en la plaza y en el espacio público, ahora debía enmascararse dentro del esquema de apicultura social y el culto propagandístico a la productividad. El ejercicio improductivo creció, entonces, acompañado del disimulo. Puede afirmarse que en los últimos cuarenta años los cubanos se han dedicado a refinar el ejercicio de no hacer nada, hasta el punto de convertirlo –literalmente– en un arte.

En un país donde nadie vive de su salario y la ilegalidad es norma de supervivencia cotidiana, el esfuerzo por evitar el trabajo productivo o sortear el absurdo de la economía estatal ha terminado convertido en preocupación del llamado arte conceptual, sobre todo en esa variante que Tania Bruguera ha bautizado «arte de conducta». Es el caso del joven artista Adrián Melis (La Habana,

1985) que convierte el *topos* cubano de la pereza en el tema de su obra, explorando de manera muy original el imaginario asociado a esta suerte de picaresca nacional.

El «arte sindicalista» de Melis, donde se cruzan el performance, el videoarte y lo conductual, se regodea en eso que en el argot cubano se denomina (en un alarde metafórico) «el invento», una serie de códigos de supervivencia dentro de un mundo esencialmente disfuncional pero rotundamente inmovilista.

Por ejemplo, para su obra *El valor de la ausencia* Melis se dedicó a comprar (y a grabar) una larga serie de excusas cubanas para el absentismo laboral. El precio de la excusa lo fijó a partir de los días que el empleado en cuestión conseguía no trabajar; por ejemplo, si usted llamaba a su empleador diciendo que se había hecho un esguince –y con eso conseguía que le dieran dos días sin trabajar–, el artista abonaba al voluntario el salario de esos dos día. Al grabar las llamadas que estos trabajadores hacían a su centro laboral para excusarse por no asistir al trabajo, Melis consiguió detallar una especie de «imaginario creativo de la excusa laboral».

En otra de sus obras «laborales», la instalación *Plan de producción de sueños para las empresas estatales en Cuba*, Melis ha recopilado 300 sueños escritos por los trabajadores tras dormirse durante el horario laboral por falta de motivación y aburrimiento. El fruto de ese ejercicio de improductividad (en descripciones transcritas o dibujos cuidadosamente empacados en unas cajas de tabaco) se convierte así en producto, presentado en estanterías cómo si de un archivo se tratase. Esta instalación, presentada por primera vez en la feria ARCO 2012, se acompaña de una serie de fotografías que ilustran el carácter procesual de la propuesta.

Así como la vagancia ha escoltado al socialismo cubano durante décadas, la llamada «actualización del modelo» tiene también un correlato omnipresente: la corrupción. Ante el fracaso de un sistema que «no funciona ni para nosotros mismos» (Fidel Castro *dixit*), el *raulismo* ha tenido que abrir la puerta a una serie de reformas económicas que pretenden implantar un nuevo esquema de productividad. Pero este reformismo controlado no ha podido prescindir de una nueva némesis, en variantes tan ubicuas como esquivas. Si Saco, ya en el siglo XIX, detallaba el contrapunto entre la vagancia y el culto al rápido beneficio producido por los juegos de azar, la sociedad cubana entra al siglo XXI amenazada por la práctica del beneficio adicional e instantáneo fuera de la ley. Una práctica generalizada e indispensable dentro de la nueva maquinaria del capitalismo de Estado «instantáneo».

No son pocos los analistas convencidos de que sin la corrupción el sistema cubano sencillamente colapsaría. Uno puede acercarse el fenómeno desde la perspectiva pedagógica y moralizadora del poder ciudadano pero corre el riesgo de limitar el alcance de un fenómeno a ciertos funcionarios o de ignorar por qué realmente el cubano no quiere cumplir con lo establecido. La realidad es que en Cuba los que practican y sostienen la corrupción son al mismo tiempo sus «víctimas»; el marco de la ilegalidad es sencillamente la manera de «resolver» todo aquello de lo que el Estado no consigue encargarse.

Esta paradoja inherente a nuestra realidad económica actual es el tema de otra de las obras de Melis denominada *Vigilia* y destinada a ilustrar el llamado «desvío de recursos». Haciendo uso de su relación con el vigilante de una carpintería en la que trabajaba, Melis robó una cantidad determinada de madera que luego empleó en la construcción de una posta de vigilancia en el propio centro.

«La posta» –según cuenta el artista– «fue situada en una zona favorable para el control de actividades de naturaleza similar al gesto que la creó, pudiendo ser empleada por el custodio con el que se negoció la extracción de la madera o por los otros que comparten esta función de vigilancia en las instalaciones de esta carpintería».

Se trata aquí de la ilustración perfecta de la naturaleza paradójica del «funcionamiento económico» en Cuba, y la erosión de la ética provocada por el ejercicio disfuncional de la sociedad y el carácter cada vez más abstracto de la ideología.

Ese gusto por lo paradójico recorre toda la obra de este artista conceptual cubano, que se adentra en los pliegues de lo social desde un arte no inocente pero tampoco «comprometido». La intención artística opera aquí como una forma de desvelamiento de la contradicción entre el individuo y su «medio», incitándolo a revelar informaciones y verdades en relación con su mundo de inconformidades –laborales o de otro tipo. El arte es concebido no sólo como discurso estético o simple manera de presentar el objeto artístico, sino como un campo de ambigüedad donde el ocio se mezcla con el imaginario social para producir sentidos inquietantes.

Febrero, 2012

# El trayecto cubano de Núria Guell

*Chica española se ofrece como esposa al cubano que le escriba la carta de amor más bonita del mundo.* En la tarjeta, la propuesta viene rematada por dos corazoncitos y una cenefa de lazos. Cuando se abre, aparecen las «Bases»: podrán participar los cubanos residentes en el país entre 25 y 35 años, y con certificado de soltería o divorcio vigentes; la carta deberá ser escrita por el interesado de su puño y letra; la destinataria seleccionará entre las cartas recibidas la que considere más bonita; el autor seleccionado será su futuro esposo; los gastos de la boda y el pasaje de ida a Barcelona serán asumidos por ella, más otros detalles legales...

Este singular concurso es la puerta de entrada del proyecto *Ayuda humanitaria*, de la artista catalana Núria Güell, que ha pasado varios años en la isla, primero como turista, y luego estudiando en la cátedra de Arte Conducta del ISA. Como podrán imaginar, tras repartir su solicitud Núria recibió docenas de cartas, que fueron juzgadas finalmente por tres «jineteras» locales. Después de identificar al ganador, vino la boda, el viaje de novios, la adaptación del emigrante a su nueva realidad, detallada en un diario... La propuesta de esta artista conceptual, presentada como un mero «intercambio de servicios», plantea un esquema interesante de provocación y reflexión que rebasa acciones similares en otros contextos (me viene ahora a la mente el caso de Maria Yoon, la «novia coreana»). Los temas habituales de Núria son la ética de la legalidad institucional, las estrategias de control y sus respuestas en mecanismos de conducta, así que Cuba es un lugar privilegiado para alguien que se divierte en «agujerear» la realidad creando escenas que alteran o ironizan sobre las tradicionales relaciones de poder en las sociedades contemporáneas.

*Ayuda humanitaria* es su obra «cubana» más reciente –y más atractiva, a mi juicio–, pero otras dos entre sus obras más importantes también tienen que ver con la realidad de la isla. La primera, que empezó en 2008 como ejercicio académico de la Cátedra Arte Conducta, se llama *Acceso a lo denegado*, y tuvo lugar en el 2008. A partir de la ley cubana que permite el acceso a internet desde una conexión doméstica para los extranjeros residentes y lo prohíbe a los ciudadanos cubanos, la artista creó un servicio para facilitar a varios cubanos el acceso a la Red desde sus hogares. A cambio de ese servicio, disponible por medio de unos códigos de acceso, los «clientes» locales debían proporcionarle otros códigos: conocimientos para «resolver», claves para que una turista pudiera comprender la realidad y desenvolverse eficazmente dentro de su nuevo contexto. «De esta manera» –detalla Núria– «el servicio se convertía en una plataforma de intercambio, posibilitando a los nacionales el acceso a la información y a servicios de comunicación con el exterior, y abasteciendo mi necesidad de información interna».

Son bastante curiosas las reacciones de la población ante el insólito anuncio del «pregonero de Internet» que puede verse en un video. La mayoría no sabe de qué se habla ni posee las condiciones para hacer uso de la tecnología negada. Y sin embargo, poco a poco la artista se fue creando un círculo de clientes –entre los cuáles, por cierto, había varios bloggers independientes cubanos.

La otra obra «cubana» de Núria se titula *Aportación de agentes del orden*, y surge de su experiencia como turista piropeada constantemente por los policías de La Habana. La artista se propuso entonces llevar a esos policías a la galería, «irrumpir» en su espacio más allá del acoso de los «agentes del orden» que oficialmente tienen prohibido relaciones íntimas con extranjeros en la isla. En sus palabras,

La estrategia para llevarlos a la galería se sustentó en el coqueteo, aprovechando todas las ocasiones que me decían cosas para seguirles el juego e intercambiar teléfonos. Cada uno de estos acercamientos y llamadas los documenté de forma oculta para luego mostrarlos en la exposición. Mi respuesta a su proposición de tener encuentros íntimos fue darles cita a la inauguración de la exposición, propiciando así el encuentro de los policías con la «investigación policial» de la que, sin saberlo, habían sido objeto. Las fotografías que documentan la exposición se han añadido a la pizarra cerrando así la investigación. Yo, por supuesto, no me presenté ese día, pero ellos pudieron verse reflejados en la «obra».

Se trata, como puede verse, de alguien que conoce los códigos habituales con que los cubanos se enfrentan a los turistas, pero también los códigos internos, esa especie de legalidad asumida o impuesta, que rige la sociedad cubana de forma más o menos visible.


II.

*Ayuda humanitaria* es un paso más allá. Hay una línea de sentido crítico claramente reconocible en esta obra conceptual: la que apunta, por supuesto, al paternalismo neocolonial con que el Primer Mundo mira a los países subdesarrollados o periféricos, y a la hipocresía que encubre ese discurso, ya criticada elocuentemente por teóricos como Agamben o Žižek. Pero en esta obra yo veo también una mirada irónica sobre otra contradicción, digamos interna, que recorre la sociedad cubana: esa especie de «doble moral amorosa», en la que conviven sin mayor contradicción el más idealizado de los romanticismos –la más cariñosa *labia chea*, para decirlo en cubano– con el descarnado y amoral pragmatismo o utilitarismo propio de la mentalidad «jinetera».

Muchos de esos cubanos le mandaron su carta a la artista catalana como el náufrago que lanza su mensaje al mundo en una botella: ese casamiento representaba, al mismo tiempo, un escape y una liberación. Pero incluso en esa situación límite hay evidencias de un donjuanismo ingenuo, que busca satisfacer la inextinguible necesidad de seducir con palabras «bonitas», con una «talla» adecuada y hasta conmovedora en ocasiones, dentro del marco kitsch con que se presenta. La paciente lectura de todas estas cartas, contenidas en el *Epistolario*-catálogo de la obra, revela una especie de neurosis nacional, en el sentido de una experiencia simultánea de necesidades divergentes donde el individuo no logra distinguir sus propias necesidades dominantes.

Está, en un nivel elemental, la carta que resultó «ganadora» («Te escribe tu jardinero, que sólo en su vida ha tratado de arrancar varias rosas»), francamente *chea* y por eso mismo, auténtica (el ganador ejercía de prostituto y proxeneta ocasional); está el que confiesa que tiene una novia japonesa (¡Mari Matsumoto!) y quiere reencontrarse con ella («Ahora posiblemente comprendas por qué empecé llamándote amiga, te estoy pidiendo ayuda para salvar mi amor...»); el que encabeza la carta a su «flor» con una fecha elocuente: «Año de la distancia pero no del olvido»; el cínico que transpira seguridad seductora mientras cita a Lord Byron («podría escribir mil poemas de amor basado en mentira...»); o el sociólogo objetivo («Mi nombre es Frandiolis y me he enterado de su mensaje y aunque cuando lo leí no estuve muy seguro de que haría esta carta porque para mí es complicado estar en una situación así debido a que la nota es de una chica no cubana y los cubanos no tenemos muchas posibilidades de viajar a otros países o comunicarnos por internet con personas de otro país...»); el que plagia a Lezama Lima y encamina su discurso por la «onda intelectualosa» («Repite conmigo: lo imposible al actuar sobre lo posible engendra un posible en el universo. Ahora puedo penetrar en ti. Ya sé que la única certeza nace en lo que nos rebasa...»)... Todo este espectro discursivo, este «nuevo discurso amoroso» del Cubano desesperado por «empatarse» con la Extranjera desde la seducción verbal es como un mapa sentimental en las actuales coordenadas sociales.

Lo más interesante de *Ayuda humanitaria* es mostrar un proceso donde se ensamblan, de manera complementaria y paradójica, estas dos actitudes –y aptitudes– del Cubano, personaje arquetípico capaz de elevarse a las alturas del idealismo romántico mientras encarna, al mismo tiempo, una suerte de maquiavelismo trasladado al amor. Radiografía de un país donde la moral está definitivamente, en otra parte.

Marzo, 2012

# LOS SIGNOS PROHIBIDOS

1.

El momento más divertido de la única película que llegó a filmar Caetano Veloso, *O Cinema Falado* (1986), es la escena en que la actriz Regina Casé parodia la gestualidad y expresión corporal de Fidel Castro. La burla, insertada dentro del extraño collage de un filme-ensayo vanguardista, marca un paréntesis cómico que alterna con citas de Heidegger, Guimarães Rosa, Thomas Mann, Gertrude Stein, escenas de baile y música popular, gramática visual del Cinema Novo, y toda una parafernalia de monólogos yuxtapuestos cuya idea fue sugerida, según la propia confesión de Caetano, por la novela de Guillermo Cabrera Infante, *Tres tristes tigres*.

Mostrar el habla como performance y abordar temas como la política, la sexualidad, el arte, el sentido de la vanguardia... son algunas de las pretensiones del filme, cuya recepción no estuvo a la altura de las expectativas de su director. Pero es curioso que dentro de ese arsenal de significados se haya reservado un lugar para la parodia del Ubú tropical, para mostrar las claves grotescas de su discurso, la esencia actoral de su rol político.

Se trata de algo excepcional en el mundo de la vanguardia latinoamericana, que durante mucho, demasiado tiempo ha venerado el capital simbólico de la Revolución cubana.

2.

Durante muchas décadas, la imagen de Fidel Castro y sus atributos fue uno de los tabúes del arte cubano. Cualquier tipo de parodia estaba prohibida, cualquier alusión era severamente censurada o castigada. Hasta finales de los años ochenta, ningún artista cubano se atrevió a mostrar la imagen explícita del dictador fuera de la sacralización propagandística o la alabanza del arte oficial.

Los símbolos y claves del poder eran un espacio reservado para la apología y la propaganda. Cuando en 1968 la pintora Antonia Eiriz exhibió en un Salón Nacional de Pintura su cuadro «Una tribuna para la paz democrática» (visión expresionista de un podio vacío con micrófonos entre rostros descarnadamente grotescos: «Pero esas caras que surgen como debajo de un puñetazo, / esos labios torcidos / que ni siquiera cubren la piedad de / una mancha, / esos trazos que aparecen de súbito / como viejas bribonas; / en realidad no existirían / si cada uno de nosotros no los metiera diariamente / en la cartera de Antonia Eiriz», escribió Heberto Padilla en *Fuera de juego*) recibió la respuesta casi inmediata de José Antonio Portuondo, acusándola públicamente de realizar un arte «no acorde a los principios revolucionarios». El efecto de aquellas palabras de uno de los comisarios culturales de la época fue devastador: alrededor de Eiriz se hizo un muro de silencio, y una de nuestras más grandes pintoras abandonó la enseñanza en 1969 y dejó de pintar durante más de veinte años. Al final terminó por emigrar a Miami, donde falleció de un infarto masivo en 1995.

A finales de los años ochenta esa situación comenzó a cambiar. Varios artistas (Arturo Cuenca, Carlos Cárdenas, José A. Toirac, Tomas Esson, René Francisco, Ponjuán, Pedro Álvarez, Juan Pablo Ballester…) consiguieron vencer las resistencias institucionales para acceder a los signos prohibidos y sortear la censura. En la llamada «Generación de los ochenta», como bien explica Osvaldo Sánchez, ego modernista llegó a competir con el poder connotador del Estado y ejerció por un tiempo cierto tipo irreverente de autoridad civil que no estuvo reñida con un intenso proceso de individualización.

Muchas veces sus obras se instalaban en un espacio de ambigüedad (los chistes de Carlos Cárdenas o a esas irónicas *Parábolas* de José Angel Toirac, donde la figura de Fidel Castro anuncia con desparpajo lo mismo la marca Canon que unos habanos (imágenes tan irónicas como proféticas: Fidel acabó siendo el comodín de varias agencias de publicidad: sirve lo mismo para publicitar una cerveza, una agencia de compraventa o un *steakhouse*). El extremo de esta lúdica ambigüedad ha sido bien explicado por Gerardo Mosquera a propósito de Aisar Jalil Martínez, cuyo parecido físico con Castro le permitió pintar unos autorretratos irreverentes cargados de doble sentido, de lo que nadie, incluida la crítica, se atrevía a hablar desde lo obvio para no ser acusado de proyectar su propia visión «politizada». El tropo, entonces, como forma de evasión.

Después llegó el exilio: una forma de liberar los discursos y los antiguos miedos. A la altura del 2007, cuando Glexis Novoa introduce a un doble de Fidel Castro en la expo *Killing Time* (Exit Art, Nueva York) y arma su performance «Honorary Guest» ya el espacio de ambigüedad es mínimo: lo que domina es la burla y el grotesco. Lo mismo con *Opus*, el video de Toirac que antologa las citas numéricas de Fidel Castro en una casi eterna letanía de cifras. La Vanguardia volvió a demostrar que Ubú puede ser materia dispuesta y significativa para el arte. El exorcismo se había consumado.


3.

Si en los ochenta el interlocutor era el Estado, a través de sus instituciones y mediadores, en la generación posterior —esa que Sánchez ha definido como «la generación jineta» y Gerardo Mosquera como «la mala yerba» (por su capacidad para proliferar en condiciones adversas)— lo que importa es hablarle al Mercado, más allá de las fronteras. La legitimidad está en otra parte: el Periodo Especial ha arrasado también con el valor de la obra. Para legitimarse hay que integrarse de manera postmoderna, reciclando los temas de los ochenta y diluyendo el proyecto moderno en un eclecticismo inane. De la ironía y la sátira pasamos al cinismo.

Ahora que ese mercado vuelve a aliarse con el Estado, se empieza a reproducir un tipo de censura mucho peor y más poderosa que aquella que trataron de esquivar los ochenta: por ejemplo, cuando el boletín digital Cuban Arts News, proyecto del inversionista, coleccionista y magnate Samuel L. Farber reproduce la lógica policial del Ministerio de Cultura cubano y evita aludir al performance frustrado de Tania Bruguera en la Plaza de la Revolución, *El susurro de Tatlin*; o cuando la revista *Art on Cuba*, concebida para el turismo norteamericano a la isla, sortea los temas más polémicos del discurso artístico está funcionando una alianza entre los intereses comerciales y los criterios de idoneidad política que habían sido retados en los años ochenta.

A propósito del reciente «*affaire* Tania Bruguera», también llama la atención ver a artistas célebres, intelectuales, incluso representantes de la otrora generación contestataria asumiendo como propia, o incluso concediéndole valor argumental, a la lógica de la policía política («Bueno, pero ella estaba advertida, ella sabía lo que le iba a pasar», primer paso antes de llegar al corolario que justifica no expresarse a favor de alguien censurado y vejado: «Ella se lo buscó»). Como si eso no definiera justamente una estética y una «filosofía del proceder» (Bajtín). Por supuesto que Tania sabía. Como también sabía Antonia Eiriz en 1968. Y como sabían los artistas de los ochenta. Tanto para el arte como para la vida importa defender el derecho del artista a cuestionar al poder político y retar a la censura. El saber moderno es también eso: saber crítico.

Que alguien como Luis Camnitzer diga que la situación de Bruguera retenida en Cuba no es tan mala porque todavía puede ir a visitar a Danilo Maldonado a la cárcel de Valle Grande hace que uno abrigue ideas oscuras para posibles acciones conceptuales, como dejar a Camnitzer sin abogado y sin pasaporte en algún país con sistema judicial y policial «a la cubana». Tampoco se entienden muy bien los elogios del *establishment* cultural a la «gran función cultural de la Bienal de La Habana» después de aquella obra de Yeny Casanueva y Alejandro González en la que se desmontaba la vigilancia de la Seguridad del Estado sobre varias personalidades de la cultura e instituciones que asistieron a la IX Bienal, en el 2006. Hoy la Bienal también forma parte de esa terrible confusión de Arte y Turismo, de la que tanto se burlaron los artistas de los ochenta.

Los artistas cubanos de la «generación jineta» –el término de Osvaldo Sánchez, que encuentro en su texto de 1995 para el catálogo de la expo «La isla posible», ha demostrado ser sumamente acertado y visionario– no van a solidarizarse con una artista acosada por la Seguridad del Estado porque eso no sólo implicaría represión y ostracismo ideológico sino también restricciones de mercado: los coleccionistas, las visitas de los turistas a sus estudios, las facilidades concedidas por el Estado para sus proyectos artísticos e inmobiliarios, sus permisos de viaje y sus prebendas fiscales. Esta maligna fusión de los instrumentos de poder comunistas y capitalistas es lo que domina el espacio supuestamente «post-ideológico» de la Cuba post 17 de diciembre de 2014.

Así, el podio de Bruguera en la Plaza de la Revolución quedó vacío, aunque por causas diferentes a las que mostraba la imagen de Eiriz a finales de los años Sesenta. A su alrededor se ha hecho un silencio clamoroso, que dice mucho de una maquinaria de control policial e institucional que todavía rige los destinos del arte cubano.


4.

Mientras el artista Nelson Domínguez inaugura una exposición de dibujos de Fidel Castro y se apresura a dejar claro su carácter de arquetipo: «dibujar a Fidel es dibujar a la historia [...] es dibujar la belleza», dejando claro que si Miguel Ángel estuviera vivo, «no hubiera hecho un David, sino un Fidel» o que «Fidel Castro debe ser recordado por su belleza física también, como el más grande Adonis de todos los jóvenes hermosos que ha tenido este proceso político»; o cuando Raúl Castro regala al Papa un cuadro de Kcho «que representa una gran cruz hecha con barcos y un niño que reza ante ella» uno no tiene más remedio que pensar en el tremendo retroceso crítico del criterio estético, e incluso, la vuelta a una etapa previa a los ochenta, cuando las estrategias del disenso y la irreverencia eran elementos legitimadores.

Muchos politólogos y críticos de arte suelen usar el término *postcastrismo* para describir esta última etapa del nihilismo cubano. Pero se trata de un postcastrismo sin parte de defunción. Tampoco artístico.

Dos cosas confluyen en este cadáver que se resiste a dejarse ver: la orfandad política del Pueblo y el tabú de la Muerte. Tal vez los cadáveres no sean cosa del Pueblo. Pero sí pueden ser cosa de artistas. O, al menos, lo han sido durante siglos. Mientras más espirituales son los artistas, más necesitan los cadáveres. El cadáver permite al artista rescatar un tiempo deshecho y, al mismo tiempo, burlarse de la muerte. O dicho de otra manera: mientras más un artista se llena de muerte, más la trasciende. Recordemos a Goya entre las pilas de fusilados en la Moncloa, a Rembrandt que asiste a las autopsias para sacar de ahí sus dos *Anatomías*, a David ante Marat recién apuñalado o a Caravaggio que convierte a una pobre mujer repescada en el Tíber en la Madre de Dios muerta. O a Grünewald. Por razones de evidente *Realpolitik*, el Pueblo cubano necesita vencer el Tabú y enfrentarse definitivamente al cadáver de Fidel Castro mientras se apresta a enterrar su legado político. Para el arte cubano, asumir esa necesidad colectiva de visualizar un cadáver podría representar un imperativo revitalizador.

Después de la Revolución, varios artistas cubanos rondaron, por ejemplo, el cadáver de Martí. Hay resultados notables, como aquel Apóstol agonizante de Elso. Una buena parte de nuestro arte pop sacó abundantes réditos de una imagen sublimada del Che, un icono que nunca hubiera podido «procesarse» en vida del guerrillero. Y ahí están los ochenta, que muestran lo mejor de nuestro instinto desacralizador. Pero ningún representante de las tres generaciones que hoy conviven en el arte cubano se atreve a pintar el cadáver del Comandante en Jefe.

Sólo un artista marginal, Danilo Maldonado, ha recogido el testigo de este espíritu burlón con una obra frustrada que, sin embargo, es mucho más creativa en su literalidad que los tropos elegiacos de los artistas oficiales.

Soltar en el Parque Central de La Habana dos cerdos engrasados que llevan los nombres de Raúl y Fidel no sólo es una acción llena de humor blasfemo, sino también un proyecto que agrupa un conjunto de significados desacralizadores que ya parecen parte de un archivo olvidado. Podemos imaginar el espectáculo de aquella *kermesse*, donde los ciudadanos correrían en busca de sus esquivos animales (un animal simbólico en la cultura cubana: salvación para el hambre y chivo expiatorio al mismo tiempo). O el dilema de darle, sin querer, un significado político al sacrificio del cerdo, ese ritual nacional. Pero Danilo Maldonado, El Sexto, está hoy en la cárcel de Valle Grande por culpa de unos cerdos llamados Fidel y Raúl.

Julio, 2015

3.
LETRAS

# Un escándalo canónico

Jesús Barquet y Norberto Codina, (eds.) (2002): *Poesía cubana del siglo XX*
México: Fondo de Cultura Económica, 556 pp.

Jorge Fornet y Carlos Espinosa Domínguez (eds.) (2002): *Cuento cubano del siglo XX*
México: Fondo de Cultura Económica, 392 pp.

Rafael Hernández y Rafael Rojas (eds.) (2002): *Ensayo cubano del siglo XX*
México: Fondo de Cultura Económica, 738 pp.

Dos tipos de objeciones suelen acompañar a las antologías literarias. La más simple y frecuente: que al separar la paja del trigo, los antologadores no consigan dar pruebas de talento o disimular su rencor con un mínimo de conocimiento y buen gusto. Sería equívoco confundir esas limitaciones con el puñado de prejuicios que toda antología clava en la escena literaria como un pendón de guerra: toda crítica procede por eliminación y cualquier lista tiene algo de apuesta, más fiable cuanto más sólidas sean sus razones discriminatorias. Acecha, luego, el fantasma de la inconsistencia; si la recopilación que propone el decálogo excluyente se muestra incapaz de cumplirlo al pie de la letra y acaba por zozobrar en su arbitrariedad.

No resulta difícil encontrar en la literatura cubana antologías gravadas con uno de estos lastres. Más raro es topar con alguna que, como los tomos editados por el FCE, incurra en ambos vicios con similar desparpajo y se acompañe de justificaciones que rozan el escándalo editorial. Aunque este escándalo lleva sordina. Hace días llegaron a mi buzón electrónico unas curiosas cartas, privadas o semiprivadas, que tenían la apariencia de una polémica literaria. Apariencia, digo, porque hasta ahora esas razones sólo han circulado en incendiarios *e-mails*. Al limitarse a ese cruce de opiniones, la posible polémica queda cubierta por un equívoco manto *salonnière*, se confunde con los resquemores curriculares en detrimento del debate público. Síntoma preocupante de una «república de las letras» donde las ruinas suelen disfrazarse de renacimiento.

Algunos polemistas protestan, con razón, su ausencia en estos tomos. Los antologadores dicen y desdicen. Se trata, ante todo, de una discusión política: sobre cómo los escritores encargados (por razones no exentas de sospecha) de este ordenamiento canónico han usado normas que tienen poco que ver con la literatura. De la manera, también, en que intelectuales del exilio se prestan a esa manipulación para ver reconocida su carrera por una editorial prestigiosa que los designa *primus inter pares*, árbitros dentro del mismo terreno de juego. La zurdería más evidente de estos tres libros: soslayar a toda una generación de escritores cubanos. Me corrijo: a toda una generación menos un ensayista y dos poetas. Fuera de ellos, y por una de esas raras coincidencias que disculpan nuestra paranoia, el siglo XX de estas antologías termina en 1979.

Por supuesto, los responsables no aceptan que han jugado el papel de censores y prefieren hablar de polémicas generacionales o estéticas. Acuden al argumento de la «calidad literaria», a la apología de los clásicos y al amasiato incongruente («adentro»+«afuera») por el que estos volúmenes intentan presentarse como acogida «oficial» del exilio histórico en la historia literaria cubana. Si así fuera, habría que lamentar que el criterio de acceso al canon tuviera demasiado que ver con la política. Pero tampoco en ese abrazo simbólico estas recopilaciones resultan creíbles: ausentes siguen Guillermo Cabrera Infante y Heberto Padilla, dos figuras emblemáticas e indiscutibles de la literatura del exilio. (No aparecen porque no quieren, argumentan los antologadores. ¿Por qué no querrán?, es la pregunta que nadie responde en un aire viciado de sobreentendidos).

A cambio de ilustres ausentes como Severo Sarduy, la recopilación de poesía nos regala una pléyade de poetisas de lírica deslavazada, titilantes en los cenáculos académicos del exilio. También está José Pérez Olivares, imitador de un libro de Eliseo Diego. Visto a vuelo de pájaro, este florilegio resulta el peor de los tres. Y la razón (o sinrazón) de ello es la más sencilla de las mencionadas: tanto Barquet como Codina son poetas mediocres, aquejados de tradicionalismo y miopía histórica. Ya lo hace notar Antonio José Ponte, uno de los excluidos, en su atendible carta de protesta: la obra poética de Codina (escasa y prescindible) no amerita su condición de juez; la de crítico literario no se encuentra por ninguna parte. El propio Ponte revela la extraña aritmética literaria del antologador: «Ha puesto diecitantos poemas (breves) de Boti por cinco o seis (largos) de Lezama. Desconfía de lo sucinto o hace equivaler cinco metros cuadrados de Boti a cinco metros cuadrados de Lezama. Y, con este ejemplo, ya está dicho casi todo acerca de su agudeza». Agreguemos otro cálculo que compromete a Barquet: Lezama o Eliseo Diego tienen menos poemas incluidos que Rita Geada, de quien no me resisto a citar dos versos ejemplares: «Inusitadamente a Nueva Inglaterra he regresado / con el inquieto mar aún en las retinas».

Una malsana curiosidad me hizo dedicar varias horas a reflexionar sobre los ocho (¡!) criterios («genealógico», «métrico-formal», «antiestereotipador», etcétera) expuestos en el prólogo. Ninguno aporta razones de peso para excluir al grupo de poetas conocido como «Generación de los ochenta», a quienes primero se les reprocha haber «enterrado vivos –en ocasiones injustamente– a ciertos maestros» (¿?) y luego se les deporta a una antología de la poesía cubana del siglo XXI. Lo cual, además de *dictum* ideológico, es claro síntoma de ceguera estética. Como prueba de inconsistencia excluyente, quedan Sigfredo Ariel y Damaris Calderón, solitaria (y distinguida) pareja en un salón ajeno.

Más allá de las cábalas personales, la lista de ausentes es tan escandalosa que Víctor Fowler, otro de los corresponsales de la «polémica» habanera, achaca a los compiladores la voluntad de «borrar de la poesía cubana post-59 toda voluntad experimental para volvernos reos de una anciana batalla entre conversacionales e imaginales, violentos y exquisitos». Puede agregarse poco, salvo una recomendación: si el lector quiere una lectura objetiva de la poesía cubana de este siglo, lo mejor será que acuda a cualquier otra antología, entre el medio centenar publicadas este último quinquenio.

Tenemos luego el tomo de cuentos, más orgánico aunque de espíritu discutible. De los 37 autores, algunos parecen inclusiones pactadas en los pasillos de la Unión de Escritores (Miguel Mejides o Francisco López Sacha); otros (Humberto Arenal y Julio Matas) encajarían mejor en una antología de dramaturgos; unos terceros (Reinaldo Montero o Carlos Victoria) no demuestran en los textos incluidos la calidad que les atribuye la crítica. En resumen, este reseñista se confiesa agobiado por la sensación de enfrentarse a un volumen carente de criterio agonista, donde conviven Virgilio Piñera y Mirta Yáñez, Alejo Carpentier y Julio E. Miranda, Lino Novás Calvo y Senel Paz.

De nuevo choca la discutible exclusión de los *novísimos*, justificada con los modales, un tanto apresurados, de quien pone la venda antes de la herida. Espinosa y Fornet usaron la sierra mecánica porque consideran, con agudeza inigualable, que las preocupaciones de los nuevos cuentistas «son de otra época»:

> Nacidos a la literatura en los años noventa, cuando del muro de Berlín sólo quedaban escombros e imágenes fantasmales, en medio de una profunda crisis conocida como Periodo Especial, no parecen desencantarse de nada, porque nunca llegaron a escribir obras marcadas por el encanto. La

mayor parte de ellos realiza, más bien, una literatura postrevolucionaria, en el sentido de que la historia y el destino de la Revolución misma no parecen preocuparles.

¿Era ésta una antología del hipnotismo revolucionario? Haberlo anunciado en portada y nos hubiéramos ahorrado los 150 pesos. Repasadas sus últimas páginas, parece que ninguno de nuestros cuentistas haya leído a Cortázar o a Onetti. Porque, como se ha dicho muchas veces, son algunos autores de la última generación quienes proponen una ruptura en este canon viciado por el realismo. Dejando a un lado las discutibles virtudes de la llamada «narrativa de la violencia» (Heras León, Norberto Fuentes, Jesús Díaz; literatura de filiación testimonial, obsesionada por la épica, es decir, empobrecida de entrada), tenemos dos décadas (sesenta y setenta) armadas con fórmulas de taller literario, congeladas en el estilo ojeroso del didactismo. Desde Piñera y hasta los *novísimos*, el cuento cubano sobrevive con mala conciencia de sí mismo, incapaz de mostrar un Carver entre tantos epígonos tropicales de Hemingway. Salvemos la excepción que confirma la regla (sólo Miguel Collazo saca la cabeza de ese magma de dialogismo ideosincrático) y citemos, para alegrarnos, a un par de excluidos: Rolando Sánchez Mejías y José Manuel Prieto. El primero introduce en la ficción reciente un corte radical que afecta no sólo los modos de escritura, sino también las conexiones con la tradición. En cuanto a Prieto, es la mejor prueba de que no hace falta escribir diez libros para volverse indispensable en un canon expoliado por la crítica provinciana. Los relatos de *Nunca antes habías visto el rojo* (reeditado por Tusquets como *El tartamudo y la rusa*) nos recuerdan lo que olvidaron estos compiladores: el cuento cubano no necesita pasar por el corsé de «lo nacional» para entrar en antologías definitivas.

Llegamos, entonces, al volumen de ensayos: un caso especial. Pues para Rafael Rojas no valen los reproches anteriores. Por su sagacidad como crítico de la cultura cubana, Rojas era la persona más indicada para hacer esta recopilación. Por razones que escapan a la comprensión de este reseñista, ha terminado firmando, junto al oficialísimo Rafael Hernández, un engendro cuestionable. Al intuir que algo huele mal en este asunto, el prólogo intenta descargarse, sin mucho éxito, de obligaciones canónicas y nos dice que estamos ante un simple «muestrario», más «poliédrico» que las otras dos antologías del ensayo en Cuba. Bajo el disfraz vergonzante de este esbozo canónico, persisten profundas dudas sobre los criterios de la selección. En primer lugar, lo que se entiende por ensayo, qué territorios abarca ese género en un país como Cuba, donde Montaigne se ve obligado a competir con el yo colectivo y las preocupaciones fundacionales. ¿Qué ha pasado con la experiencia introspectiva que define al género? La respuesta no aparece por ninguna parte. A cambio, se nos advierte que «no basta con saber escribir y entregar una reflexión personal». Y que «no todos los buenos narradores, poetas, filósofos, críticos artísticos o literarios, son capaces, más allá de su buena pluma o sus atinadas observaciones puntuales sobre una determinada obra, de conseguir originalidad y profundidad de ideas, o trascender más allá (sic) de un cuerpo doctrinal establecido». Zumbarán esas palabras en los oídos de quienes esperábamos una antología literaria. Y más cuando tras lamentar las ausencias de Lamar Schweyer, Llés, Figueras, Piñera o Casey hay que tragarse a Marinello, Portuondo o Mirta Aguirre.

Se echa en falta que esta antología no haya copiado, por ejemplo, el modelo de *The Best American Essays of the Century,* donde Joyce Carol Oates repasa, año por año, un gran cúmulo de publicaciones y escoge sin descuidar la médula del género: la experiencia personal desplazada al terreno de una tradición (no necesariamente nacionalista) o a un campo de ideas (no necesariamente actuales). Comenzar con el elogio del «centauro de los géneros» para después entregarnos la suma de un percherón añoso con el pegaso Lezama parece más un *travelling* académico que una revisión intelectual. Tal vez este libro cumpla con «dar cuenta de la riqueza del proceso de las ideas en el campo de la cultura durante los últimos cien años». Pero es más discutible que muestre la espiral de nuestra ensayística, un proceso literario donde no vale considerar al periodismo campo de «lo episódico o lo efímero».

Resalta, una vez más, el ninguneo de la última generación. De Rafael Hernández podía esperarse lo peor. Pero, ¿por qué Rojas se prestó para esta exclusión de sus cofrades, a quienes otras veces ha reconocidos como intelectuales imprescindibles, o al menos originales? El caso, por ejemplo, de Iván de la Nuez, cuya obra tiene la indiscutible virtud de colocar la primera persona en el centro de la escritura y devolverle al ensayo cubano un territorio colonizado por el nacionalismo ramplón. Otra ausencia escandalosa: la de Antonio José Ponte, cuyo último libro de ensayos vale por todos los que ha publicado (y publicará) un crítico tan gris como Ambrosio Fornet. Incluso Fowler, a quien no se podrá acusar de tendencioso, denuncia lo que hay tras estas listas: «Es un error demasiado de bulto (y, en este caso, de una lastimosa trascendencia política) como para no suponer que se trata de una exclusión voluntaria y planificada. [...] Queda la sensación de que sólo el hecho de no ser textos "correctos" justifica la elección».

Como resultado de tantas ausencias y ambigüedades, la última parte de esta antología resulta una suma de despropósitos. ¿Quién ha escrito mejores ensayos literarios, Antón Arrufat o Luisa Campuzano? ¿Son canónicas las «miradas de género»? ¿Puede compensarse la ausencia de un texto como «Hacia una comprensión total del XIX» de Calvert Casey con la lectura marxistoide de Jorge Ibarra? Si en los predios de la crítica de arte se incluye a Mosquera, ¿por qué no figura Osvaldo Sánchez? ¿Dónde están los ensayos de Emma Álvarez Tabío, Pedro Marqués de Armas, Rolando Sánchez Mejías y el propio Rafael Rojas?

Alguien debería contestar estas preguntas, aunque sólo fuera para devolvernos la más elemental de las cronologías: un siglo que prescinda de anteojeras políticas y no se abarate en amagos de teoría literaria.

Marzo, 2003

# Sobre *La ninfa inconstante*, de Guillermo Cabrera Infante

Hace más de diez años, la revista *Vuelta* publicó una reseña mía de *Ella cantaba boleros* en la que me atreví a criticar el reciclaje editorial al que Cabrera Infante había condenado a sus lectores desde mediados de los años ochenta. Aunque la reseña era el ejercicio de un admirador, o más bien, la queja de un purista que reclamaba al autor y a su editorial por obligarnos a leer por partes dos novelas ya publicadas y a mi juicio perfectas, a Cabrera mi nota no le cayó nada bien. Alguna gente se le quejó en su nombre a Octavio Paz, y para colmo, la sucursal mexicana de Alfaguara amenazó con sacar su publicidad de la revista. Resultado: me pasé como seis meses «castigado», en el limbo al que iban a parar los críticos más díscolos de la hoy legendaria publicación mexicana.

En aquel momento, alguna gente también objetó mi nota con razones literarias: a un escritor cuyos tonos dominantes eran la parodia, la cita y el pastiche era absurdo exigirle que no dictara su propia metaliteratura, que no jugara a recomponer fragmentos de sus libros en un legítimo *work-in-backness* –que hacía feliz, además, a sus agentes y editores. Aquellos críticos leían una obra como quien disecciona un cadáver, listo para el *copy&paste*, el arte de la combinatoria, las antologías temáticas y demás *infantiadas*.

Desde aquel episodio, me quedé con la impresión (o el resabio) de que Cabrera Infante ya había dejado escrito en dos libros clásicos (*La Habana para un infante difunto* y *Tres tristes tigres)* todo lo que tenía que aportar al arte de la novela. La suya era una obra cerrada, y –como he dicho antes–, sin ningún heredero visible.

De ahí mi desconfianza ante la noticia de varias novelas inéditas, que aguardaban en un cajón londinense su revisión definitiva. En una literatura como la cubana, con tan pocas obras maestras póstumas, la metáfora del *skeleton in the cupboard* suele disfrazar la maldición de la esterilidad: ¿de qué podría hablar Cabrera Infante, después de haber cumplido su ejemplar trayecto, vital y literario? No había, no podía haber, revelación póstuma que igualase sus mejores libros, tras los cuales se vislumbraba un mundo y un lenguaje perdidos, que parecían irrecuperables tras un exilio de tres décadas.

Pero los grandes escritores son grandes, entre otras cosas, por su capacidad para escapar a todas las predicciones críticas, incluso a las más razonables. He terminado de leer *La ninfa inconstante* con la incómoda sensación de que le debía una disculpa a Cabrera Infante, la disculpa del escéptico que no tiene más remedio que rendirse ante la evidencia de una nueva obra maestra. Puro trabajo de memoria, nueva saga en la que vuelven a mezclarse los grandes temas del escritor (el amor, la ciudad, la música, el cine), trama perfecta y, por supuesto, original.

La sinopsis: un narrador que sólo puede ser aquel que imaginamos conoce una tarde de junio de 1957 a una rubia («una rubita», más bien) que ha ido a pedir trabajo a una de las muchas oficinas de La Rampa. Es un encuentro fugaz, una visión punteada por un par de frases insignificantes, pero deja una impresión tan definitiva que el narrador, a mitad del camino de su jornada habitual, abandona a su inseparable Branly y decide regresar en pos de una cita romántica. La consigue, se empiezan a ver, lo cual quiere decir, a esconder; ella le propone que mate a su madre, él se niega. Es una pasión con tintes de novela negra, el itinerario de un *nympholeptos*, un cazador cazado que se sumerge poco a poco en ese elemento acuático y devorador que identifica a las ninfas mitológicas.

El día que Estela Morris (esa Estelita que rima con Lolita y que tanto nos recuerda el personaje del cuento «Ostras interrogadas») cumple los dieciséis años que marcan su mayoría de edad, el cazador y su presa se van a una posada, y a partir de entonces todo es fuga. Ella se ha escapado de casa; él abandona a su esposa y casi comienza una vida nueva, hecha de seguimientos, citas y celos. Mientras, en segundo plano (toda la trama es cinematográfica, aunque con diálogos que no avalaría ningún productor en sus cabales) desfila toda la Habana de la época: la Rampa deslumbrante, donde yace varado, como una gran ballena de concreto, el edificio de Radiocentro; la redacción de *Carteles*; los horóscopos del profesor Carbell; fondas y restaurantes; los boleros eternos; la publicidad; casas de citas convertidas en cazas de citas y la política devenida ruido de fondo.

Luego, tenemos el desamor; o más bien, esa forma de desamor provocada por el descubrimiento de una personalidad que encarna el más absoluto e inane de los nihilismos, ese que sólo puede brotar de una ninfa con dieciséis años recién cumplidos. Hay también unos diálogos milimétricamente sincronizados que reflejan el funcionamiento oral (en el vacío) de un aspirante a escritor, un *perpetuum mobile* lingüístico, una cadena interminable de citas fabricadas para la amada, que es bruta como una tapia y se siente apabullada ante el afán por el divertimento, que ella confunde con la alta cultura «de veras».

Hay momentos de esta trama que me recordaron la historia de Sergio Corrieri, el protagonista de *Memorias del subdesarrollo*, y su aventura con la jovencísima Elena (ese personaje que interpreta Daisy Granados en la película). Y no sólo por el entorno bullicioso de La Rampa, sino también por el estupor del amante frente a la ninfa, personaje peligroso, como se verá a la larga. (Curiosamente, Titón y su esposa, Olga Andreu, aparecen con sus nombres en una de las escenas de esta novela, llena de claves pero ajena a los pseudónimos porque está escrita desde la posteridad, desde el recuerdo de unos muertos, incluyendo a la Estela protagonista, a los que ya nada podría hacerles daño). Otra de las claves de la protagonista la da el narrador, cuando nos dice que le recuerda a la Julieta de *Y Dios creó a la mujer*, la película de Roger Vadim.

Ninfa y cazador, rodeados de inolvidables personajes secundarios y oportunas digresiones, pasean por La Habana como piezas de un juego de *go*; una mirada retrospectiva (la que el narrador desencadena al enterarse de la muerte de su personaje) los convierte en piezas de un destino, que es una de las palabras clave de ese juego. Así, la novela es también una reflexión lúdica sobre los poderes de la memoria y el peso de un momento que a veces puede cambiar una vida para siempre.

Luego vendrá el final del capricho, los reencuentros, la desaparición de Estela y su reaparición como lesbiana con más vocabulario, en unos diálogos que parecen una mezcla de Maupassant con Antonioni.

La estela de Estelita, un amor de tres meses y un recuerdo de toda una vida, da para mucho, hasta para una interesante reflexión confesional sobre el peso de la memoria en un país mestizo:

> Participo de la paranoia nacional y aun de la esquizofrenia nativa de haber sido un país esclavista que se convirtió en una nación mulata con el negro como recuerdo del esclavo: el país se hizo todo mestizo. Hay una frase acerca de la identidad racial que pregunta: «Y tu abuela, ¿dónde está?», inquiriendo sobre la raza no sólo del cuestionado sino del que pregunta: la abuela nacional es la escondida. Lo peligroso del esclavo es que puede llegar a liberarse. Lo peligroso del cubano es que es un esclavo liberado.

«Todo pasa en el recuerdo», dice el narrador, casi al final del libro. Y esa frase, bífida en su polisemia, es también la clave de la novela. La ninfa ha sido siempre el heraldo de una forma de conocimiento, tan antigua como riesgosa: la posesión. Amor intermitente, perpetuo coito interrumpido por fuegos verbales de artificio. Vista desde el exilio, desde la bruma londinense que despierta el recuerdo de la ciudad perdida, la ninfa es también el vehículo de una recuperación casi milagrosa, que vence a la muerte y nos devuelve a uno de nuestros más grandes escritores en estado puro.

Septiembre, 2008

# Tres notas sobre Cintio Vitier

## Una meditación fúnebre

I.

La muerte de Cintio Vitier traslada a una escena de duelo las dudas de toda mi generación (o casi) sobre la herencia del grupo *Orígenes*. Marca, sin duda, el final de algo, y es probable que su velorio venga a engrosar la mistificación que comenzó en la década de los noventa, cuando Vitier aceptó convertirse en el nuevo ideólogo –o padre fundador– de la política cultural preconizada por dos ministros: Armando Hart, primero, y Abel Prieto, después.

Por supuesto, cualquier conocedor de la cultura cubana no puede dejar de sentir una sensación de orfandad. Vitier fue el último de nuestros grandes críticos literarios, y su obra, como la de Lezama o Piñera, es una referencia indispensable en el siglo XX cubano. Pero está el otro Vitier, ese predicador en que se convirtió durante los últimos años de su vida, empeñado en hablar de un país que cada vez comprendía menos, tratando de dar sentido a los restos de nuestro fracaso político.

No se trata sólo de la mentira (desde la falsificación biográfica hasta la mitologización política), de esa muy criticada *vulgata* para tiempos de reafirmación patriotera, de la emoción con que uno de nuestros más grandes intelectuales definía una dictadura como el advenimiento del Ser encarnado («Tampoco puedes renunciar a los momentos, como fue aquel de enero de 1959, en que el Ser asoma. Sencillamente asoma, no se establece, pero asoma. Y es una compañía muy grata. Es algo que se siente, que no puede convertirse en dogma, en doctrina; y que lo siente el letrado y el iletrado»); de su cómoda condición de nuevo intelectual orgánico, iluminado por el *revival* del nacionalismo mesiánico.

Es algo más profundo, que tiene que ver con la disyuntiva del intelectual ante una realidad miserable que lo obliga a suspirar por un bistec o a pasar las tardes en una famosa *paladar* –intervenida. No querer ver esa realidad. Escapar por la vía de la sublimación patriótica. Y convertirse entonces en el solícito cortesano ideológico de un régimen en crisis, que veinte años antes había marginado el mismo cuerpo doctrinal que Vitier proponía para sustituir un marxismo defasado.

La muerte de Cintio Vitier debería ser el comienzo del fin de las manipulaciones de la memoria cubana. Cuando acabe ese proceso, seguirá ocupando un lugar. Pero nada peor que consagrar en ceremonias y honras fúnebres lo nefasto de su herencia y olvidar sus verdaderas virtudes. Para rescatar al intelectual y enterrar al converso lo primero es leer a Vitier.


II.

Debemos a la imaginería de la naciente República esa ambigua representación de la Isla en femenino: de un lado esa mujer sensual que se exhibe en algunas marquillas de tabacos, la Patria como una dama voluptuosa, envuelta con desenfado en su túnica romana y tocada con un coqueto gorro frigio. Del otro lado, una matrona adusta, la protagonista del duelo cubano, ese fantasma que en algunos poemas de Martí o en ciertos párrafos de Lezama se emparenta a la Parca. Jano patriótico, esta diosa ambivalente hace esporádicas, pero interesantes apariciones en nuestro imaginario poético.

Por ejemplo, en Vitier. La *Dama Pobreza* que da título a uno de sus libros de poesía es una traducción criolla de la Madonna Povertà de San Francisco de Asís. Tal vez sea también una alusión al gineceo que Martí consagró en sus peripecias poéticas y patrióticas. Del misticismo martiano, de su traje negro y raído, del anillo hecho con su grillete, Vitier dedujo una filosofía de la pobreza, traducida «poéticamente» como una reducción intencional de los recursos y los sentidos, una especie de conservadurismo poético.

Un conservadurismo que no puede ser juzgado simplemente como «católico». Vitier siempre se ha vanagloriado de que *Orígenes* vinculó venturosamente paganismo y cristianismo. En su *Poética* está la clave de esa conversión: una lectura agustiniana de la Mnemósine griega. Para el católico Vitier, el paganismo poético está obligado a ser la antesala de la gracia, un chispazo que ilumina, como el fanal virgiliano, la noche oscura de los místicos. Esa mística insular ha dejado algunos poemas memorables: «Oración y meditación de la noche», de Ángel Gaztelu; «San Juan de Patmos ante la Puerta Latina», de Lezama; «Saúl sobre su espada», de Gastón Baquero; «Transfiguración de Jesús en el Monte», de Fina García Marruz… en los que una catolicidad abierta e incorporativa (San Juan, Vallejo, Du Bos, Pascal, Chesterton, Milosz) encuentra su expresión más concentrada.

También en *Dama pobreza* se puede comprobar la distancia que separa a Vitier de la vanguardia y su particular lectura del Siglo de Oro español. Hay incluso dos poemas confesamente conservadores, sin duda, los menos logrados del libro por su afán declarativo: «Películas, rock» («Mirémonos mirando una bandita / de falsos delincuentes, falso harapo: / su arte consiste en no tenerlo, chillan / los aparatos de impotencia fría / entre el humo infernal de pacotilla, / como audio nos usan, nos escupen»). y «Repaso de las formas», donde se repite el gesto compilatorio de Julián del Casal, pero con la intención opuesta, despojado de la afición modernista por la novedad: «De la pintura las Meninas bastan, / su genio giratorio ha compilado/ talleres de hilanderas a los pies / de los dioses, y Dios las acompaña / invisible, pintado en otra tela. / Mi Museo ideal aquí termina / donde empieza la música y Watteau / me mira serio levitando Gilles / en un libro de estampas polvoriento».

*Dama pobreza* basta para entender que lo único que une a Vitier con la tradición poética contemporánea es su admiración por Rimbaud, a quien ha traducido bastante bien. Lo «rimbaudiano» según Vitier es la suma del revolucionario y el vidente, una mística moderna. Pero la lectura «revolucionaria» que Cintio hace de Rimbaud (en la que pesa demasiado el Rimbaud-Cristo de Jacques Rivière) difiere de aquella que hizo Lezama, en la que describe a Rimbaud como un descendiente de los ectipos, «hombres fuera de clase y pertenecientes a los periodos previos al estado, al periodo de los cazadores y los raptos, de las migraciones y del goce sensual de los metales y las pieles...». Rimbaud –como Villon o como el nietzcheano príncipe Vogelfrei– sería para Lezama un nómada radical que gustaba de perderse «en el azar de las grandes extensiones». «Hoy el poeta –escribe Lezama en 1959– para alegar su pertenencia a una clase, su huida del estado y su regalía del nomadismo tiene que formar otra clase sagrada, ir más allá del estado».

III.

Cintio Vitier no consiguió ir más allá del Estado. Toda su obra reciente tiene la desagradable carga de la santurronería y la falsificación. En los últimos tiempos lo mismo le mandaba un mensaje a Fidel Castro alabando su «extraordinaria obra cultural y educativa» que dedicaba una serie de sonetos a los Cinco Espías. Firmaba cualquier carta que le mandara la UNEAC. Ignoraba a sus viejos amigos, se ignoraba a sí mismo y su pasado de ostracismo. El resultado es una necrológica oficial donde consta que «entregó su talento y su voz a los nuevos tiempos de la patria».

Siempre gozó de crédito, no sólo por su profunda erudición en asuntos cubanos, sino por su habilidad para evitar asuntos escabrosos. Pero hizo declaraciones lamentables sobre la realidad que padecían –y padecen– los cubanos. En algún momento debe haber vislumbrado que el camino de la duda y la crítica no lo conduciría más allá del escolio literario. Un *origenista* no podía resignarse a entrar en el canon como un simple crítico literario. Así que se dedicó a venerar la Poesía y a dar forma a una suerte de teleología nacionalista que acabó sirviendo de material para círculos de estudio.

Sin embargo, la influencia intelectual de Vitier se ha debilitado en los últimos años. Hay numerosos episodios del «ajuste de cuentas» de los nuevos críticos cubanos, más o menos descarnados, pero, a mi juicio, más interesantes que la veneración indiferente que se le ha dedicado en los salones de la isla, donde sus escasos discípulos incurren a menudo en la ñoñería y la ridiculez de asumir como propio un conservadurismo prestado. La «isla infinita» convertida en el telón que oculta la isla real.

No puede decirse que Vitier sea completamente ajeno a este destino. Lo más triste que puede hacer un crítico literario es renunciar a su condición, humillarse ante la historia, marginar la literatura dándole un papel ancilar, renunciar a sus dotes para confiar su trabajo a otros actores. Por miedo o por convicción, eso fue lo que hizo Cintio Vitier. En una encuesta de *La Gaceta de Cuba* (julio de 1969), recogida luego en *Crítica cubana*, cuando se le pregunta por la crítica en Cuba, Vitier afirma que en la isla «buena parte de la creación producida desde el 59 se resuelve en crítica del pasado y que el proceso revolucionario (incluso respecto de sí mismo) es de esencia crítica». Para cerrar luego con una frase que suena como su terrible y verdadera necrológica como intelectual: «Sumidos vitalmente en ella, es natural que la crítica exclusivamente literaria o artística pase a un segundo plano».

2 de octubre de 2009

## Vitier, Marx y la historia de Hans Rockle

Entre las mistificaciones más burdas de la historia literaria cubana tenemos la que convierte a Cintio Vitier en un partidario de la llamada Teología de la Liberación. El propio escritor se ha encargado de alimentarla: citas de Ernesto Cardenal y Frei Betto, teoría de la «pobreza irradiante», turismo revolucionario en Solentiname... Pero en realidad, lo que Vitier defiende en la Revolución cubana es el meollo reaccionario que se corresponde con su mentalidad de teólogo frustrado.

Una de las cosas que Vitier no le contó a Cardenal (y sí a Thomas Merton) es la historia de su «Glosa a las aventuras de Hans Rockle». Escrito en febrero de 1964, este largo poema puede ser interpretado como un manifiesto de fe católica y crítica antimarxista, lo cual explica que su autor lo haya diseminado entre sus antiguos compañeros de fe y de letras –entre ellos, Eugenio Florit, en cuyo archivo encontré una copia mecanografiada.

Todo el poema gira sobre una anécdota contada por Eleonora Marx, en sus *Recuerdos de Marx y Engels*, escritos poco antes de suicidarse con ácido prúsico. El Moro, como llamaban sus hijos al padre del marxismo (por eso en el poema aparece como «el viejo Mohr»), acostumbraba a contarles la historia de un tal Hans Rockle, un mago que a pesar de poseer una tienda maravillosa llena de juguetes extraordinarios, andaba siempre sin un centavo y al borde de la ruina. Para saldar sus deudas, no le quedó más remedio que vender al Diablo sus criaturas que, sin embargo, regresaban de nuevo a su tienda tras correr interminables y divertidas aventuras, guiados por una suerte de mecanismo invisible e inagotable.

La historia fascinaba y asustaba en igual proporción a los hijos pequeños de Marx. Es poco probable que la hayan interpretado como una fábula sobre el materialismo histórico o como metáfora sobre la verdadera naturaleza de la mercancía –lecturas posibles, que tal vez alentasen la versión política de la fábula.

Pero es raro, dice Vitier, todo este asunto de un marxista contando cuentos de hadas a sus niños mientras pasea por las calles y los parques de Londres: «Pensadlo bien, no es un contador indiferente, / ya que de su maciza cabezota estaba saliendo / la revolución contra los dioses». Y pasa enseguida a citar las famosas diatribas de Marx en su *Prefacio a la tesis «La diferencia entre la filosofía natural de Demócrito y la filosofía natural de Epicuro»*:

> Porque él adoptó el lema de Prometeo:
> «En verdad a todos los dioses odio».
> Porque él en verdad estaba haciendo la revolución
> «contra todos los dioses,
> celestiales y terrenales,
> que no reconocen la conciencia que tiene el hombre
> de ser la divinidad suprema»,
> según dijo.

Prometeo es aquí uno de los múltiples nombres del Maligno. Es probable que el poeta cubano hubiera leído la famosa biografía de Robert Payne, donde se citan algunos alucinantes textos del joven Marx, como los titulados *Oulanem* o *El Violinista*. («Oulanem» literalmente significa Anticristo (anagrama con las letras de Manuelo –el Salvador, el Cristo). En cualquier caso, al ultramontano Vitier de mediados de los sesenta no le habrían gustado demasiado estrofas como esta:

> Mira esta espada: me la vendió el Príncipe de las Tinieblas,
> porque él marca el tiempo y traza los signos.
> Con furia creciente toco la danza de la muerte...

O bien:

> ¡Destruido! ¡Destruido! ¡Mi tiempo ha terminado! *****
> Pronto estrecharé a la eternidad en mis brazos y pronto proferiré gigantescas maldiciones contra la humanidad. ¡Ah! ¡La eternidad! Es

nuestro eterno dolor, indescriptible e inconmensurable muerte, vil arti-
ficialidad para burlarnos a nosotros [...]

Destrozaré con permanentes maldiciones, el Mundo que se inter-
pone entre mí y el Abismo. Rodearé con mis brazos su dura realidad:
Al abrazarme, el mundo morirá sin un quejido, y se hundirá en la nada
más absoluta. Muerto, sin existencia... ¡eso sería realmente vivir! [...]

Cierto que no es cuestión de juzgar al filósofo del proletariado
por su cuento de hadas o unos desvaríos baudelaireanos escritos a
los diecioch años. Pero, como sabemos, estos impulsos no se quedaron en el papel. Incluso hay todo un libro de Richard Wurmbrand
dedicado al satanismo de Marx. Robert Payne ha escrito que es
prácticamente imposible no ver en Hans Rockle al propio Marx.
Algo semejante concluye Vitier cuando afirma:

> Si el Diablo quería esas imágenes
> es porque representaban otras tantas almas vivas.
> Si Hans Rockle se las daba una a una,
> para seguir viviendo,
> es porque tenía con él secreto pacto.
> Si las imágenes volvían a su tienda
> es porque Hans Rockle había vendido su alma
> a cambio de la magia de poseer
> las imágenes materiales de todas las cosas.

Parece difícil colocar esta crítica del pacto fáustico que supone
el marxismo dentro de la teoría que se empeña en buscar puntos de
conexión entre el mensaje de puro amor de Jesucristo y la doctrina
marxista. Una crítica católica de Marx, como bien sospechaba
Vitier antes de ejercer de ideólogo nacionalista, también podía usar
las razones de la demonología. Y al final, eso es este poema: una
crítica radical del marxismo como pesadilla hoffmaniana sobre
unas criaturas sin alma que siempre regresan a su Creador.

ANEXO: UN POEMA DE CINTIO VITIER

*Glosa a las aventuras de Hans Rockle*

> En cuanto a mí –dice Eleonora Marx en sus *Recuerdos*–, de todas las innumerables y maravillosas historias que me contaba Mohr, la que más me gustaba era la historia de Hans Rockle. Es raro que nadie se haya ocupado de escribir estas historias llenas de poesía, de espíritu y de humor...

Sin duda es raro.
Más raro, aún, todo el asunto.
Cierto que eran pasatiempos; pero un juego
que duraba «meses y meses»,
con la coherencia de un solo relato,
es algo que exige una extraña, secreta energía.
Quisiera oír el timbre
de las risas, ver las ropas, el brillo de los ojos.
Siendo esto imposible, me pregunto:
¿tal vez la fantasía y la ternura
iluminan el socavón de su trabajo,
como el sueño vinculado a la vigilia?
Lo cóncavo ajusta en lo convexo.
Si Mohr salía de la estructura y la superestructura
para entrar, con su hija, en las historias de Hans Rockle,
algo sabía Hans Rocle de Mohr
que Mohr no sabía de sí mismo.
Sus historias venían del cuento original.
Los narradores son indiferentes,
como es indiferente que escriban o no escriban:
el cuento prosigue ramificándose como un árbol
que es siempre el mismo y distinto.
Pero este contador, paseando con su hija
por las calles y los parques de Londres,
llenos de olores y colores sepultados con ellos,
pensadlo bien, no es un contador indiferente,

ya que de su maciza cabezota estaba saliendo
la revolución contra los dioses.
Porque él adoptó el lema de Prometeo:
«En verdad a todos los dioses odio».
Porque él en verdad estaba haciendo la revolución
«contra todos los dioses,
celestiales y terrenales,
que no reconocen la conciencia que tiene el hombre
de ser la divinidad suprema»,
según dijo.
De la batalla que él había entablado
contra todos los dioses
¿Qué sabía Hans Rockle,
saliendo de su sueño, en la cálida voz paternal,
frente a los ojos maravillados de la niña?

> Hans Rockle –sigue diciendo Eleanora en su *Recuer-dos*– era un mago a lo Hoffman, con una tienda de juguetes y ningún dinero en la bolsa. En su tienda se encontraban los objetos más extraordinarios: hombres y mujeres de madera, gigantes y enanos, reyes y reinas, maestros y operarios, cuadrúpedos y aves tan numerosos como en el arca de Noé, mesas y sillas, equipajes y cajas grandes y chicas. Aunque fuese un mago, Hans jamás podía pagar sus deudas ni al diablo ni al carnicero, y por eso tuvo que vender al diablo todas sus cosas una por una. Después de muchas, muchísimas aventuras y *quid pro quos*, todas las cosas volvían siempre a la tienda de Hans Rockle.

Un mago hoffmaniano
en su fantástica juguetería
no tiene escapatoria:
es un hijo impulsivo de los sueños.
¿Qué mensaje nos trae
con su gorro puntiagudo?
Lástima que el viejo Jung

no le arreglase las cuentas al viejo Mohr.
En todo caso, el simpático Hans Rockle
es bastante elocuente para un simple aficionado.
El viejo Mohr soñaba con una fuerza
capaz de poseer todas las cosas
convertidas en simulacros;
y capaz de engañar al Diablo,
aunque estando siempre en deuda con él.
Si el Diablo quería esas imágenes
es porque representaban otras tantas almas vivas.
Si Hans Rockle se las daba una a una,
para seguir viviendo,
es porque tenía con él secreto pacto.
Si las imágenes volvían a su tienda
es porque Hans Rockle había vendido su alma
a cambio de la magia de poseer
las imágenes materiales de todas las cosas.
¿Qué tenía el mago en su almacén?
Antes que nada, «hombres y mujeres de madera».
Recordemos al quiché: «Y al instante fueron hechos
los muñecos labrados en madera.
Se parecían al hombre, hablaban como el hombre
y poblaron la superficie de la tierra.
Existieron y se multiplicaron;
tuvieron hijas, tuvieron hijos los muñecos de palo;
pero no tenían alma, ni entendimiento,
no se acordaban de su Creador, de su Formador».
¡Qué habían de acordarse —eh, Hans?
El Diluvio, dice el quiché, los aniquiló.
Por eso el mago también tenía
«cuadrúpedos y aves tan numerosos
como el arca de Noé».
Sólo que no estaban vivos como en el Arca,
ni suponían ninguna salvación,
sino el encadenamiento de todas las cosas
al juego pavoroso del mago y el Diablo.
El buen Mohr inventaba las historias

para divertir a la niña. La niña crecía.
El tiempo cruzaba como el chal de un hada.
Por la noche, diminuto, burlón, fosforescente,
Hans Rockle se asomaba a curiosear
las gigantescas páginas que había escrito el viejo Mohr.

Algunas de tales aventuras –termina Eleonora en sus *Recuerdos*– daban frío y ponían los pelos de punta; otras eran cómicas.

(Nota final del glosador: Exactamente así es).

La Habana, 13 de febrero de 1964[1]

---

[1] El poema reproducido aquí pertenece a la papelería inédita de Eugenio Florit, conservada por la Cuban Heritage Collection en la biblioteca Otto G. Richter de la University of Miami. Se han corregido sólo algunas erratas evidentes de mecanografía.

Septiembre de 1959 encuentra a Cintio Vitier dirigiendo el Departamento de Estudios Hispánicos de la Universidad Central de Las Villas. Entre la correspondencia oficial que establece a la sombra de dicho cargo destaca una carta modelo a Eugenio Florit, con sello y estilo oficiales, a la cual el firmante agrega unas líneas cálidas y manuscritas, para agradecer un artículo enviado a la *Nueva Revista Cubana*.

A diferencia de lo que sucede con Lezama, la amistad entre Florit y Vitier fue siempre fluida desde aquellos días en que Vitier era «Cynthio». En 1950, el primero escribió una elogiosa reseña de la polémica antología *Diez poetas cubanos* (en la que, sin embargo, hacía notar la ausencia de Samuel Feijóo), y en la década de los cincuenta venció sus reticencias y acabó por colaborar varias veces con *Orígenes*.

No sorprende entonces que a mediados de 1961 Vitier acuda a Florit pidiéndole usar sus influencias en Nueva York para conseguirle un curso que le permita residir temporalmente en Estados Unidos. La correspondencia entre Florit y las autoridades de Columbia University no deja lugar a dudas sobre la diligencia con que el primero hizo las gestiones solicitadas. Ya el 2 de julio de 1961, unos meses después de Playa Girón, Vitier agradece las gestiones de su amigo y le detalla las dificultades para obtener la visa norteamericana, lo cual sólo puede hacerse viajando primero a México (véase Anexo 1).

A la larga lista de trámites y el pedido de un adelanto en dólares que le permita comprar el pasaje de avión, le sigue la queja, apenas disimulada, del mal trance por el que está pasando: «Esto es, querido Florit, como decimos aquí, "el cuadro". Lo que está dentro del cuadro ¿para qué describirlo?».

A finales de julio sale de Cuba el escritor Carlos M. Luis con su esposa y sus dos hijos. Lleva una carta de recomendación que Vitier le ha dado para el poeta de Park Avenue, la primera de muchas cartas y pedidos cubanos de ayuda que recibirá Florit a lo largo de los próximos treinta años.

El 7 de agosto de 1961 Vitier escribe a Florit (véase Anexo 2) desde el Hotel Coliseo, en México D. F., mientras espera una carta para la Embajada de Estados Unidos en México y un contrato como profesor invitado en Columbia University. La carta lleva también una queja («he llegado a esta ciudad sin un centavo»), la mención a la generosidad de otro exiliado (Alfredo Sánchez Veloso, el dueño de las librerías Económica y Contemporánea, de las que los origenistas eran visitantes habituales), el doloroso recuerdo de la lejanía de su familia y la solicitud de un anticipo de 600 dólares que lo ayude a salir de tan angustiosa situación.

El 16 de agosto, sin embargo, Vitier cancela su proyecto de estancia y escribe una carta de justificación a Florit que tiene, en mi opinión, una gran importancia documental:

> Estando ya en México y después de escribirle al Sr. Tudisco y a usted, he sabido por varios conductos y he llegado al absoluto convencimiento de que, si hago efectiva mi aceptación, el retorno a Cuba es imposible mientras dure el régimen actual –y no hay elementos de juicio para suponer un rápido y decoroso fin de la tragedia cubana. Esto significaría desgarrar a parte de mi familia de su país por un tiempo indefinido, que bien podría ser toda la vida, a más de arriesgar a mi madre a perder lo poco que le queda, incluyendo la biblioteca de mi padre. Sé que miles de cubanos han aceptado este destino; yo no puedo resignarme a él, aunque la otra alternativa, se lo aseguro, no es menos terrible.

La carta (Anexo 3) habla por sí sola. No debió haber llegado a nosotros, pues el propio Vitier pide a su amigo que la rompa después de leerla. Florit desobedeció el pedido: tal vez prefería que quedara como testimonio fehaciente de sus buenos oficios. La correspondencia y la amistad entre ambos poetas sobrevivió, sin embargo, a este viaje frustrado y generó incluso un par de poemas de Fina y

Cintio. En esa correspondencia las quejas de aislamiento por parte de los origenistas se prolongarán, al menos, hasta mediados de los sesenta. Después de 1968, la correspondencia se enfría, a tono con la paulatina conversión revolucionaria del poeta católico.

Mucho han cambiado las posiciones políticas de Vitier, pero no recuerdo ningún pasaje de sus memorias –o de ningún otro ensayo cubano– donde se mencionen los detalles de este viaje frustrado. Que quede aquí constancia de que los hombres son tan cambiantes como sus circunstancias; de que el exiliado contra el que hablamos hoy bien puede ser el mismo que nos tendió la mano ayer; de que la tragedia cubana que se anunciaba hace cuarenta años pudiera no haber terminado todavía.

# Anexos: tres cartas inéditas de Cintio Vitier

La Habana, 2 de julio de 1961.

Querido amigo Florit:

Gran alegría me ha dado su carta, no sólo por la proposición que me hace, sino por la compañía de su voz, que nos llega cuando más la necesitamos.

En cuanto a la proposición, muy agradecido y honrado, la acepto en principio. Necesito saber con la mayor exactitud posible: a) fechas de comienzo y fin del cursillo de otoño; b) cuál es el asunto que debo desarrollar; c) si se trata de conferencias, clases o seminarios, y cuál sería su número total; d) sueldo líquido efectivo al mes (descontando el "tax"). (Mi inglés está bastante oxidado y maltrecho, pero puedo mejorarlo: partiendo siempre de la base de que se trata de clases en español para alumnos que ya lo saben.)

Por otra parte, las dificultades a vencer son las siguientes: 1) No tengo visa para Estados Unidos y aquí, desde luego, es imposible obtenerla. La Universidad de Los Angeles, que me hizo una oferta parecida hace meses (y entonces no pude aceptarla), me facilitó la siguiente solución: enviar una carta, firmada por el Decano de la Facultad, a la Embajada de E. U. en México, país al que yo tendría que viajar previamente: allí obtendría la visa. Si no hay otra solución más sencilla y directa, ésta podría mantenerse. 2) La otra dificultad es que, según las nuevas disposiciones, el importe del pasaje, ida y vuelta, tiene que ser girado en dólares, a nombre del viajero, desde los E. U. Quiere decir que tendría ustedes que anticiparme esa cantidad. Desde luego que me gustaría ir con Fina y mis dos hijos, pero si el anticipo de los cuatro pasajes resulta imposible, iría solo primero y más tarde los traería, o más bien los llevaría, conmigo.

Este es, querido Florit, como decimos aquí, "el cuadro". Lo que está dentro del cuadro ¿para qué describirlo? Espero sus prontas noticias, pues aquí hay que gestionarlo todo con mucha anticipación. Y lo abraza, conmovido, su amigo

*Cintio Vitier.*

Figueroa 358,
Rpto. Mendoza,
La Habana.

Anexo 1: Carta de Cintio Vitier a Eugenio Florit (2 de julio de 1961).

248

México, 7 de agosto de 1961.

Mi querido Florit:

Como usted ve, ya estoy en México. Acabo de escribirle al Sr. Anthony Tudisco aceptando la oferta que, a nombre del Dr. Shearer, me hizo en carta de 20 de julio ppdo. Le pido que envíe en seguida la carta para la Embajada de Estados Unidos en México y el contrato que debo firmar. Le explico también que he llegado a esta ciudad sin un centavo (el editor y librero Alberto Sánchez Veloso me ayuda a sobrevivir) y que mi mujer y los niños están todavía en Cuba. En estas circunstancias, y como el contrato, según la carta de Tudisco, empieza a surtir efectos desde el 1º de julio, sugiero la posibilidad de que se me gire el sueldo de los dos primeros meses para poder traer a Fina y los niños (lo que sólo es factible con dólares) y dirigirnos juntos a New York antes del 15 de septiembre. Si esto no puede hacerse, no me queda otra alternativa que pedirle a usted me anticipe la cantidad necesaria (unos 600 dólares). Imagínese usted la situación tan angustiosa en que me encuentro, sin dinero y con Fina y los niños del otro lado. Por lo demás, si la otra solución es po-

Anexo 2: Carta de Cintio Vitier a Eugenio Florit (7 de agosto de 1961).

sible, le ruego me garantice plenamente en el sentido de que, en caso de que la Universidad me gire los sueldos de julio y agosto, no hay el menor peligro de que vaya a fallarles.

Estoy actualmente en el Hotel "Coliseo", Bolívar 28, México D. F. Puede también escribirme a cargo de Julián Orbón, Reforma 157, apto. 306.

Espero, amigo Florit, que se ponga en contacto con el Sr. Tudisco o la persona indicada, y conteste rápidamente a su desesperado amigo

Cintio Vitier.

P. S.: En todo documento oficial mi nombre debe escribirse "Cynthio", ya que así aparece en el pasaporte.

Anexo 2: Carta de Cintio Vitier a Eugenio Florit (7 de agosto de 1961).

México, 16 de agosto de 1961.

Querido Florit:

Todo mi proyecto de aceptar la generosa invitación que usted me propició, se basaba en la posibilidad de obtener permiso o licencia en Cuba por un año. No me atreví, sin embargo, a gestionarlo allá, temiendo que pudieran obstáculos a mi salida (que era de todos modos necesaria para la Edición de Martí que preparamos aquí). Estando ya en México, y después de escribirle al Sr. Tudisco y a usted, he sabido por varios conductos y he llegado al absoluto convencimiento de que, si hago efectiva mi aceptación, el retorno a Cuba es imposible mientras dure el régimen actual — y no hay elementos de juicio para suponer un rápido y decoroso fin de la tragedia cubana. Esto significaría desgarrar a parte de mi familia de su país por un tiempo indefinido, que bien podría ser toda la vida, a más de arriesgar a mi madre a perder lo poco que le queda, incluyendo la biblioteca de mi padre. Sé que miles de cubanos han aceptado este destino; yo no puedo resignarme a él, aunque la otra alternativa, se lo aseguro, no es menos terrible.

Espero que usted comprenda la mortal vacilación en que he vivido estos días y la gravedad de la decisión que he tomado, y

Anexo 3: Carta de Cintio Vitier a Eugenio Florit (16 de agosto de 1961).

que, ponderándolas, me perdone y me haga
perdonar por sus amigos de la Universidad:
son días tremendos. ¿Y cómo decirle cuánto
me ha conmovido el ofrecimiento y la cariñosa voz de su última carta? En Cristo nuestro
Señor le doy las gracias. Y no deje usted de
rezar por Fina y por mis hijos y por su
entrañable amigo

Cintio Vitier.

P. s. Le ruego que trasmita el contenido de
esta carta al dr. Tudisco, haciéndole llegar
una vez más el testimonio de mi gratitud;
y que, después, la rompa. También me gustaría
recibir carta de usted en la Habana, para
estar seguro de que no se ha molestado conmigo.
(Ernesto Cardenal me dijo: "usted debe dar testimonio en
Cuba.")

Anexo 3: Carta de Cintio Vitier a Eugenio Florit (16 de agosto de 1961).

# Sobre Francisco de Miranda:
## versiones encontradas

Es interesante comparar las visiones radicalmente diferentes que dos escritores, también en las antípodas, nos han dejado de Francisco de Miranda, personaje apasionante.

José Lezama Lima y V. S. Naipaul repasan la rocambolesca biografía del más cosmopolita de los venezolanos, pero sus conclusiones no podrían ser más disímiles, hasta el punto que el lector accidental llega a preguntarse si hablan del mismo. (En eso Miranda tiene algo de napoleónico, con esa capacidad de generar historias contrapuestas, casi complementarias, en las que alterna los disfraces de Salvador y Diablo).

En su ensayo-conferencia titulado «El romanticismo y el hecho americano», incluido luego en *La expresión americana*, Lezama define a Miranda como «el primer gran americano que se hace en Europa un marco apropiado a su desenvolvimiento». Corrige la visión de quienes le han llamado *Weltburger*, ciudadano del mundo, pero cita con fruición los paseos de Miranda por la corte de Catalina la Grande o los salones del Directorio jacobino, seduciendo e incubando lo que llama, a la manera de Toynbee, «un sentido morfológico de una integración».

Llegado a este punto, trae Lezama a colación una «raíz fundadora», la conexión incaica de Miranda, que podría definir la fase romántica de la historia americana. Historia total y transversal, este relámpago incaico sería el punto de partida para la morfología del héroe romántico en estos predios:

> La idea del incanato está poderosamente vivaz en las mentes de Simón Rodríguez, Francisco de Miranda y Simón Bolívar, durante el siglo xix, se observa en todas las figuras esenciales de la familia de los fundado-

res, la tendencia a la aglutinación, a la búsqueda de centros irradiantes, reverso de la actitud a la atomización, característica del español en su país o en la colonización.

Hay en el Lezama ensayista esa tendencia constante a sacarse teorías de la manga, a disponer los hechos en un orden de argumentación muchas veces arbitrario o no lo bastante justificado. Cuando habla, por ejemplo, de la relación de Miranda con John Turnbull, el cónsul inglés, y remite a otro Turnbull, David, que el general Valdés quiso expulsar de Cuba, con gran escándalo de Luz y Caballero. El primer Turnbull, «seguramente antecesor del cónsul» según Lezama, habría creado un mal precedente, y el general Valdés, «tiene que haber visto con los naturales recelos a ese nuevo Mr. Turnbull, que reaparece con las peligrosas actitudes iniciadas por su antecesor en la época del primer Pitt».

Intrigado por la coincidencia, el lector busca. Y resulta que John Turnbull y David Turnbull no tienen más relación familiar que la homofonía de su apellido, y que Lezama se ha engolosinado con un dato escasamente pertinente en términos de lógica histórica. Hay dos Turnbull en esta historia, pero no tienen nada que ver entre sí.

La propuesta de Lezama es que la historia del continente americano debe ser leída como un todo a partir de ciertas imágenes fundadoras; la visión histórica sólo puede ser producto de una mirada integral fundada en talismanes imaginarios, coincidencias supuestamente esclarecedoras, cositas como esos Turnbull bifrontes o unos incas de postín. En ese momento, el lector vuelve a dudar. Porque, en definitiva, sus precarios esfuerzos por hacerle caso a Lezama y leer como un todo la historia americana no le han regalado precisamente una imagen sublime. Al contrario, en esos cruces históricos entre América, Europa y Estados Unidos lo que salta todo el tiempo ante su vista es una especie de picaresca, muy poco edificante, del héroe en cuestión.

En Cuba, por ejemplo, un sitio que en la ruta retrospectiva de Lezama aparece como destino simbólico; son esos «días habaneros» de Miranda, «sin aparentes consecuencias», pero en realidad, cuando se mira con buenos ojos, «vinculados con lo más creador de su época en nuestro país». En el relato de Naipaul (*Un camino en el mundo*, capítulo VIII, «En el Golfo triste») la misma isla y la estadía del venezolano provocan, en cambio, una imagen muy distinta, lejos de la novelera biografía romántica de Lezama en *La expresión*... Para Naipaul, Miranda es «el embaucador», aquel que falsifica su informe genealógico por exigencias de triunfo, el jovenzuelo manirroto que entusiasmado por los paisajes, el vino y las prostitutas de la metrópoli, es capaz de pagar ciento quince pesos, toda la fortuna de las 450 libras de semillas de cacao que se ha llevado a España, por un pañuelo y un parasol de seda.

Colocado ya en el ejército español, hace un servicio desastroso y empieza a robar los fondos del regimiento. «Es una práctica no infrecuente» –explica Naipaul– «entre los oficiales que han adquirido sus comisiones y tienen que recuperar su dinero de diferentes maneras. Hay quejas, investigaciones aplazadas, laberínticas excusas escritas: así será buena parte del resto de la vida militar de Miranda».

Luego se va a la guerra de Independencia norteamericana. Pero no descuida los negocios: tras la victoria en Pensacola, se dedica al mercadeo: compra tres esclavos negros y un montón de libros valiosos. Le regalan otro esclavo, llamado Brown. Pasa los cuatro hombres de contrabando a Cuba, para venderlos a mejor precio. «Habrá más» –advierte Naipaul con ironía–:

El gobernador de Cuba monta una trama. A Miranda se le nombrará oficialmente coronel para enviarle a la isla británica de Jamaica a fin de organizar el intercambio de prisioneros británicos y españoles. La misión es suficientemente genuina; pero Miranda, tras acordarlo con las autoridades británicas, también comprará dos barcos en Jamaica, los cargará de negros, porcelanas y telas inglesas, y los llevará de vuelta a Cuba. Allí se comerciará con todo ello (incluso con los barcos: un toque maestro). A Miranda lo dejarán en el puerto de Batabanó con su inofensivo equipaje personal (incluyendo los muchos buenos libros adquiridos en Jamaica); los barcos de contrabando y carga darán un rodeo para ir a La Habana. Miranda corre con todos los riesgos; el gobernador de Cuba, que patrocina el plan, saldrá con las manos limpias.

El plan de fraude es tan bueno que irrita a varios oficiales españoles. Hay celadas, y huida oportuna a Norteamérica. Así seguirá la historia de Miranda: fraudes, escapes, arrestos. El relato de Naipaul es la historia de un rastacuero, un hábil arribista que ha tenido la oportunidad de codearse con personas distinguidas, y cuyo orgullo lo blinda poco a poco con «delicados dones de estrategia social». Así es como un contrabandista y desertor pasa a convertirse en activista por la causa de la independencia suramericana: conociendo a gente importante, pescando fondos aquí y allá, peleándose con criados y violando mucamas. Bajo el ala de Catalina se va refinando. La espera y la decepción lo desgastan, la vida de subvenciones termina por convertirlo en un escéptico idealista; Puerto España le muestra la realidad del mundo que quiere liberar, su correspondencia interminable de esos años le trae noticias lejanas de un fracaso en toda regla y de la profundidad del odio español, que lo perseguirá hasta el último rincón.

En cuanto a la obsesión por el incanato que Lezama convierte en morfológica piedra de toque, Naipaul nos deja un argumento desmitificador en boca de un Miranda –imaginario, pero convincente–, en riposta a alguien que le reprocha haber hablado demasiado de incas merecedores de la República platónica dejando a un lado los más que reales negros y mulatos del continente:

> Lo hice porque intelectualmente me resultaba más sencillo. La mayor parte de mis ideas procede de mis conversaciones y mis lecturas estando en el extranjero. De manera que el país que yo creé mentalmente se

fue pareciendo cada vez más a los países sobre los que yo leía. En Tom Paine y Rousseau no había negros. Y al intentar ser como ellos me costó encajar a los negros. Naturalmente que sabía de su existencia. Pero los consideraba accidentales a la verdad a la que estaba llegando. Cuando me ponía a escribir me daba la impresión de que debía dejarlos fuera. Debido a mi modo de vivir, siempre en países diferentes al mío, siempre he sido capaz de tener en la cabeza dos o más ideas sobre una misma cosa. Dos ideas sobre mi país, dos o tres o cuatro ideas sobre mí mismo. Por ello he pagado un precio. No debe usted reprochármelo ahora.

Hay en este alegato argumentos sobre la manera en que actúan los próceres de la Independencia en nuestras «repúblicas de aire». Vividores, advenedizos. Y en sordina, hay también argumentos que convienen al intelectual latinoamericano; al propio Lezama, que cuando escribía sus ensayos históricos dejaba, como Miranda en sus fantasías liberadoras, demasiadas cosas fuera del cuadro.

Enero, 2011

## Sobre *Cuna del pintor desconocido* de Néstor Díaz de Villegas

La poesía cubana, al menos aquella moderna que cabe dentro de lo que Sarduy definía como «poesía bajo programa» («hay que crear, para producir sentido, una libertad vigilada, que sea la rima, que sea la métrica, que sea el ritmo interno») tiene una especie de trauma idílico: a menudo aparece domesticada, idealizada, con dos octavas más de *pathos* y garantía de regreso al «país natal». Así visto, no hay una poesía cubana del Exilio como desarraigo, sino sucesivos proyectos poéticos de regreso o elucubraciones nostálgicas del Paraíso perdido. Demasiado a menudo se escribe poesía para «poetizar», para mejorar la Realidad, para construir una coartada verbal. No hay mundo nuevo, sino mundo reconstruido.

La radical originalidad de este libro de Néstor Díaz de Villegas es armar un proyecto poético que no está sustentado en la recuperación de un mundo perdido sino en la aceptación de esa pérdida, de ese nuevo escenario donde la Vida y el Arte bailan una de esas danzas interminables de cabaret *after hours* hasta caer rendidas, ambas, sobre los despojos de una tradición convertida en museo de Miami, *Wunderkammer*, o biblioteca abandonada tras la quema.

De la misma manera que Guillermo Rosales encontró la manera de encaminar la ficción cubana hacia el novedoso escenario de una decadencia sin punto de retorno, NDDV ha forzado a nuestra lírica a enfrentar un mundo sin regreso; un exilio desencantado, donde el sentido brinca de lo cotidiano a la política, de la cosmología al circo, de la *boutique* al *mall*.

En este libro hay algunos de los mejores poemas que haya escrito un cubano en las últimas dos décadas («La conspiración de la escalinata», «Netsuke», «Los dos primeros años aquí (son los más duros)», «4 de julio», «Vida secreta de los gusanos», «Naturaleza muerta con caldera de hierro», «Relicario», «Paño de lágrimas», «Velorio»…) y hay sobre todo un orbe original, una visión a toda velocidad («como en un carro loco desbocado / cuyo peligro ha sido calculado») que se resume luego en el *container* emocional del poeta, como la bolsa llena de frases que uno se lleva en la mudada, para ir luego recordando, destejiendo entre lecturas científicas y trabajitos por encargo.

El nihilismo de Néstor proviene de tres o cuatro certezas baudelerianas: adiós a la familia («Casas, hijos, familia / vienen después del arte: / ellos son los culpables / de que el mundo sea como es / y no como lo pintamos»); triunfo de la enfermedad sobre la salud («¿Qué es la salud? La enfermedad que alcanza / puras metamorfosis y en espera / del martirio recibe una esperanza»); intrascendencia de lo sublime en el mundo contemporáneo («en cuestiones de estilo /consulto al televisor / repito lo que él dice»); intercambios cotidianos entre el Bien y el Mal o lectura desencantada del sino tiránico de la patria apocalíptica…

Y todo ese anarquismo aparece incrustado en unos sonetos donde se evitan las fiorituras de Sarduy, que amaba jugar con el impostado dejo de la «tradición popular» y la «cubanía» para configurar su propia geometría del Paraíso perdido.

Véase, por ejemplo, la diferencia en los resultados que provoca el mismo objeto de inspiración: mientras a Sarduy la pintura de Ramón Alejandro le inspiró el encomio frutal («Qué bien hiciste, Ramón / en pintar una papaya») a Díaz de Villegas le desata una fabulación maquínica («Ratonera Luis XV, cartesiana…») y la definición de un contrapunto pictórico entre la Anatomía y lo concreto. Incluso cuando huyen de la perfección (acentos mal colocados o «versos cojos»), glosan a Borges o incluyen ripios (un verso como «y nunca jamás, haga lo que haga» es francamente imperdonable) los sonetos de Néstor cubren un territorio inédito: resumen excesos, derivas y exorcismos que poco o nada tienen que ver con el culto a una forma «literaria» por excelencia ni con «lo cubano en la poesía», sino con una productiva variante del cinismo literario.

Porque ésta es la poesía, decantada, de un superviviente. Y es lógico que termine con palabras y miradas en inglés, como el símbolo de una modernidad consumada, pasaje poético de la madera (y el papel que sale de su pulpa) al papel de aluminio.

Septiembre, 2011

# Sobre *La vanguardia peregrina* de Rafael Rojas

Digamos, sin demasiado preámbulo, que en la última década Rafael Rojas se ha convertido en el más reconocido de los ensayistas cubanos, tanto de la isla como del exilio, y que su industrioso ritmo de producción (casi un libro por año) ha configurado un imprescindible proyecto de historia intelectual, centrada en el papel de la *intelligentsia* republicana y revolucionaria, sus diálogos y traiciones, su péndulo entre el mito y la historia.

A su formación de filósofo e historiador, Rojas agrega en sus últimos libros los empeños del crítico literario, dedicado a corregir carencias y desplantes de la versión oficial −es decir, castrista− de la historia cubana. Entre sus contemporáneos, Rafael es reconocido, respetado y, por supuesto, criticado. Pero incluso esas críticas parten de una evidencia incontestable: estamos ante un ensayista con el mérito de abrir nuevos territorios y plantear preguntas originales, más allá de la lista de filias y fobias.

Este último libro suyo está dedicado a una aparente paradoja: a simple vista hay algo que no encaja en la idea de una vanguardia cubana exiliada. Como bien explica Rojas, la Revolución de 1959 capitalizó simbólicamente el proyecto vanguardista y sus impulsos renovadores en una estética inicial (la del célebre suplemento *Lunes*, como ejemplo) que ha opacado las aventuras posteriores de varios escritores exiliados. Nivaria Tejera, Calvert Casey, Severo Sarduy, Lorenzo García Vega... son algunos de esos escritores cuya condición de disidentes o desencantados de la Revolución les impidió posicionarse con naturalidad en la ola intelectual de las izquierdas de aquella época; al mismo tiempo, su interés en la vanguardia los obligó a relaciones complejas con la tradición insular, que otra parte del exilio literario cubano prefirió idealizar desde una perspectiva nostálgica.

*Grosso modo*, este es el panorama literario dibujado por Rojas, que tiene su mejor demostración en el primer «caso» analizado en el libro: la escritora Nivaria Tejera, cuyo exilio parisino ejemplifica la agonía de quien trata de ser consecuente con una estética rupturista «políticamente capitalizada por el Estado socialista». El drama de Nivaria está muy bien retratado en estas páginas (reconocida por la crítica francesa, pero evitada por Cortázar), y muy bien exploradas las pistas de este peculiar trayecto literario, desde su primera colaboración en la revista *Orígenes* hasta sus memorias, publicadas en Miami en 2002. La metáfora de la *espiral*, y el gesto de «huir de la espiral», que da título a uno de los libros más importantes de Tejera, son interpretados con particular agudeza, no sólo como la suma de posibles alegorías del exilio, sino como un proceso de reconstrucción vital y estética característico de las vanguardias, proceso que intentó también escapar a cualquier instrumentación política.

Ya luego, en las páginas y casos que siguen, esta noción de vanguardia se desdibuja un poco. Corresponde, en efecto, a las escrituras de Sarduy y García Vega, y a una zona de la poesía de José Kozer, pero sirve menos para caracterizar las obras de Calvert Casey (¿basta insistir en la muerte y el sexo para ser vanguardista?) o Julieta Campos, cuya inicial fascinación por el *noveau roman* dejó paso a otra prosa más clásica e integradora.

Más que ajustarse fielmente a los términos del guión inicial, los casos analizados por Rojas exhiben contrapuntos variables de esos rasgos (vanguardia, exilio, tradición), hasta el punto de incluir en su análisis a un escritor no exiliado –ni vanguardista–, Antón Arrufat, que aquí aparece no sólo como depositario de méritos congénitos (heredero de Piñera como Sarduy se declarase de Lezama; fundador de una «prole de Virgilio» donde se cuestiona la tradición previa), sino también como una suerte de héroe secreto de su generación.

Ese recuento de «la prole de Virgilio» es el momento más flojo del volumen: está pintado con brocha gorda. La historia del *revival* de

Virgilio Piñera a finales de los ochenta y principios de los noventa merecía un estudio más detallado. En otras ocasiones, la tendencia académica de Rojas al *name dropping* le tiende trampas y sume al lector en no pocas perplejidades: ¿cómo se coló, por ejemplo, Eudora Welty en la lista de «los neovanguardistas estadounidenses» junto al poeta George Oppen, «pasando desde luego por Wallace Stevens o Paul Celan»? Y ¿qué necesidad había de echar a perder el inteligente análisis de la obra de Kozer y su sugerente metáfora del «catafalco vacío» para exhibir arsenal teórico y emparentarlo con *Le pli*, la teorización de Deleuze sobre Leibniz y el barroco?

Del otro lado, entre los grandes aciertos de este libro de Rojas, el ensayo sobre García Vega, «Formas de lo siniestro cubano», con su sutil equilibrio entre lo político y lo literario, y entre lo textual y lo biográfico. O el acto de justicia que representa su magnífico ensayo sobre Julieta Campos, habitualmente leída y juzgada como escritora mexicana a pesar de su origen y de sus temas... O el ensayo final, «El mar de los desterrados», que va mucho más allá de la generación analizada para rastrear dos metáforas enfrentadas, la tierra como centro gravitacional de una tradición y el mar como escenario liberador, transgresivo. De los libros que Rojas ha dedicado a la crítica literaria, éste me parece el más afinado, el que muestra lecturas más profundas y revela un espectro de sensibilidad más amplio que los criterios sociológicos.

El tema del exilio resulta ser la maldición de la literatura cubana contemporánea. Quizás sea, incluso, nuestro rasgo distintivo dentro de la literatura latinoamericana. Ningún otro país de la región tiene –a mi juicio– una literatura tan marcada por el exilio, por el adentro/afuera, de forma tan intensa y prolongada. No resulta sencillo, entonces, desarrollar una hermenéutica que aparte al exilio de una tradición nacionalista, incluso en estos autores aquí analizados que, a diferencia de otros más conocidos (Lydia Cabrera, Gastón Baquero, Labrador Ruiz...), evitaron el camino de la nostalgia o la idealización de la criollez perdida. ¿Acaso Arrufat, por ejemplo, no cita a Santo Tomás de Aquino para enlistar «pruebas de existencia de la cubanidad»? ¿Y no hay nostalgia nacionalista en Kozer o en esa gran novela genealógica de Julieta Campos que es *La forza del destino*? En muchos de estos escritores, sin embargo, el exilio trasciende lo anecdótico para convertirse en una suerte de condición existencial. Más que un peregrinaje (lo señalaba el propio autor durante la presentación del libro en Princeton), palabra que lleva consigo demasiadas connotaciones religiosas, se trata aquí de una particular errancia, cuyo lugar en el canon literario cubano aparece ahora mucho mejor iluminado gracias a este libro necesario.

Marzo, 2014

# GASTÓN BAQUERO: LO QUE NO SE DICE

Uno de los capítulos de la historia de *Orígenes* aún por escribirse (sin menospreciar las contribuciones de Santí, Ponte, Rojas y Duanel Díaz, entre otros), es el que intente al mismo tiempo una historia, biográfica y política, de los desencuentros entre origenistas. Apenas se pone uno a buscar cualquier dato en hemerotecas (por ejemplo, la fecha exacta en que salió Gastón Baquero de Cuba, escoltado por los cuatro embajadores célebres) y empiezan a aparecer cosas curiosas, de las que no se habla mucho ni siquiera en nuestros más ambiciosos proyectos de historia intelectual.

Tomemos el caso de Baquero, por ejemplo. Se dice en voz baja, se comenta entre sonrisas, que el jefe de redacción del *Diario de la Marina* era un hombre «de derechas». Que por eso se fue de Cuba en cuanto los barbudos entraron en La Habana. Pero esas cosas se sueltan al aire, más en las conversaciones que en los libros, y siempre sin muchas citas. Hay, por otra parte, una especie de pacto de silencio entre los origenistas sobrevivientes y los admiradores incondicionales de Gastón, algunos de los cuales le prepararon un (justo) desagravio habanero en 1994. Para nadie es secreto que el nombre de Gastón Baquero, de los pocos ineludibles en la historia de la poesía cubana del siglo XX (y de todos los siglos), fue expurgado cuidadosamente de la enseñanza y el canon literario oficial durante más de tres décadas. Le tocó también una página en blanco en ese museo particular de la infamia que fue el *Diccionario de Literatura Cubana* que el Instituto Cubano de Literatura y Lingüística editó en 1984.

Las razones, siempre calladas o dichas a media voz, con que se trató de justificar esta operación de censura fue la simpatía de Baquero por Batista, y su activo papel en el célebre diario conservador que él convirtió en su *modus vivendi* desde mediados de los cincuenta hasta su salida de Cuba. Se omitió todo el resto: las razones, los artículos, las conferencias, el activo trabajo de Gastón Baquero como publicista de una «derecha cubana» que todavía no se atreve a decir su nombre.

Algunos censores, en cambio, sí que sabían. Baquero tenía un enemigo jurado al que nunca renunció: Ernesto Guevara de la Serna, que en uno de los textos recogidos en *La guerra de guerrillas* lo menciona por su nombre de manera despreciativa y le adjudica el título de «vocero de la reacción»: «La ley de Reforma Agraria» –dice Guevara, el de las camisetas– «fue una tremenda sacudida; la mayoría de los afectados vio claro ya. Antes que ellos, el vocero de la reacción, Gastón Baquero, había apuntado con línea certera lo que pasaría y se había retirado a las más tranquilas aguas de la dictadura española».

Con ese claro precedente uno tiende a sospechar que, de no haber salido de Cuba, a Baquero le hubiera tocado una visita nocturna al paredón de La Cabaña. Pero se fue, exiliado a la España de Franco, lo cual era una elección coherente con lo que había pensado y escrito desde hacía diez años.

Algunas de esas opiniones separaron a Baquero de Lezama, bastante antes del triunfo de la Revolución. Otras engordaron el rencor del destierro (¿cómo habrá leído el poeta aquella famosa elegía de Fina García Marruz dedicada precisamente a su inquisidor?). Baquero, ya viejo y cansado, calló, rumió su largo exilio madrileño, y casi todo se fue olvidando. Ese silencio hizo posible que años después intelectuales cubanos de inequívoco cuño fidelista, como Pablo Armando Fernández, Roberto Fernández Retamar o Miguel Barnet, le prepararan una reivindicación a la medida de la mediocridad insular. Él poeta calló, sonrió, asintió. Estaba orgulloso de que los jóvenes cubanos pudieran volver a leer su poesía, pero nunca se le ocurrió volver a pisar la isla.

No creo que a la hora de hacer una verdadera historia intelectual de *Orígenes* y de la cultura pre-revolucionaria cubana haya que recaer en ese pacto de silencio que ha servido para reivindicaciones a deshora. Baquero escribió, y mucho, contra los fundamentos de la Revolución cubana. Y no sólo con el castrismo en el poder. Ya en diciembre de 1947, en pleno gobierno de Grau, se negó a que el Pen Club le hicieran un homenaje que pretendía dejar a un lado o esconder como pecado intelectual su abierta simpatía por el franquismo. En 1953 defendió incluso que el *Diario de la Marina* perdiera diez mil suscripciones «por defender a España» (es decir, a Franco). El Caudillo lo recibió varias veces, y no cuesta demasiado trabajo probar lo bien que encajó la vocación españolista del poeta cubano (junto con Cela o el último Vasconcelos) dentro de la idea de hispanidad que distinguió a la política cultural franquista.

Y por supuesto, en cuanto salió de Cuba, Baquero empezó a recibir premios y a publicar en la prensa española opiniones vitriólicas sobre el proceso cubano que, por alguna razón, nadie se ha encargado de antologar o por lo menos de incluir en sus antologías.

La verdadera grandeza de Gastón Baquero tiene que ver con su poesía. Pero hay algo de traición en esa imagen recortada y modosa, tan a gusto de nuestros intelectuales más pacatos, que borra de un plumazo el furor anticomunista del Baquero periodista. Por una de esas curiosas paradojas, su columna en *La Vanguardia* se llamaba, precisamente, «Con pluma cubana».

# Un puerco en una guagua

Entre cubanos, el cerdo es sinónimo del banquete, un emblema de las relaciones entre Alimento y Familia. Mucha gente lo considera el epítome de la «comida cubana», y no les falta razón. Como sucede con todas las cosas que están en el meollo de una cultura, tenemos muchas maneras de nombrarlo: *puerco, macho, lechón, cochino, marrano, verraco...* Pero la otra cara de nuestra exaltación culinaria y doméstica del cerdo es una larga crónica del hambre que se prolonga durante décadas. Relatos truculentos del llamado Periodo Especial (a partir de 1989) tienen como protagonista un cerdo criado en la bañera de un departamento, en el centro de La Habana. Versiones extremas hablan de cerdos operados de las cuerdas vocales para que no gritasen durante su cautiverio. Y otras leyendas urbanas, menos confiables, añaden escenas *gore*: cerdos criados en medio del severo racionamiento de energía eléctrica, que sólo podían ser sacrificados por trozos y eran mantenidos vivos tras mutilaciones parciales para que la carne no se descompusiera sin posibilidad de congelarla durante un apagón.

Varios escritores cubanos se han ocupado del asunto. Un cuento navideño de José Manuel Prieto, «Muere Yorkshire», eleva el sacrificio del cerdo a un dilema conradiano, con un personaje que recuerda mucho a Lord Jim, atormentado por un error irreparable de su pasado. Que no es otro que acompañar a su padre en el artero asesinato de un cerdo considerado, casi, como un miembro más de la familia. El escritor Ronaldo Menéndez tiene otro relato, «Cerdos y hombres», donde habla de esta rara convivencia. Y vuelve sobre el tema en una noveleta, *Las bestias*, en la que se mezclan un complot, un asesinato y la historia de la crianza de un cerdo («máquina de devorar todo lo que no sea su propio cuerpo») en la bañera de una casa destartalada. También Francisco García publicó hace unos años un cuento estremecedor titulado «El año del cerdo», en el que fabula con las afinidades entre el sacrificio de un «macho» y el de un humano sustituto «luego del fracaso de las exportaciones y ante el colapso de la ganadería».

Uno de los mejores cuentos escritos por un cubano trata precisamente sobre la extraña metamorfosis de un niño en cerdo. Se llama «El caramelo» y lo escribió Virgilio Piñera, en 1962. Aparece en varias antologías importantes y hay noticia de que su autor estaba orgulloso de él. Tiene lugar en una guagua, ese ómnibus rugiente donde José Lezama Lima, otro gran escritor cubano, contemporáneo y amigo de Piñera, también situará una escena (capítulo XIII) de su célebre novela *Paradiso*.

En la guagua de Piñera, sin embargo, se producen acontecimientos que nada tienen que ver con el barroco desbordante y mucho con la fábula vernácula: el tono de este cuento empieza rozando el costumbrismo y termina en lo fantástico. Como en varios relatos de Cortázar, a quien Piñera leyó con provecho, el proceso es gradual: lo cotidiano primero deja ver flecos de extrañeza, indicios de que pasa «algo raro», y por ahí el lector se adentra paso a paso en la inquietud, hasta que finalmente se revela el hecho inconcebible.

Tras desayunar en el Ten Cent, una célebre cafetería habanera de esos años, el protagonista del relato se sube a una guagua llena («animal misterioso», la llama) donde, por lo que considera un golpe de suerte, acaba sentado. En su asiento (uno lateral, de tres personas) van, de un lado, una hermosa muchacha, y del otro, una desagradable anciana con su no menos desagradable hijo sobre las piernas. En medio de «la fluidez de la masa humana» se puede sentir la inminencia de lo sobrenatural, de lo misterioso. Poco a poco, la vieja y su presunto nieto («simbiosis de infancia y senectud») se van haciendo molestos para el protagonista del cuento. Ella trata de acomodar al niño, cuya desagradable apariencia cadavérica provoca repugnancia. Hay algo desagradable en este pequeño monstruo [...] dotado por la naturaleza con una pilo-sidad superabundante para sus cortos años (no le doy más de cinco): brazos y piernas muestran negros pelos, gruesos como cerdas de jabalí; los de la cabeza le brotan desde las mismas cejas y terminan hacia la nuca en un mare mágnum de cabellos encrespados que el aire que entra por la ventanilla levanta impetuosamente.

De pronto, el niño despierta y pide un caramelo. La abuela saca la golosina, verde oscuro, de un pastillero pero, casi a punto de ponerla en la boca del niño, cambia de idea y le sugiere dársela «a esa linda muchacha» del otro lado del asiento. El niño coge el caramelo con la punta de los dedos («sin una protesta, sin un mohín de disgusto, con la misma frialdad con que el asesino elige a su víc-tima») y lo se lo pasa a la muchacha, que lo toma maquinalmente. «Cómetelo», le pide, y la abuela también insiste: «Por favor, cómase el caramelo, de lo contrario mi nieto no querrá comerse el suyo». Ha sacado del pastillero otros dos caramelos, no verdes, como el de la muchacha, sino blancos.

Todos se comen sus caramelos; la vieja y el niño se ponen a dormitar, desconectados de lo circundante, y la guagua sigue su viaje. De pronto, ante la mirada atónita del narrador-protagonista, la joven se desploma: está muerta. ¿Ha sido envenenada o simple-mente ha fallecido por otra causa? El protagonista se precipita a socorrerla. La guagua se detiene. Empieza una lluvia torrencial. Un policía que viajaba en el ómnibus se abre paso hasta el cadáver esgrimiendo un absurdo revólver. Como en un teatro, se empiezan a sumar extrañezas, preguntas. ¿Quién ha sido el asesino? ¿Hay un asesino? ¿Quiénes son los testigos? El policía, desconcertado, va en busca de su superior: un capitán. La guagua entonces se convierte en improvisada funeraria donde tiene lugar el velatorio entre des-conocidos. La vieja-y-el-niño o el niño-y-la-vieja, sobre quienes recaen de inmediato las sospechas del narrador, siguen dormidos, ajenos a todo. El cadáver extiende poco a poco una atmósfera de odio entre los pasajeros, condenados al encierro. Alguien propone arrojarlo por la ventanilla. Otros tejen hipótesis y sospechas en una confusa maraña de grosería e insensibilidad colectiva. El narrador, por su parte, está cada vez más convencido de haber asistido a un envenenamiento.

Llegan los policías (cabo y capitán). El protagonista le confiesa sus sospechas, el capitán se dispone a despertar a la vieja para interrogarla: ella lo niega todo. Él le menciona a su nieto, aún medio dormido. ¿Qué nieto? replica la imputada. Y entonces, ante la mirada de asombro de los presentes, el supuesto nieto resulta ser un cerdo, «un puerquito monísimo que acabo de comprar».

Cunde la confusión –en el narrador y entre los pasajeros. Se contrastan versiones. La clave de lo sucedido de pronto pasa a ser el pastillero. Se hace un registro y la prueba definitiva resulta estar… en el bolsillo de nuestro protagonista, que, tartamudeando, intenta convencer al policía («¡Te pusiste fatal! Ya ves, al mejor escribiente se le va un borrón…») de una inocencia indemostrable. Se ha consumado el crimen perfecto.

Piñera se divierte, por supuesto, cruzando referencias y satirizando la irresponsable complicidad de los pasajeros con la estupidez policial, para lo cual usa numerosos giros del argot popular de la época. La escena de la vieja batallando con el niño-cerdo recuerda de inmediato el absurdo de *Alicia en el país de las maravillas*, cuando la protagonista forcejea con el niño mascota que le arroja la Duquesa: un niño malcriado que, como el de la vieja, acaba convertido en simpático cerdito.

Pero en el relato de Piñera esa guagua y esa metamorfosis encubren también una suerte de apólogo social. Así lo ha notado el poeta cubano Pedro Marqués de Armas: «bien visto, nada distingue la abyecta pilosidad del niño-puerco de la ratonera en que se mete el sabiondo *tencenero*, como tampoco, de la masa cuando expresa su asco ancestral».

En efecto, es del pueblo de lo que quiere hablarnos Piñera, de un avatar de esa «nación tan simpáticamente modesta» a la que se refirió su amigo Gombrowicz. La gente, primero curiosa y luego indiferente, comenta que llegarán tarde, o tratan de «no meterse en líos». Algunos están rabiosos por el tiempo perdido. Van tomando distancia del cadáver, o dejando claro que «esta tipa no es de mi gente», tejiendo una red de murmuraciones donde la evidencia cada vez tiene menos peso. En esa guagua todo es *doxa*, puro chisme. La metamorfosis del niño es el correlato de la transformación gradual del medio: hay una «bestialización» del público mucho más sutil que la metamorfosis «criminal» con que termina el cuento.

Mientras viajan en el ómnibus, que tal vez pueda ser equiparado a la Revolución como vehículo de un viaje accidentado y dramático hacia ninguna parte, todo esta gente se ha empezado a deshumanizar. Y eso se nota también en la vernaculización progresiva del lenguaje. Uno de los grandes méritos literario de Piñera, tanto en su narrativa como en su teatro, fue indagar en ese absurdo carnavalesco de lo cubano, en ese «choteo» que expresa una lenta degradación de lo cívico, la reducción gradual de la sociedad a la categoría de «pueblo» o de «masa». Pequeñas gradaciones para acumular la distancia, palabras convertidas en el preludio de una metamorfosis irreversible.

Julio, 2017

iv. De una vida dañada

# Entre difuntos

> El futuro es siempre falso. Influimos demasiado
> en él.
>
> Elias Canetti

I.

Todo debe haber empezado en septiembre de 1991, cuando I. llegó a mi casa con la noticia de que unos días después podríamos salir juntos del país. Recuerdo con vaguedad que celebramos (en contra de la superstición que aconseja no hacerlo por adelantado) y luego nos fuimos a dar un paseo por la ciudad con deliberada nostalgia. Sin embargo, ahora me doy cuenta, no soy capaz de precisar lo último que hice, dónde estuvimos exactamente, como si tanta premeditación hubiera creado el efecto contrario: una pantalla demasiado iluminada en la que apenas alcanzamos a distinguir figuras y lugares borrosos.

En cualquier otro país esa partida no habría tenido nada de especial. En Cuba era como ganar una lotería que nos daba derecho a fabular sobre nuestras buenas relaciones con el Destino. Yo tenía 22 años y había viajado dos veces; a un congreso infantil en Bulgaria, y a Rusia, para estudiar matemáticas. El primer viaje fue como un regreso: la adolescente griega que iba sentada a mi lado en el autobús a Stara Zagora parecía un personaje habitual de mi infancia, y el espectáculo de unos gitanos que saltaban descalzos sobre piedras ardientes tenía el aire solemne de una fiesta familiar. Aún hoy, cuando entro a ciertos lugares, siento el «olor búlgaro» (mezcla de lácteos, rosas, frutos secos y aire acondicionado) o recuerdo aquellos banquetes en los jardines de Boyana, la residencia del presidente Zhikov. Su hija Liudmila, Lady Di socialista, se entretenía en coleccionar niños de todo el mundo para que hablaran de la paz mundial, convivieran bajo la severa mirada de unos tutores omnipresentes y se acostaran temprano dentro de una reserva alambrada. Salvo esas noches, lo demás parecía perfecto: dulces, banderas, palacetes, las mejillas recién afeitadas de los periodistas...

Cinco años después llegué a la Unión Soviética, un país donde muchas cosas estaban a punto de cambiar. En medio de aquella tensión colectiva, mi disposición para las matemáticas se redujo al mínimo: prefería hacer largos viajes en tren arrastrando un baúl lleno de libros, que mi madre había conseguido en la destartalada residencia de un familiar venido a menos. Cuando al fin regresé, obligado, la maleta se quedó en casa de un amigo al que nunca me he atrevido a preguntarle por ella: estaba forrada en piel de cocodrilo y unos marineros de Odessa quisieron comprarla por un precio que a mí, en ese entonces, me pareció una fortuna. Ahí estaba, inconfundible en medio del muelle, con tres o cuatro forzudos a su alrededor. Sorprendidos por aquel objeto anacrónico, palpaban la piel reticulada y las conteras, dudando que la antigualla perteneciera a un extranjerillo imberbe, demasiado joven para tanto equipaje, demasiado delgado para aquella especie de ataúd trashumante. No lo vendí, e hice bien: con aquel armatoste pude sobrevivir a la espera de unos trenes que tardaban días, hasta que me interné en la estepa como el protagonista de una comedia de equivocaciones.

Tal vez hubiera sido mejor, pensaba entonces, haber dejado atrás aquellos libros, dedicarme por completo a un futuro «despojado de todo lo superfluo» −como me sugirió alguien en una carta. Pero con aquella maleta siempre estaba a punto de descubrir algo, como quien de pronto advierte que un gesto habitual, entrevisto en el espejo vivo de parientes lejanos, es más hijo de la sangre que de la costumbre.

Después de unos meses, el nuevo paisaje quedó acolchado por la misma sensación de mi viaje anterior: la cubierta del barco, las villas soleadas en la ribera del Bósforo, los reflejos dorados de un piso de madera, el suave crujido de unas botas en la nieve recién descubierta... todo aquello era parte de algo *inevitable*: la «verdadera vida», el mundo. Había sólo un problema: en estos escenarios yo estaba de paso. Por una especie de descolocación temporal entre esa realidad y otras obligaciones, mi permanencia en aquellos parajes siempre era demasiado breve; algo separaba el tiempo de esas cosas del tiempo al que obedecían mis planes, cuyo trazado cuidadoso parecía desdibujarse ante la irrupción de tanto paisaje ajeno.

Al regresar de Rusia, los tres o cuatro amigos con que me reunía empezaron a considerarme parte de un grupo, parte de aquel grupo de libros que nos pasábamos. Recuerdo haber sentido esa aureola reconfortante de la amistad un día que viajaba con P. en el tren de Casablanca, un poblado que mira a la bahía, donde hay una estación y un Cristo solitario de mármol en la cima de un monte. Fue uno de mis pocos viajes por el país, circunstancia que desde entonces he lamentado a menudo. (J. me cuenta que en los años treinta un abuelo suyo decidió recorrer la isla antes de casarse –ceremonia que, aventuro, cumplía la función de agotar la casuística de lo mundano antes de cruzar el umbral del Matrimonio. Envidio ese viaje mientras repaso sus evidencias: unas fotos color sepia, manual turístico de un país que ya no existe).

La casona donde vivía el padre de mi amigo tenía las paredes manchadas de humedad, como un enorme test de Rorscharch sobre muros amarillos. Era todavía una casa del xix, con patio interior, largos corredores en penumbras y unos muebles lustrosos de caoba con rejilla. Habíamos ido a buscar unos libros; condenado a ver su biblioteca dispersa entre los tres o cuatro lugares de los que se había mudado, mi amigo trataba de juntar los más queridos en un viejo mueble, un regalo de anticuario. (Palabra extraña: «mudada», sinónimo entre nosotros de muda o mudanza; abandonar una casa es como cambiar de piel, al salir de ella comienza otra estación). P. me hablaba del desencuentro permanente entre él y los libros como parte de una maldición más antigua: pocos cubanos habían podido levantar una gran biblioteca; Lezama y Carpentier eran casos raros. Ahí tenemos la pobre biblioteca de los Milanés, rica en Lope –me decía–; a Varela, a Saco, a Casal con su Cristo de Kempis, las maletas parisinas del conde Kostia, las novelas copiadas por Zacarías González del Valle, la errabunda colección de Martí, Heredia saliendo de Cuba sin sus libros, ¿saldría del Monte con la biblioteca suya reunida en casa de los Aldama?, los libros que leía y regalaba Virgilio Piñera… Hasta ahora los historiadores cubanos habían llorado los bosques quemados (curiosamente, creo que es con relación a esto que la palabra *Cuba* aparece en la obra de Marx). ¿Cuándo lloraríamos las bibliotecas que no habían podido centrarse, las que ardieron?

Esos incendios simbólicos desmentían la posibilidad de un futuro que fuese también una «constitución» de la memoria literaria. El lamento no era nuevo, ni tampoco la lista de excusas o razones regeneradoras. Tal vez –le respondí– sea mejor pensar en las maletas, hablar de un grupo de libros reunidos poco a poco en algún mueble antiguo, leídos con el fervor de quien aprecia más los pecios que los bienes.

Años después junté un grupo de personas en mi casa para unos improvisados cursos de filosofía. La única condición era que cada uno aportara sus mejores libros para formar una biblioteca común. Fue gracias a esos libros que empecé a desconfiar del futuro, rebelándome, casi por instinto, contra una némesis bifronte: tener que dejar lugares, tener que hacer cosas. El futuro se me había convertido en un tiempo *debido*, sinónimo de la vuelta al redil, de la entrada en lo necesario.

En aquella época yo andaba con una grabadora a todos lados y creía que esas cintas donde se mezclaban intimidades, declaraciones digresivas y reflexiones pedantes me servirían algún día para algo. *Para algo*, no para recordarlos; nadie se tomaba en serio la memoria, el pasado casi no existía: había sólo planes, proyectos, las torres del futuro en lontananza. Ahora, mientras oigo esas grabaciones, tengo la impresión de asistir a un ritual adolescente cuya energía siempre estuvo condenada a dilapidarse. Todos queríamos impresionar a todos y ese esfuerzo no dejaba tiempo para pensar a solas. Tal vez por eso el gesto voluntarioso de juntar unos libros y hablar de ellos terminó, de nuevo, en una biblioteca vacía. Sus lectores son hoy una *troupe* dispersa por Londres, Nueva York, Barcelona, La Habana... De vez en cuando nos hablamos por teléfono sin decirnos nada importante. Hay como una ley secreta que impide recordar aquellas cosas.

«El curso», como lo llamábamos, fue un pretexto para la amistad, ese comercio de identidades reducido finalmente a un puñado de prejuicios. Era demasiado incómodo servir de testigo en medio de un terreno que se desmoronaba con gestos prudentes y costumbres que disfrazaban la indiferencia. La filosofía debía aliviarnos esa multiplicidad, ordenarla. Pero debajo de ella latía la curiosidad por vidas y paisajes ajenos, un impulso que buscaba romper la membrana de la realidad, invadir intimidades, hurgar en el sótano. Y ese impulso no era, como pensamos al comienzo, un afán político ni una máscara nihilista; en ese descuartizamiento de lo privado había que moverse como el cuchillo de Chuang Tzu: recorrer con sabiduría el cuerpo de la víctima para propiciar los desenlaces de los órganos sin la ostensible violencia del carnicero.

Proyectos y lecturas no sirvieron de mucho cuando aparecieron algunas invitaciones para salir del país, y las complicadísimas gestiones burocráticas se solucionaron como por ensalmo. Tras recorrer los retorcidos alambiques de la política y la religión, «el curso» quedó destilado en esa «sala china» en la que el emigrado adolescente se recluye después de su fase gregaria.

2.

Hace poco encontré en la novela de un amigo la descripción de un sentimiento singular: J., el protagonista, viaja constantemente, ocupado en turbias prácticas comerciales, hasta que un día descubre que ha dejado atrás su alma. Su doble más íntimo se ha extraviado en ciudades hostiles, por lo que J. decide quedarse en un pueblo a esperarlo, como espera también las cartas que le darán la clave de la desaparición de V., una joven a la que ha raptado de un serrallo en Estambul. En la novela se habla de la «bilocación jámblica», un fenómeno comentado por los neoplatónicos, aunque hay una versión simplificada de esa teoría en el cuento del hombre que no tomaba jamás el elevador porque pensaba que su alma viajaba más despacio que su cuerpo y prefería que fueran juntos por las escaleras.

Lo que admiro en *Livadia* de José Manuel Prieto (en inglés le han endilgado un título barroco: *Nocturnal butterflies from the Russian Empire*) no es tanto esa trama metafísica, sino la disposición para revelarla con un rostro picado por la viruela de la experiencia. Para J. el futuro es, a la manera proustiana, la espera del pasado en claro, la posibilidad de un tiempo recobrado *en* y *por* la escritura. Su tiempo adquiere consistencia porque transcurre acompañado de la memoria escrita, metamorfosis *posible* de lo real en irreal y viceversa: del dolor en el recuerdo del dolor, de lo sublime en el esbozo ridículo de lo sublime, de lo necesario en la fútil cristalización de una vida a la que no agregamos casi ninguna circunstancia nueva, dejando que sea el tiempo lo (único) que pase.

Prieto es fiel lector de un escritor que debería convertirse en bitácora de cualquier emigrado: Vladimir Nabokov. Hay mucho de nabokoviano en ese personaje que intenta poner en orden sus recuerdos mientras se dispone a emprender una nueva vida, una existencia regida por la imagen de la idílica V. —así como Ganin está obsesionado por Máshenka, o Fiódor por Zina, o Van Veen por Ada, o Humbert Humbert por la pequeña Lo… En Nabokov el dilema del exilio no es tanto la lucha contra una realidad nueva, sino el ajuste de cuentas con el pasado, convertido en inagotable surtidor de preciosos detalles. De ahí su obsesión con los sentidos. La escena más emblemática de *Máshenka*, por ejemplo, es cuando el protagonista intenta recordar el perfume barato de su amada para terminar constatando que «la memoria puede resucitarlo todo salvo los perfumes, pese a que nada hay que resucite con tanta fuerza el pasado como el olor asociado a él».

Esta curiosa irreversibilidad del recuerdo olfativo es también síntoma de las limitaciones de la memoria: la vida adulta del emigrado va acompañada de cierta resignación, de un encogimiento de hombros ante la manera arbitraria en que llegan los recuerdos. (Leyendo las memorias de Nabokov, por ejemplo, uno se asombra de su capacidad para evocar los sucesos de la más temprana infancia a los cincuenta años, como si su destino de emigrado lo condenara a un envejecimiento prematuro, adelantando también las facilidades retrospectivas que se adquieren con la edad). Con el tiempo tendemos a olvidar lo inmediato, y en cambio esas imágenes que creímos borradas reaparecen de pronto como minúsculas revelaciones durante el viaje *a ritroso*. Por eso lo que hace interesante unas memorias no es lo que haya vivido su protagonista, ni siquiera la época que atraviesan: son los detalles, («¡los divinos detalles!», Nabokov *dixit*), esos recuerdos de un paisaje a punto de desaparecer, una filigrana a trasluz, un juguete olvidado, que resuenan en la vida del narrador para convertirse en posibles agentes de una reconstrucción del alma.

El trenzado de estos temas (alma, destino, memoria) nos da la clave de las fobias de Nabokov, de su irónico combate contra el despotismo político, el *póshlost* o el psicoanálisis, intentos todos de sustituir el pasado por el presente, el porvenir o una turbia mezcla de ambas dimensiones. La suma de imaginación y memoria es la manera de volver a conectarnos con los sentidos pero, al estar desenganchada del presente, sólo puede entregarnos un mundo de fantasmas, de arquetipos frágiles que se desvanecen en cuanto intentamos la prueba de la posesión. Tratar de reconstruir el pasado es, por lo tanto, un esfuerzo condenado a lo grotesco, y así lo describió Nabokov en varias ocasiones: *Glory, Look at the Harlequins!*... En un relato suyo, «El regreso de Chorb», ese intento por hacer retroceder «la cinta de máquina de escribir del tiempo» revela sus tintes más sarcásticos y sombríos. El cuento trata sobre un joven escritor emigrado que se casa con una encantadora muchacha alemana, y juntos deciden viajar por Alemania, Suiza y la Riviera. Pero ella muere en plena luna de miel al tocar un cable eléctrico en una carretera cerca de Grasse. Deseoso de estar a solas con su dolor, Chorb no avisa de la muerte a sus parientes políticos y, en vez de ello, recorre en sentido inverso cada una de las etapas de su frustrada luna de miel tratando de concentrarse en los detalles, fijando y archivando las nimiedades que había observado junto con su amada. Cuando al fin llega a la ciudad natal de la difunta, se detiene en su última capilla de peregrinación, el hotel barato donde entre risas se habían refugiado en su noche de bodas para librarse de las atenciones de sus suegros. Incapaz de afrontar la soledad de la habitación, Chorb contrata una prostituta, no en busca de sus favores sexuales sino para que simplemente llene el lugar vacío que hay junto a él esa noche. Mientras tanto, los padres de la esposa, que llevan un mes sin recibir noticias de su hija, descubren que Chorb se han vuelto a hospedar en aquel mismo hotel. Irrumpen en la habitación y... aquí termina el relato.

También en la novela de José Manuel Prieto el protagonista está condenado al ridículo, pues ha sido víctima de una ilusión que lo lleva a confundir a la amada platónica con la prostituta. J., protagonista y narrador de la novela, aprende que nuestra vida se enturbia con el ansia de un futuro inevitable y sólo descorre su velo después del bastonazo de esos maestros inefables que son el espacio y el tiempo. Al prescindir de su futuro «orgánico», al ignorar ese polémico punto del horizonte, el exiliado se vuelve un emigrado. Eso que los ingleses llaman *displaced persons* y los franceses *émigrés* o *depaysés* son personas que han perdido su objetivo, gente que ya no va a ninguna parte, que ha llegado al final del camino. En alemán se les dice *Ausgewanderten*, y ese término me ha recordado el título de un libro en el que W. G. Sebald, también un emigrado, reconstruye las biografías de cuatro personas que en un momento u otro de su existencia tuvieron que abandonar su país de origen, abandonándose además a sí mismos. Son historias modestas, que distan mucho de los «grandes destinos». Y sin embargo, el recuento de esas vidas revela un mundo sorprendente anclado en los detalles, en la memoria y en su conexión con lo que nos parece insignificante.

Por cierto, en el libro de Sebald hay un homenaje más o menos disimulado a Nabokov, quien aparece en cada una de las historias como un personaje accidental: *the butterfly man*, el cazador de mariposas. Estos guiños apócrifos alternan con extrañas imágenes y fragmentos de conversaciones, entrevistas y diarios ajenos. Aun si Nabokov nunca otorgó a su condición el aspecto depresivo y sombrío que Sebald atribuye a sus personajes, hay entre ellos más de una semejanza. La ambigüedad emocional es la principal característica del desarraigo: los sentimientos del emigrado tienden a ser contradictorios puesto que el mal no está relacionado con el cuerpo sino con la memoria, mucho más voluble. En Sebald ese malestar llega a convertirse en una música de fondo: las frases se alargan, se retuercen, adoptan una cadencia litúrgica. Pero sólo para revelarnos una condición más importante: al emprender una *recherche* en las esperanzas perdidas de sus antepasados, Sebald está sirviéndonos de guía en el purgatorio de la memoria. Por eso sus recuerdos de este mundo brumoso carecen de jerarquía; no hay criterio que los organice, ningún imperativo salvo la narración misma, el paso afelpado de un visitante sin identidad real, cuya mejor coartada es pasearse entre fantasmas.

## 3.

Durante los últimos doce años he vivido algún tiempo en cuatro países. En todos me he sentido un poco extraño, aunque esa extrañeza se manifestara con diferente intensidad, limitada por los mismos hábitos o dotada de un aura nostálgica. Mudándome de un lado a otro he olvidado muchas cosas. Me consuela pensar que esos olvidos son más «personales» que unos recuerdos a los que aferrarse con desesperación. Lo singular de cada uno, lo más inquietante, queda siempre rezagado: es esa ficción que tal vez algún día reconozcamos en un libro, propio o ajeno. En mi caso, este reconocimiento tuvo que ver con una novela de Nabokov en la que el protagonista entra a un cine para ver, sin saberlo, una película en que él mismo ha trabajado de extra algunos meses antes. Su imagen macilenta en la pantalla no sólo lo avergüenza sino que le revela la evanescencia de la vida. Sale un poco asqueado de la sala, convencido de haber vendido su sombra en aquel recinto de feria donde los chorros de luz apuntan como cañones a la muchedumbre desconocida. Mientras camina, piensa que su sombra deambula de una ciudad a otra, de una pantalla a otra, y que él jamás podrá saber qué clase de gente verá esa sombra o cuánto tiempo vagará ésta por el mundo.

Mi lectura de *Máshenka* fue una experiencia terapéutica. No sólo porque cambiando de país me sintiera un poco como aquel personaje que había vendido su sombra (ese es también el tema de un cuento de Andersen y de un relato del conde von Arnim), sino porque al fin había encontrado una explicación de ese hecho: «un sentimiento que bien podría llamarse nostalgia invertida, es decir, ardiente deseo de encontrarme en otro lugar desconocido». Aquella sensación tenía un nombre, se podía escribir sobre ella. Describirla era hacer coincidir el personaje y su sombra, la mancha informe comenzaba a imitar los movimientos de su poseedor hasta conseguir una ondulante y sutil sincronía.

Desde entonces no he dejado de pensar en el exilio como una paradójica revelación de los límites de lo «intelectual», como si sólo éste pudiera regalarnos un vistazo panorámico de la «verdadera vida», del discurrir confiable de sentimientos y personajes en una realidad evanescente. Por una extraña inercia, todo lo que me había pasado tenía que ver con algunos viajes, con algunos libros; mi vida estaba como reflejada en un cristal ajeno. Pero esa inercia me dejaba a cambio un lugar imaginario donde lo «importante» cedía paso sin culpa a lo «superfluo», gobernado por el flujo de detalles con los que una sensibilidad forma su embrión inevitable. Gracias al tiempo que había vivido fuera de mi país, mi futuro era algo ajeno a la irrupción histórica, *algo* que, a diferencia de otras «teorías» o de las « ideas generales», revestía una consistencia casi táctil con la que la percepción aseguraba su continuidad mínima.

Cuando empezamos a sospechar que una vida puede tener un curso decidido de antemano, hilamos cada uno de los detalles que la componen y nos sentimos obligados a mirar lo circundante con nuevos ojos, pues cada sensación está obligada −o al menos, eso creemos− a poseer un íntimo porqué. Y aun si el destino se confiesa reflejo de una presunción, ya hemos sentido el pálpito del mundo como algo parecido a la mañana posterior a una noche de alcohol: cualquier resplandor se vuelve insoportable, y sin embargo, en el aparente embotamiento descubrimos una agilidad inesperada, una imagen.

Al optar por la reconstrucción de un pasado, disponemos de una ventaja inicial: cualquier recuerdo sirve para empezar. La memoria no requiere de una genealogía ilustre si uno sabe apreciar el gusto por las palabras. Ambiguo reducto de placer, el pasado nos advierte que al seguir la flecha del tiempo traicionaremos «algo», un «algo» casi siempre contrario de lo que «debería hacerse». No hablo de recuerdos personales, esas manoseadas postales de lo memorioso, sino de la memoria como actividad que nos separa del curso utilitario de las cosas, o mejor dicho, que existe gracias a que puede prescindir de ese curso. Acostumbramos a pensar en la vida que «debemos vivir» y en lo que «debemos hacer» como el lado «objetivo» de las cosas, el reverso de ensoñaciones más o menos elaboradas. Pero quien aguce lo suficiente sus sentidos terminará descubriendo en su ensoñación la secreta lógica de lo existente. Mientras que al escarbar en las aspiraciones más «reales» las sorprenderemos atadas a teorías brumosas y conceptos vagos (éxito, poder, felicidad), al mundo fantasmagórico de los clichés.

Por eso evito pensar en el futuro: no ofrece la posibilidad de zafarse del mundo como abstracción para reparar en el polvillo iridiscente de la vida. Esa es la única «madurez» provista de sentido: el momento en que la torsión súbita de la memoria nos ayuda a distinguir la verdadera altura del presente bajo su calado engañoso.

4.

En una de las historias de *Los emigrados*, la que refiere la biografía de Ambros Adelwarth, hay una curiosa alusión a cierto «síndrome de Korsakoff», una enfermedad mental que lleva el nombre del psiquiatra ruso que la descubrió, Serguéi Serguéievich Korsakov (1854-1900), y que consiste en compensar la pérdida de la memoria con fantásticas invenciones. Las personas que sufren ese síndrome son incapaces de recordar sucesos de su pasado reciente, incluso inmediato; sólo retienen esa información unos instantes antes de sumergirse en la fabulación, en recuerdos detallados y convincentes de sucesos que no han ocurrido jamás. Estos pacientes tampoco experimentan continuidad entre una experiencia y la siguiente;

su olvido puede oscilar entre apenas unas semanas hasta quince o veinte años antes de comenzar a padecer el trastorno. Esta amnesia nunca es total ni uniforme –la devastadora patología retrospectiva que describió Ribot–, puesto que las «islas» de lo recordado pueden ser descubiertas mediante un persistente interrogatorio. No se trata de una metamorfosis radical sino de una áurea mediocridad, una tierra de nadie donde conviven la imaginación y el desvarío.

Tal vez Sebald haya encontrado la referencia al síndrome de Korsakov en un famoso libro de Oliver Sacks, *El hombre que confundió a su mujer con un sombrero*, donde se describen dos casos de pacientes afectados por esta enfermedad. Resulta casi imposible leer las descripciones clínicas del doctor Sacks sin que nos asalte un extraño desasosiego. Por ejemplo, cuenta Sacks de un paciente:

> A sus pies se abrían continuamente abismos de amnesia pero él los salvaba con ingenio, mediante rápidas fabulaciones y ficciones de todo tipo. Para él no eran ficciones, era como veía de pronto o interpretaba el mundo. El flujo incesante y la incoherencia del mundo no le resultaban tolerables, no podía admitirlos ni un instante... sustituía aquella cuasicoherencia extraña y delirante [...] con un mundo de las *Mil y una noches*, una fantasmagoría, un sueño de situaciones, imágenes y personas en perpetuo cambio, en transformaciones y mutaciones continuas, caleidoscópicas.

¿Acaso todo emigrado no necesita también reconstruir su mundo, reinventar la narración que conforma su identidad? ¿Acaso para ser «él mismo» no está obligado a recolectar los despojos de su yo, a armar las piezas de su drama interior, aun a costa de una ambigua veracidad? ¿No representa la literatura un esfuerzo equiparable por conferir realidad y continuidad a un espacio en blanco, a un mundo que se esfuma y sobre el cuál sólo podemos tender puentes en una especie de frenesí mitomaniaco?

Sin embargo, hay algo inquietante en este recurso que nos liberaría, en la medida de lo posible, del vasallaje de la realidad inmediata, por el expedito recurso de confundirla con la reinvención creadora de la memoria. Y es que tal «síndrome» lleva consigo la amputación de la personalidad, reducida voluntariamente a la percepción, como le ocurre a ese emblemático personaje de Borges, Isidoro Funes, que contempla su pasado como si fuera siempre la primera vez.

Sacks cuenta que sus pacientes sólo podían relajarse mientras paseaban por su jardín. Allí no tenían necesidad de dedicarse a un frenético parloteo social, ni a la búsqueda y elaboración de su propia identidad. La naturaleza silenciosa, el orden no humano, les ofrecía una extraña y plácida comunión, la renovada sensación de ser reales, ajenos a las presiones del día siguiente, a la inquietante presencia del futuro.

También un emigrado es, pese a las apariencias, un *futurópata*. No evita un futuro en particular, mejor o peor por una u otra razón, sino cualquier perspectiva, cualquier plano que organice sus sentidos, como esos trucos de piso ajedrezado que vemos en los manuales de dibujo. A cada rato practica, casi por costumbre, la aburrida gimnasia de la profecía. Pero en el fondo recela de un tiempo domesticado, ineludible. Ha comprendido que ya no vivirá en lugares en los que el futuro es más «real» que el presente, y empieza a revalorar un tipo de imaginación en donde el estilo, «esa señal de la transformación que el pensamiento del escritor hace sufrir a la realidad» (Proust), adopta la forma de una inversión temporal: un cambio del futuro por el pasado, de lo previsible por lo provisorio, habitación alquilada donde se juntan juicios, recuerdos perdidos, capturados, incluso inventados. La metamorfosis en nombre de un estilo implica también un cambio en la relación con el prójimo. Si en un mundo regido por el futuro todos somos grises ciudadanos de «lo que vendrá», atletas de alguna vana carrera circular, en un mundo de pura memoria todos somos fantasmas, muertos vivos, personajes de nosotros mismos.

Una leyenda recogida por Leo Frobenius en *Atlantis* cuenta lo siguiente: «Cuando uno se aleja mucho en sus correrías se encuentra en el mercado –ya sea en Ife o en Dahomey, o en el país de los Ewe– con gente que ha muerto en su país y se ha retirado allí para no ser reconocida. Cuando ven a algún compatriota conocido se escabullen a toda prisa y cuidan de no ser vistos nuevamente». Yo mismo y casi todos aquellos que conozco estamos en la piel de esos *zombies*. Vivimos en retiro, de una u otra forma; vagamos por un mundo perdido. Por lo general evitamos encontrarnos pues nos recordaríamos ese estado de incomodidad. (Otras veces, en un acto que es simple reflejo especular del anterior, procuramos a nuestros semejantes para que nos recuerden esa misma extrañeza).

Sin duda, los sentimientos de solidaridad se malquistan cuando uno carga con algo perdido. Malinterpretamos este hecho, juzgándolo reflejo, una expresión de mimetismo con respecto al uso predominante en lugares donde la intimidad aún conserva cierto valor reglamentario. Atrás ha quedado la colectivización inducida de los hábitos más nimios. Somos «libres», estamos a solas con nosotros mismos. Pero, ¿cuánto hay de miedo detrás de esta esquiva del semejante, ése que nos obligaría a viajar al pasado? Estos últimos años he llegado a creer que ese miedo es el componente esencial de nuestra civilidad de emigrados, y que por él hemos convertido nuestros recuerdos en los túmulos funerarios de nosotros mismos, de lo que fuimos y de lo que no pudimos ser, de lo que nunca tuvimos y de lo que poseímos con la alegría del conocimiento iniciático, de lo que no somos y de lo que ya no podremos ser.

Me temo que la empresa de revisar el futuro entre quienes estamos «fuera» puede convertirse en un tétrico paseo por esos túmulos, un viaje en el que, a fin de cuentas, sólo podremos desenterrar huesos confusos para armar con ellos el esqueleto de alguna figura ritual.

# Epístola moral a un revolucionario zen

> Friend by enemy I call you out.
>
> Dylan Thomas

> Con cuánta habilidad mezclabas
> materialismo histórico y pauperismo evangélico,
> pornografía y redención, náusea por el olor
> a trufa, el dinero que te caía.
> No, no estás errado, Malvolio, la ciencia del corazón
> aún no ha nacido, cada uno la inventa como quiere.
> Pero olvida las fugas, ahora que no se puede
> buscar una esperanza en su contrario.
>
> Eugenio Montale, *Lettera a Malvolio*

Hay algo misterioso, mi querido amigo, en cómo una amistad adolescente, aquella que suponíamos enraizada en una zona de afecto imperecedero, termina siempre vapuleada por los rigores de la experiencia mundana. Imagen demasiado fácil, tal vez, la del exilio como esa nube oscura que planea sobre nuestras vidas para sacar los sentimientos de su reducto arcádico y someterlos a la implacable confrontación con el presente. Un poema de Rihaku, que Pound traduce como *Taking Leave of a Friend* evoca, por ejemplo, la imagen de dos jinetes que se alejan mientras sobre ellos se cierne «el alma como una gran nube flotante». Postal melancólica: fraternidad espiritual pese a la lejanía. Pero si una amistad avanza, sin duda, sobre un delicado tejido de afinidades y ausencias, al final siempre acaba por decidirse en el otro sentido, más decisivo e íntimo, de aquello que radica en territorio moral. Confío en que por muchas que sean ahora nuestras diferencias, al menos convendrás en que el verdadero espacio de la amistad no son las circunstancias espaciales, literarias, políticas ni religiosas, sino un coto moral, al que todo lo otro acude sólo en determinadas circunstancias.

Algunas nociones de esa moral están en verso. Parecido desencanto, singular extrañeza asoman, por ejemplo, en un hermoso poema de Gerard Manley Hopkins, tan melancólico como el de Li-Po. Se llama *The beginning of the end* y en su última estrofa se menciona «*the sceptic disappointment and the loss / A boy feels when the poet he pores upon / Grow less and less sweet to him, and knows no cause*». Ese poema no habla sólo de literatura. Porque cuando un lector decide hacer la lista de sus ilusiones perdidas, esa decisión también irrumpe en dominios morales. Pasado el tiempo, y casi siempre con un libro entre manos, uno se sorprende preguntándose qué le unía a cierta persona, e incluso a aquel antiguo grupo de amigos, a quienes la prueba del reencuentro ha terminado por despojar de antiguas virtudes. Una vez contrastado tan lamentable estado de cosas con la idílica imagen incubada durante años resulta inevitable ceder a la tentación de darle a la amistad un tratamiento criogénico; preservar sus trozos para paliar la desazón que nos causa el cambio de expectativas.

Algo así me ha provocado nuestro último encuentro, tan desafortunado. Y no porque me permitiera comprobar lo que ya era *vox populi* entre los numerosos testigos de tu conversión, sino porque esa breve charla me trasmitió la sospecha de que también tú te sentías un poco incómodo con ese personaje al que te has aficionado; como alguien que después de probarse un traje de época decide que le queda muy bien –demasiado bien, tal vez– y sale a la calle para convencer a los demás de que están en un error al vestir como lo hacen.

Hay algo burdo y bufonesco en esos gestos, que ya no son los del *fool* shakespeareano, lúcido en el sarcasmo. Siempre has tenido sentido del humor, pero ahora tus chistes son menos sutiles, y tu arrogancia, apenas encubierta por sonrisas beatíficas, constantes invocaciones a la divinidad y algunas *boutades* proporcionales en escándalo a tu falta de lecturas, delata a quien se halla en posesión de una certeza o, al menos, garantía, demasiado valiosa para ser sometida a discusión.

Esa imagen, doblemente chocante en alguien que presume de espiritualidad tan ecuménica, me obliga a desempolvar varias fotos de época, fechadas cuando tu inteligencia iba acompañada de singular irreverencia y tu presunción quedaba respaldada por el esfuerzo de una escritura lograda. Eso sí: no recuerdo que te mostraras satisfecho por los términos en que aquella realidad se enmarcaba. Al contrario, uno de los supuestos de nuestra amistad era la certeza de vivir en un mundo cuyos signos de pobreza (física y espiritual) evidenciaban una catástrofe política, un estado de cosas que podía (y debía) cambiar. Lo cual me lleva, inevitablemente, a aquellas madrugadas de 1989 en tu casa de la playa: varios amigos empeñados en redactar un panfleto disidente que cumpliera, al menos, con los rigores de la gramática.

Entre aquellas personas que, cansadas de la hipocresía circundante, decidimos «meternos en política» parecía lógico que se estableciera una solidaridad a prueba de circunstancias. Y más cuando en la hora incómoda de las firmas nuestros protagonistas constataron la desconfianza, el desdén y la creciente hostilidad de sus propios colegas, en los que suponían mayores dosis de lucidez o de entereza. Casi todos tenían demasiado que perder, lo cual habla del recurso del miedo y de un estado de cosas (político, moral, literario) que ahora pareces empeñado en identificar con el *summum bonum* o con el mejor de los mundos posibles. Tu reciente panglosianismo sustituye, entonces, a la antigua soberbia, pues algo había de pecado original en aquella insistencia por corroborar el miedo ajeno; el miedo, incluso, de los más próximos, y ripostar de antemano sus justificaciones, su distancia ante algo que, sin duda, les cambiaría la vida.

¿Nos la cambió a nosotros? Supongo que sí, que aquel libelo bajo el cual juntamos apenas un puñado de nombres nos cambió un poco la vida. Creo recordar que te expulsaron del trabajo, no te dejaron publicar durante un tiempo, te invitaron a quedarte en el extranjero y un buen día llegaron a tu casa, por sorpresa, para que cumplieras con el Servicio Militar pendiente en algún campamento poco bucólico. Son cosas con las cuales uno puede llegar a reconciliarse. Más difícil resulta, creo yo, descubrirles el lado edificante.

Anécdotas aparte, lo que sí parecía eterno, incluso en la distancia, era nuestra amistad, probada aquellos días en que aceptábamos dignamente el papel de apestados. No fue una época fácil para ninguno de nosotros. Sin embargo, nuestra alegría interior, la chisporroteante convivialidad de tres o cuatro afinidades electivas, tenía su origen, o al menos eso creía yo, en una fe literaria a salvo de ninguneos o prebendas oficiales. En aquel lugar y en aquel momento nos resultaba imposible separar vida y literatura, dos caras de una moneda todavía en el aire, aunque ahora tú decidas mirar hacia otra parte suponiendo, como has dicho, que la literatura por sí sola no basta. Ese cambio de fe ha conmovido, por fuerza, una amistad pedagógica, nuestra *philía* edificada bajo el signo de la *Paideia*.

Detallar mutaciones progresivas y, sobre todo, atreverse a calificarlas de inevitables, de hijas más o menos legítimas de las circunstancias (la imperiosa necesidad de un lugar después de tanto silencio, el exilio impuesto o voluntario de tus viejos amigos, la disyuntiva moral de una ambiciosa poética; eso que, en fin, los antiguos llamaban «un destino») sería una empresa larga e incómoda para ambos, y más ahora que prefieres otras formas de juicio, otras ordalías en que lo autobiográfico parece confinado al desván de las frivolidades. Sin embargo, también hay frivolidades en nombre del espíritu, y ahí tienes el ejemplo de quien predica desde un estercolero creyéndose a salvo de los males del mundo.

Permíteme, entonces, que aproveche esta carta pública para recordarte que el *pathos* de lo confesional es un invento agustiniano que no desmerece la Ciudad de Dios. Al colocar la pregunta por la amistad en un espacio moral no hay más remedio que rastrear lo autobiográfico, pues las precarias certezas que estos asuntos suscitan siempre tienen que ver con el ego, ese mismo ego, irónico y sarcástico, al que debes tus mejores poemas. En esa pecaminosa Cartago, *nunc delenda*, leí con placer tus «Contribuciones rudimentarias a una idea de nación», lúcidas sugerencias a un cubano que todavía se entrena «para la diversión o para la amnesia». Ahora prefieres preguntar a tus contemporáneos cuál es su idea de la Revolución y cuál su compromiso con la cultura letrada, con el gesto imperioso de quien deshace ostensibles equívocos. Pero sospecho que en aquel momento te hubieras burlado de una ecuación tan simplista como esa que arrojas al pasto de lo opinable: Revolución+Cultura=Tradición.

El proceso por el que formulas esas preguntas para acto seguido dar respuestas previsibles y desarrollar alegato inconsistente ejemplifica, creo, un equívoco moral, ese que designamos con el término «cargarse de razón». Implícito está que quien se carga no es quien hace algo, sino alguien que permanece inmóvil mientras los otros, esos antiguos amigos tuyos que renegamos de la Revolución, añadiendo torpeza sobre torpeza, error sobre error, injusticia sobre injusticia, nos convertimos en el motor que te suministra potencial ético. Ninguna evidencia más segura podría haber de la realidad psicológica del fariseísmo (mecanismo moral definido por Weber como «construcción de la propia bondad con la maldad ajena, o utilización de la moral como instrumento para tener razón») que esa expresión tan castiza que conlleva la adquisición de un derecho sobre el otro. Sin mayor justificación, por ejemplo, te arrogas el de aleccionarnos con el lezamiano *hoc age*: sean revolucionarios radicales; es decir, participen de la razón poética, es decir, hagan *zazen*.

Tu indignación merece una respuesta pública, aunque hables de un libro que en Cuba no circula o de gente que no puede responderte donde mismo los atacas. Mi idea de la Revolución, si en realidad te interesa, es que ha encubierto su funesto destino de sacrificio moderno con el ropaje de la renovación espiritual. No me siento en deuda, como al parecer lo estás tú, con una revolución que dividió a mi país, que usó la buena fe de un pueblo para empujarlo a una apuesta revanchista en nombre de la redención. Fue precisamente un revolucionario profesional –el más espiritual de los guerrilleros– quien proclamó la idea del revolucionario como aprendiz del odio: «Odio como factor de lucha, odio intransigente al enemigo, odio capaz de llevar al hombre más allá de sus límites naturales y transformarlo en una fría, selectiva, violenta y eficaz máquina de matar». Aunque has mencionado muchas veces al autor de la cita, lamento que nunca te hayas ocupado de esa terrible metáfora. El caso del Che Guevara es un excelente ejemplo de cómo el fariseísmo puede corromper la médula de un cambio social, de cómo la seducción del sacrificio desemboca en catarsis y favorece ese sentimiento de estar acumulando un capital moral con el que ahora pareces identificarte.

Lo más interesante del Mal, decía Joseph Brodsky, es el hecho de que sea absolutamente humano. Por eso las nociones de justicia social, conciencia cívica, un futuro mejor, etc., pueden ponerse al revés sin mucho esfuerzo y ser usadas con fines repugnantes. Eso que tu displicencia etiqueta como «la cultura de los libros» nos protege del Mal, cuyo nombre es legión y cuya mascota favorita suele ser la pureza ideológica. Los buenos escritores advierten de la obscena atracción del número y fomentan el individualismo, la libertad de pensamiento, la singularidad. En cambio, aquel «sueño de un mundo sin dinero y sin clases» se ha convertido hoy en un catálogo de profundas frustraciones. ¿Acaso le ha restituido al hombre su esencia? ¿Podemos seguir incluyéndolo, tras los millones de muertos, en la omnicomprensiva historia del humanismo? Es la cultura de los libros, supongo, la que nos permite mantener un margen de duda razonable sobre tus demasiadas certezas.

«La necesidad de equilibrio entre tradición y revolución» –afirmas– «requiere del intelectual un ejercicio imaginativo que rebase los lugares comunes del desencanto y la ironía de salón, del escepticismo sin rigor filosófico ni compromiso con el destino humano, del cinismo sin espíritu de renuncia ni distancia crítica y, en fin, de la crítica sin generosidad».

Puestos a hacer listas, habría que agregar a tu elenco de peligros el misticismo del converso, esa huida hacia adelante, ilustrada por la división entre «intelectuales» (seres librescos) y «poetas» (criaturas auténticas). Los representantes de esa revolución esencial a la que aludes se han rodeado de una abigarrada cohorte de eunucos, tan llenos de buena fe como incapaces de criticar el mundo mezquino que los rodea. El caso más lamentable es el de tu maestro y mentor Cintio Vitier, quien ha dedicado mucho tiempo a redactar una vulgata para tiempos de reafirmación patriotera, con la que ilustra, de paso, su alegría por haber sido testigo del Ser encarnado: «Tampoco puedes renunciar a los momentos –confiesa en alguna entrevista–, como fue aquel de enero de 1959, en que el Ser asoma. Sencillamente asoma, no se establece, pero asoma. Y es una compañía muy grata. Es algo que se siente, que no puede convertirse en dogma, en doctrina; y que lo siente el letrado y el iletrado».

Vitier ha sido claro, casi tajante, en su condición de nuevo intelectual orgánico, iluminado por el *revival* del nacionalismo mesiánico. Tú, en cambio, pareces estar en una cuerda floja: arrastrada por un servil «vitierismo», tu poesía paga culpas ajenas, empieza a volverse adusta y previsible, al tiempo que varios de tus ensayos más recientes («El dojo zen en La Habana», «Glosas al padre Gaztelu» y, sobre todo, esos sorprendentes «Estudios a partir de Lezama») se trocan en indiscriminados catauros de citas y medias verdades.

El reciente alegato que dedicas a tus contemporáneos se complace en menospreciar la cultura entendida como frivolidad, «como mero capital o divertimento *ad usum delphini*». La literatura debería haberte enseñado no sólo a respetar aquello de lo que nos reímos, sino también a reírnos de lo que se respeta. Me cuesta creer que hayas olvidado aquella advertencia de W. H. Auden que me citaste alguna vez: «Es posible que el campesino juegue por las noches a las cartas mientras que el poeta escribe versos, pero hay un principio político que ambos apoyan y éste es que entre la media docena de cosas por las cuales un hombre de honor debe prepararse para morir si fuere necesario, el derecho a jugar, el derecho a la frivolidad no es el menos importante».

Te propones de *outsider*, de partícula reacia a suscribir la idea de un Estado omnipotente. Pero tu radicalismo es un «fluir silencioso», lo cual casi te mimetiza con la naturaleza. Me deja estupefacto, lo confieso, tu desmentido de que en Cuba «el intelectual plenamente crítico sólo puede ubicarse en la marginalidad, la disidencia o el presidio». «Sabemos que no es de rigurosa obligación operar con el Estado ni a su favor» –alegas. Un posible desmentido a esos patéticos amagos de filosofía política podría ser la cínica claridad de Humpty Dumpty: «No es el sentido de las palabras lo que importa; lo que importa es saber quien manda».

Del otro lado de tu maniqueísmo asoma el estigma del mercado para impugnar a quienes optamos por irnos de Cuba. Para ese club al que regalas la exclusiva del cinismo, tu idea de un capitalismo imperial (¿o debo escribir KAPITALISMO?), interminable lista de siglas y tópicos, resulta bastante caricaturesca. Tiene algo de arielismo beisbolero, pasado por Toni Negri y Noam Chomsky, más cinco o seis metáforas antinorteamericanas que Vitier le copió a Juan Ramón. Deberías volver a Marx, un pensador más serio, que al menos intentó la ontología del flagelo mundial. En resumen, la tuya me parece una posición insostenible, frívola, que evita la esencia del asunto. Niegas que alguien pueda ser programado para vivir en el comunismo (y en eso tienes razón), pero sí crees en el capitalismo programador, esa danza de espectros. Hoy, cuando ese mercado vende también numerosas figuras de anticapitalistas y antiglobalizadores, tú decides alinearte con quienes repudian un «arcaico cosmopolitismo imperial, empeñado en la transmisión mediática de miseria espiritual y avidez material». Hay algo pueril e irresponsable en sostener que el capitalismo es por fuerza enemigo del espíritu, algo así como la dictadura del materialismo adinerado, donde a duras penas nos topamos con alguna idea que no provenga de la London School of Economics. Me siento un poco ridículo recordándote que ese mismo capitalismo ha hospedado una tradición espiritual y un cuerpo de Derecho donde se reconocen libertades que tus conciudadanos no tienen derecho a defender en la plaza pública.

Luego está el tema Orígenes, la arrebatiña por la herencia de Orígenes, un legado, aseguras, aún pendiente. En efecto, Orígenes no ha sido asimilado. Permíteme decir también que lo que has escrito sobre el tema no contribuye a esa asimilación. Tras esa pared de glosas, Lezama se evapora; a la manera de Garcilaso, que, convertido en pastilla de incensario, se esfumaba con efectos no previstos por sus contemporáneos.

En tus notas a veces regresan el espíritu y la letra de Lezama. Pero no vienen juntos: ahora son fantasmas enemigos, hermanos hoscos tras los que adivinamos una historia de traiciones. Una historia turbia, de la que empezamos a desconfiar cuando Lezama, el Venerable, se convierte en Beato: un «mito» en el sentido más vulgar del término. La estetización de la ruina Lezama, «restaurada» hasta convertirlo en muñecón de una política cultural con sospechosa urgencia de «raíces», resulta doblemente patética, pues lo devuelve a ese entorno folklórico de los años 30 y 40, que él mismo rechazó como la peor representación de «lo cubano».

Deberías preguntarte por qué Vitier se empeña en convertir a Lezama en ideólogo revolucionario. Pero como discípulo obediente, repites la mentira del *magister*: lo que Vitier entiende por «encarnación histórica de la poesía» no es otra cosa que un estado revolucionario («Estado operativamente jurídico, pero sobre todo, es lo esencial, protoplasmáticamente histórico» –precisará en otra parte, anunciando la revolución infinita de tu artículo). Gracias a esa burda manipulación, la herencia de Orígenes, prestigioso legado en litigio, queda en manos de su vicario: una Revolución concebida como «Estado protoplasmático».

Para Vitier, la tradición cubana es una pastorela en la que celebramos siempre a los mismos actores: Luz, Varela, Martí, Lezama, padres fundadores de la Revolución de 1959. En los últimos años le ha dado por repetir que en la literatura cubana no hay generaciones, que los verdaderos creadores sólo deben aspirar a pertenecer a «la generación de José Martí», administrador excelso de nuestra *poiesis*. De alguna manera, tú le das la razón en ese desvarío. Al convertir a Orígenes en un «estado de concurrencia» protoplasmática te sumas a la comparsa de su mistificación e igualas la realidad y el deseo en un falso *continuum*. Porque la mistificación primero forma un magma intemporal, donde lo mismo cabe Buda que Lezama, Fidel Castro, el Che Guevara, la alquimia o el Zen. De esa mezcla salen luego los vapores corruptos de la «razón poética», la obsesiva presencia del infinito y la soberbia del Poeta empeñado en instaurar su «reino», en cambiarnos la fede por la sede. Como si escribir poesía no bastara, como si la poesía debiera ir más allá de la escritura para «realizarse» en alguna empresa de redención, que, en realidad, terminará desfigurándola, reduciéndola a una alabanza y ocultando el digno rostro del poeta bajo una casulla prestada.

"Uno de los dilemas de los artistas en tanto seres humanos –escribe tu admirado Robert Creeley–, particularmente de los escritores, en la medida en que participan de una clase de elaboración de imágenes que tiene como medio a ésa que es posiblemente la más poderosa de las abstracciones humanas, el lenguaje, es la megalomanía, las ilusiones de grandeza, de inmenso poder u omnipotencia». Quizás ese afán de grandeza está detrás de tu defensa del «poeta» a costa del «intelectual». Sin embargo, «lo creativo», según Creeley, no es patrimonio de un tipo especial de imaginación mística o poética, procreada en un mundo sin dinero y sin clases, sino del artista que persevera en su propia materia y evita las coartadas espiritualistas. Tú, en cambio, nos vienes ahora con una apología del «lenguaje universal» y de las «transformaciones trascendentes», de «lo cubano» y otros asuntos «que van más allá de la escritura misma y su prestancia».

¿Por qué has preferido imitar el pasado y convertirte en ventrílocuo de Vitier, en vez de emprender tu propio *make it new*? En cualquier caso, para emular la empresa intelectual de Pound o la de *Orígenes*, el presente tiene que indigestarnos un poco. Y tú has dejado claro que a ti no te indigesta. Los demás podremos equivocarnos, pero al menos damos fe de un aparato digestivo, mientras que en tu caso corroboro la irresponsable aquiescencia de quien prefiere el ayuno obligatorio.

Como ves, mis objeciones son lo suficientemente prolijas como para que dos futuros, el de nuestra amistad y el de nuestro país, aparezcan bastante difuminados. Sin embargo, al final de tu ensayo mencionas un «impulso hacia la curación», lo cual invita a la esperanza. Se dice que a la hora de curar a un muerto-vivo hace falta una especie de remolino temporal, un exorcismo más poderoso que cualquier chivo expiatorio. Ojalá que ese tiempo que nos arrebatas te ayude en esa empresa.

# Recuerdos cubanos de una vida dañada

En el verano de 1991, el libro más prestado de mi biblioteca habanera fue *Microfísica del poder*, de Michel Foucault, un volumen en rústica, de tapas amarillas, editado en Madrid por La Piqueta. Una de las normas no escritas de préstamo rezaba que nadie podía llevarse dos libros de Foucault de una sola vez: la tentación de desaparecer con ellos hubiera sido demasiado grande. Así que Foucault era dosificado en unidades mínimas; «convoyado», por así decirlo, con algún Derrida, un Baudrillard tal vez, si ese día el bibliotecario estaba de buen humor, aunque lo más común era que terminara escoltando a cualquier filósofo menos glamoroso, como Spinoza o Hegel.

Por esa época, el arte de citar a los posestructuralistas franceses había conseguido entre nosotros el refinamiento de un ritual oriental y la obligatoriedad de una tratativa cortesana con autoridades indiscutibles. Pero el filósofo ejemplar, el *maître à penser* de mi generación fue aquel profesor de una universidad francesa de provincias, muerto en 1984 sin imaginar que unos lectores cubanos lo elevarían, antes que sus colegas franceses, al puesto canónico de sus maestros: Nietzsche, Freud y Marx.

Esa fascinación se alimentaba con lecturas semisecretas: la Biblioteca Nacional, por ejemplo, tenía una sola edición de *Las palabras y las cosas* y otra de *La arqueología del saber* (no en préstamo; había que consultarlas *in situ*). Traducciones de la *Historia de la locura en la época clásica* y *El nacimiento de la clínica* asomaban ocasionalmente en casa de emigrados chilenos o psicoanalistas argentinos. Aunque el Foucault más buscado era el genealogista de La Piqueta, el descubridor de una nueva concepción del poder donde diversas técnicas y tácticas de dominación sustituían los criterios de Estado y soberanía.

No es difícil deducir las razones de aquella popularidad: Foucault había escrito sobre nuestra principal preocupación de intelectuales emergentes: el tema del poder y de sus relaciones con el Estado, por un lado, y con el saber, por otro. Sus tesis eran la coartada perfecta para un malestar político que desbordaba los límites epistemológicos de la filosofía del compromiso, ese omnipresente *engagement* que durante décadas había sido el «enfoque oficial» de las relaciones entre los intelectuales y el Estado. Quedaba, por supuesto, el caso de *Pensamiento Crítico*, donde Gramsci había sido una referencia importante. Pero tampoco esa revista rebasaba una perspectiva marxista de las relaciones entre el poder y los intelectuales. En *Pensamiento crítico*, como en *El Caimán Barbudo* de Jesús Díaz, se detectaba sin mucho esfuerzo el complejo de culpa por aquel pecado original que el Che Guevara endilgara a los intelectuales en su panfleto fascista *El socialismo y el hombre en Cuba*: no ser auténticamente revolucionarios. En cambio, la sociología del posestructuralismo propiciaba la ilusión de un nuevo Estado (red de comunidades abiertas, fragmentadas en micropolíticas), que acogería, pródigo, a los futuros intelectuales de nuevo tipo. Al menos desde esa perspectiva, Cuba parecía capaz de comunicarse en igualdad de condiciones con la vanguardia del pensamiento occidental.

Me limito a esbozar el comienzo de un curioso fenómeno fechado entre 1988 y 1992: una promoción de filósofos formados en una universidad marxista descubrió buena parte de la filosofía occidental a partir de revisiones posestructuralistas. Nuestro Spinoza era el de Deleuze, nuestro Schelling el de Heidegger, nuestro Nietzsche el de Foucault, y hasta las acciones en baja de Marx subieron notablemente después de que descubrimos el marxismo estructuralista de Godelier. Aquel deseo de «actualizarnos» aireó el ambiente enrarecido de la academia y suscitó la ilusión de un conocimiento inseparable de cierta rebeldía *à la page*. Pero en lo concerniente a las relaciones entre el poder y los intelectuales, el discurso posmoderno vino a ocupar el lugar de un pensamiento disidente que razonara el cambio de gobierno.

La curiosa paradoja según la cual la posmodernidad conseguiría igualar la realidad política cubana con los ámbitos teóricos de las exhaustas democracias occidentales tenía mucho de pirueta generacional; era, para decirlo con la jerga de aquella época, una estrategia de legitimación. Hacíamos *tabula rasa* del modelo de intelectual comprometido porque nadie quería repetir las aventuras de los años sesenta y setenta. El camino del intelectual comprometido exigía el precio de la disciplina partidista o la irrenunciable condición «orgánica» de un estamento servil dentro de las «prioridades» de la revolución. Sin embargo, tras aquel arrasado bosque de olmos –para usar la metáfora del Che–, los nuevos intelectuales sentían la necesidad de anunciarse como perales; de ocupar, al mismo tiempo, el lugar del discurso crítico y el de los valores socialmente reconocidos.

Una disyuntiva semejante había atormentado, en los sesenta, al grupo vinculado al suplemento *Lunes de Revolución*, que consagró buena parte de sus ilusiones perdidas a otro intelectual francés. En 1960, Jean-Paul Sartre llegó a La Habana con demasiadas ganas de «pensar contra sí mismo». Como recuerda Rafael Rojas, el trópico le entregó lo que buscaba: una comunidad orgánica, regida por una misteriosa voluntad colectiva, que la hacía avanzar hacia metas concretas (alfabetización, reforma agraria, «lucha contra bandidos») siguiendo la voz de un líder joven y hermoso. En *Huracán sobre el azúcar* –dice Rojas– Fidel Castro aparece como un ángel panteísta: «Lo es todo a la vez, la isla, los hombres, el ganado, las plantas y la tierra…, él es la isla entera». Boquiabierto en la Plaza, Sartre se extasía ante la perfecta comunión política entre el caudillo y el pueblo: «Sola, la voz, por su cansancio y su amargura, por su fuerza, nos revelaba la soledad del hombre que decidía por su pueblo en medio de quinientos mil silencios».

Veinte años después, nadie de mi generación creía ya en las virtudes intelectuales del éxtasis sartreano. Para entonces habíamos tropezado en alguna librería de viejo con el número de la revista *Casa de las Américas* dedicado al *affaire* Padilla. Allí se reproducía también el Discurso de Clausura del Primer Congreso Nacional de Educación y Cultura, donde un elocuente Fidel Castro dejaba clara su vocación de Gran Inquisidor: «¿Concursitos aquí para venir a hacer el papel de jueces? ¡No! ¡Para hacer el papel de jueces hay que ser aquí revolucionarios de verdad, intelectuales de verdad, combatientes de verdad! Y para volver a recibir un premio, en concurso nacional o internacional, tiene que ser revolucionario de verdad, escritor de verdad, poeta de verdad, revolucionario de verdad. Eso está claro. Y más claro que el agua».

Compárese esta ramplona exaltación de la censura con las sutilezas de una declaración foucaultiana: «El rol de los intelectuales –le decía Foucault a Deleuze en 1972– ya no es ubicarse de alguna manera, por encima y a un lado para expresar la sofocada verdad de la colectividad; más bien, consiste en combatir contra las formas de poder que lo transforman en su objeto e instrumento en las esferas del conocimiento, la verdad, la conciencia y el discurso. En este sentido la teoría no expresa, traduce, o sirve para aplicarse a la práctica: es práctica».

La conclusión de Foucault anulaba, de golpe, la monserga guevarista sobre el «pecado original» del intelectual en la Revolución. Pero también propiciaba la ilusión de que al cambiar ciertas «estrategias del saber» hacíamos algo *realmente* político. Desde ese punto de vista, era casi lo mismo criticar a un profesor o armar una biblioteca independiente que proponer una nueva constitución; publicar un artículo polémico sobre la estética contemporánea que exigir elecciones libres. Los cambios políticos ya no deberían pasar por el pluripartidismo puesto que la acción de algunos micropoderes conseguiría burlar, al mismo tiempo, la realidad totalitaria y los gastados trucos de la democracia representativa. La idea de que el poder no se posee sino que se ejerce, sin dejar de tener un gran atractivo intelectual, podía hacernos olvidar que en Cuba el poder político llevaba más de treinta años en las mismas manos.

En una sociedad eminentemente holística como la cubana, el discurso posmoderno fue recibido con reticencias. En realidad, sólo ponía en peligro un vetusto aparato pedagógico que apenas comenzaba a discutir a Althusser y seguía viendo con recelo a Nietzsche o a Heidegger. Aquella mutación (provisional y limitada) de algunas estructuras de distribución del saber propició cierto espíritu conspirativo y alertó a la Seguridad del Estado, doblemente molesta por unos locuaces «elementos conflictivos», cuyo «seguimiento» les exigía tomar cursillos de actualización ideológica. La solución, como siempre, sería maquiavélica: integrar a los autoproclamados «intelectuales posmodernos» en las instituciones disponibles o mandarlos al exilio, como había hecho Lenin con los filósofos más molestos del bolchevismo en 1922.

El problema, sin embargo, no se limitaba a la Facultad de Filosofía Marxista. A finales de los ochenta, la mayoría de los intelectuales, escritores y artistas emergentes habían acumulado suficiente descreimiento como para emular la crisis de la razón que asolaba el discurso filosófico de Occidente. Lo real, es decir, la omnipresente Revolución, era lo irracional; la crisis del llamado «socialismo real» amenazaba toda la estructura ideológica que dominaba el país. En ese contexto, la política cultural asumió un insólito protagonismo, siempre bajo la mirada suspicaz del Partido Comunista. Frente al Departamento de Orientación Revolucionaria, los funcionarios intermedios argumentaban que resultaría imposible censurar *sine die* todas las intervenciones y propuestas de los jóvenes sin comprometer el discurso aperturista del Ministerio de Cultura. El DOR y el Ministerio dieron el visto bueno para un experimento que duró apenas dos años (1990-91): en ese breve periodo las instituciones culturales intentaron tolerar a algunos teóricos y artistas de la llamada «Generación de los ochenta», muchos de los cuales llegaron a estar en la nómina del Ministerio de Cultura.

Una vez más, Foucault parecía tener razón: el sistema de poder no residía sólo en las instancias superiores de la censura, sino en el intrincado tejido de saberes y poderes que constituía toda la malla social. Los nuevos intelectuales podían dialogar sin remordimientos con ministros, funcionarios y policías puesto que, desde una perspectiva foucaultiana, todos formaban parte del mismo sistema de poder. Sólo que esa perspectiva estaba concebida para una sociedad que habría agotado su potencial de reforma, no para un socialismo exangüe, cuyo último amago de legitimidad se vinculaba a las palabras «cambio», «perfeccionamiento» o «reconstrucción». «Para nosotros el intelectual teórico ha dejado de ser un sujeto –decía Deleuze–, una conciencia representante o representativa. Los que actúan y los que luchan han dejado de ser representados por un partido, o aun por un sindicato que se arrogaría a su vez el derecho de ser su conciencia. ¿Quién habla y quién actúa? Es siempre una multiplicidad». Comparado con el modelo del intelectual «comprometido», esta «fecha de caducidad» del sujeto intelectual tenía un aire subversivo. Como argumento para defender la necesidad de una oposición legítima al castrismo, era absolutamente nulo.

Las dificultades para adaptar los razonamientos de la sociología posmoderna a la realidad cubana eran (y siguen siendo) casi infranqueables. Empecemos por reconocer que durante aquellos años los «jóvenes intelectuales» fuimos fervientes aspirantes a sujeto, y que nuestra capacidad de acción estuvo confinada en tribunas inocuas. La doble evidencia del exilio de los noventa y el burdo nacionalismo de la actual política cultural cubana obliga a preguntarnos hasta qué punto aquel «pensamiento débil» no comprometió la posibilidad de un verdadero fermento disidente. Foucault hablaba, por supuesto, desde la resaca de mayo del 68. Pero en la historia de la ideología cubana, 1968 había representado todo lo contrario de una revuelta antiestatista: fue el «Año del Guerrillero Heroico» y del Centenario del Grito de «Independencia o Muerte», de las tristemente célebres Unidades de Ayuda a la Producción, y la oportunidad para que Fidel se alineara con la Unión Soviética cuando los tanques rusos entraron en Praga.

Dos décadas después, el principal problema del intelectual cubano seguía siendo la represión y sus consecuencias físicas, el problema del *súbdito* más que el problema del *sujeto*. Décadas de roñosa propaganda sobre la condición parásita del intelectual habían acabado por deslegitimar a los profesionales del pensamiento y erosionaban la posibilidad de un verdadero lenguaje crítico. No hay un solo pensador cubano de los sesenta y setenta que no incurra en el dudoso arte del cliché, en la retórica del estereotipo vinculado a las bajas pasiones del nacionalismo. Y la «Generación de los ochenta», cuyo interés en el análisis del discurso parecía capaz de revelar que, en definitiva, nuestro barbudo emperador estaba desnudo, dilapidó la posibilidad de una contestación real con la estrategia «blanda» del discurso posmoderno.

El cadáver del intelectual «comprometido», o mejor dicho, el ritual de su enterramiento posmoderno, sólo sirvió para paliar generacionalmente el naufragio intelectual de la Revolución. Recordemos, a modo de metáfora ejemplar, el pasaje de *Moby Dick* en que el arponero Queequeg se sirve de un ataúd para sobrevivir al hundimiento del Pequod. Ese hombre salvaje y piadoso de los Mares del Sur lleva tatuada en su piel la doctrina secreta de su tribu, un tratado místico sobre el cielo y la tierra. Por eso, cuando presiente que va a morir, pide al carpintero del barco que le construya un ataúd, y copia sobre la madera los signos que lleva tatuados en su cuerpo. Algo parecido sucede con el intelectual cubano de los ochenta, que luego de todos sus devaneos posmodernos tuvo que reescribirse a sí mismo en la nueva realidad del exilio.

Nuestra educación sentimental terminaba, como la del protagonista del *Retrato del artista adolescente* de Joyce, con la decisión
de no ponernos al servicio de aquello en lo que habíamos dejado
de creer. «Quiero intentar expresarme a mí mismo –dice Stephen
Dedalus– por medio de un modo de vida o arte tan libremente
como me sea dado y tan plenamente como esté a mi alcance,
usando para mi defensa las únicas armas que yo mismo me permita:
silencio, exilio y astucia». Silencio, exilio y astucia siguen siendo,
veinte años después, las opciones para quien pretenda ser intelectual en Cuba. Sucede que, en ciertos momentos y frente a algunos
temas, la astucia o el silencio no bastan, y entonces la triple vía de
Dedalus queda reducida a un solo camino: la emigración disfrazada
de apertura, una táctica que en diez años ha conseguido el doble
milagro de acallar el disenso y poner a entonar corales a quienes
tienen por misión cuestionar el *statu quo*.

El exilio también obligó a todos aquellos que nos autodeclarába-
mos posmodernos a reacomodar la creencia en valores universales
como la verdad y la libertad, a retomar las «grandes narrativas» de
emancipación e ilustración sin dejar de ejercer la desconfianza del
que «viene de otra parte». Una de las razones para no desechar esos
«metarrelatos» fue la evidencia de que un fenómeno tan moderno
como la nacionalidad seguía comprometiendo nuestra práctica de
intelectuales exiliados. Desde México, Estados Unidos o España,
la misión de rearticular el pasado cubano no implicaba, por fuerza,
repudiarlo ni reconocerlo «como había sido», sino, según la inmejorable definición de Walter Benjamin, «aferrar una memoria (o
presencia) tal como fulgura en un momento de peligro». Al posna-
cionalismo habanero de los ochenta siguió, en los noventa, el revisionismo simbólico de la tradición, como si la intempestiva llegada al
exilio nos obligara a repensar el ritual de la denominación de origen.

Según Edward Said, el exiliado existe siempre en un estado
intermedio: ni completamente integrado en un nuevo ambiente,

ni plenamente desembarazado del antiguo, acosado en la misma medida por implicaciones y desprendimientos. Por ello, su estado paradigmático se acerca mucho a una suerte de orfandad que le recuerda constantemente su misión de mantenerse al margen, en una incómoda intemperie. Citando una famosa frase de Nietzsche en *La gaya ciencia* («Parte de mi buena suerte es no ser propietario de una casa»), cuyo eco resuena en aquellos párrafos de *Minima moralia* donde Adorno declara que «la casa pertenece al pasado», Said concluye que un acápite de la moral del intelectual moderno es «no sentirse a gusto en el propio hogar».[3]

Sin duda, la experiencia más importante de mi generación es la errancia intelectual que comenzó con los años noventa. No sólo por sus implicaciones teóricas, también por las sentimentales. Esa «felicidad en la infelicidad», ese malhumor desestabilizador y esa desconfianza ante la retórica de las buenas intenciones son bienes difíciles de adquirir en otro lugar que no sea el *no-lugar* del exilio. Mi empatía con algunas páginas de Brodsky, Canetti, Nabokov y tantos otros escritores exiliados no es sólo el resultado de una admiración intelectual: también expresa la identificación moral con quienes nunca se han sentido plenamente a gusto en su nueva morada. Aquella antigua devoción ante las experiencias posmodernas de Foucault y Deleuze ha sido sustituida por nuevos modelos: la rabia de Swift confinado en Irlanda, la insobornable adustez de Adorno condenado a lidiar con el pragmatismo norteamericano, la franqueza devastadora de V. S. Naipaul o el desasosiego moral de W. G. Sebald. Concebido como castigo arquetípico, el exilio, sin duda, nos ha echado a perder. (No por gusto Said recuerda que el subtítulo de *Minima moralia* es precisamente *Reflexionen aus dem beschädigten Leben*: «Reflexiones desde la vida dañada»). Pero también nos ofrece la posibilidad de mirarnos sin falsa conmiseración, en la exterioridad ineludible de una ciudadanía anfibia.

Durante años, la acusación más común que el poder ha hecho a los intelectuales es que nadie les ha dado permiso para erigirse en críticos. ¿Con qué derecho, en nombre de quién? Fueron también esas preguntas, reformuladas por Foucault, las que nos quitaron el sueño en los ochenta. En sus recientes *Cartas a un joven disidente*, Christopher Hitchens –quien, por cierto, estaba en Cuba, listo para irse a Praga cuando los tanques soviéticos lo hicieron cambiar de idea– deja clara su respuesta al reclamo. «Autoerigido me va perfecto», contesta Hitchens. «Nadie me lo pidió y no sería lo mismo si me lo hubieran pedido. Nadie me puede despedir ni promover. Si digo estupideces o dejo flancos débiles, soy el primero en sufrir las consecuencias. A la pregunta quién me creo que soy, contesto con otra pregunta: quién quiere saberlo».

No le vendría mal a los intelectuales cubanos del futuro un poco de este orgullo irreverente para compensar, al menos de manera simbólica, ese pasado de estricta aquiescencia.

# Por Paideia

En el principio, por supuesto, está Werner Jaeger. Todo era, entonces, literatura, y aquellos dos volúmenes, cuyo oceánico tiraje en la editorial Ciencias Sociales bastó para convertirlos en objetos omnipresentes en cualquier biblioteca o librería de viejo por esos años, cumplían los requisitos de un fetiche: proponían una lectura tan cargada de expectativas que su cumplimiento se parecía demasiado a una profanación.

Dudo mucho que algún comentarista alemán pueda entender lo que representó un libro titulado «Los ideales de la cultura griega» dentro del mundo asfixiante y ramplón en que vivíamos por aquel entonces. La idea que subyacía bajo la erudición desplegada en aquellos tomos era la del humanismo como antídoto, el estudio de la cultura griega como posible revulsivo para una cultura en declive. Para los griegos, se lee en los manuales, la *Paideia* era un ideal de perfección, de excelencia. Por eso lo primero que nos echó en cara el entonces funcionario de la UJC, y eterno viceministro de Cultura Fernando Rojas (también conocido como «Rojas, el Malo») en una de aquellas reuniones parapoliciales donde se intentaba censurarnos «por las buenas», fue el reproche de «elitistas», manoseado sambenito para un «grupúsculo» de «autoproclamados intelectuales» que aspiraba a convertirse en una «clase aristocrática» dentro de la Revolución, etcétera.

Últimamente, por circunstancias que no tengo del todo claras, pienso con más frecuencia en Paideia. Más que hace diez años, por ejemplo. A veces, incluso, tengo de aquellas reuniones un recuerdo nostálgico: fueron días de cultura, en el sentido más amplio de la palabra, y creo que todas las personas que coincidimos en alguno de los tantos recodos del proyecto (trayecto accidentado, donde como en la *Bildung* griega, el *ethos* se confundía con la ciudadanía, es decir, con el sentido de pertenencia a una *polis*) convendrán en que Paideia trajo por vez primera al debate público muchos de los temas o motivos que hoy vemos desfilar, como revelaciones, por la cultura y la política cubanas.

Más allá de la ingenuidad que exuda la abundante papelería del proyecto (la música de fondo es el repiqueteo frenético de Rolando Prats en su Olivetti Lettera 25), Paideia propuso dar un giro interesante a las tópicas relaciones entre el Intelectual y la Política en Cuba. Lo más molesto de aquellos días habaneros eran los comentarios de muchos colegas que hoy se vanaglorian de haber «estado en Paideia»: «No se metan en política, ustedes son intelectuales». Lo mismo decía Francisco Franco, dictador, a quien quisiera oírlo: «Haga como yo, no se meta en política». Fue virtud de Paideia sacudirnos ese complejo, rumiado durante demasiados años, que hacía del Intelectual-Cubano-de-los-ochenta un inocuo diletante de salón.

Por supuesto, ahora me sonrío leyendo la prosapia marxiana de muchos de aquellos documentos. La Escuela de Frankfurt también puede intoxicar. Aunque el tema de la ética se convertía a veces en *ritornello* abusivo, lo que yo salvaría sin dudar de aquel naufragio (un naufragio, valga la aclaración, provocado por muchas causas, pero en ningún caso por el exceso de pasajeros) es el vínculo entre filosofía, comunidad y *ethos*. No hay entrenamiento real de la libertad sin cierto ideal de nobleza, sin la sensación reconfortante de la comunidad cerrada. (¿Ese *oikos*, tal vez, que obsesionaba a Prats? ¿No fue Jorge Ferrer, temprano lector de Ortega y Gasset, quien le propuso a su tutor de universidad soviética una tesis sobre el sentido moderno del elitismo? ¿No fue acaso Omar Pérez nuestro improvisado –y por entonces irónico– preceptor de «comunismo poético», un comunista más cercano a Black Mountain que a los ramplones comités de base?).

Tal vez para compensar tanto encierro conspirativo, nos reuníamos muchas veces al aire libre, en el merendero abandonado de un parque, lo que daba a nuestras encendidas discusiones intelectuales cierto aire bucólico. (Así también evitábamos, por supuesto, el riesgo de unos micrófonos tan omnipresentes como nuestra paranoia). Pasábamos horas en aquel parque hablando, sobre todo, de filosofía griega y contemporánea. Esa imagen aún cifra, para mí, los placeres de un tiempo en que la amistad era todavía una forma de conocimiento.

Existen varias versiones, más o menos fidedignas de los hechos, así que yo prefiero comentar un par de fotos fijas: ecfrasis filosóficas, discursivas, que vendrían a ilustrar ese vínculo virtuoso al que antes me he referido. Algo que, por supuesto, hoy sólo podría existir en el exilio. En ese sentido, Paideia fue, además del caricaturizable vivero de pedantería o del esfuerzo ridículo por convertirnos en «disidentes orgánicos», un aprendizaje moral, la escuela preparatoria de una decepción.

## II.

En el número 4 de la *Revista de Ciencias Sociales*, sobriamente editada por la Academia de Ciencias de la URSS, correspondiente a 1987 (pero que habría llegado a la isla con algo de retraso, junto con las últimas dotaciones permitidas de *Sputnik*, *Novedades de Moscú* y *La Mujer Soviética*), apareció publicado un ensayo de Mijaíl Bajtín que ni siquiera veinte años después se cita demasiado. Ahí podía leerse lo siguiente:

> La unidad de la conciencia responsable se basa en el hecho del verdadero reconocimiento del ser copartícipe en el único suceso-ser, hecho incapaz de ser expresado en forma adecuada en los términos teóricos, sino sólo descrito y vivido con participación [...] Yo ocupo en el único ser el único lugar, singular, insustituible e impenetrable para otro. En el único punto dado en el que yo me encuentro ahora no se encuentra nadie más en el único tiempo y único espacio del único ser. Y en torno a este único punto se sitúa todo el único ser de un modo único y singular.

Fotocopiado, este párrafo convocó tres subrayados de una lectura tripartita. De tres, tres. Fue uno de los textos más citados en nuestras conversaciones de aquella época, y creo que aún hoy valdría la pena ensayar su relectura. Allí estaba, *in nuce*, el proyecto de un *ethos* no subordinado a ninguna circunstancia, pero capaz de adaptarse a todas. Un *ethos* que nos descubría un Tiempo subordinado al Ser. Comodín filosófico, aquel párrafo de Bajtín me permitió, por ejemplo, atravesar los reproches que Martin Buber le hacía a mi ídolo de aquella época: Martin Heidegger. Para Buber, la existencia heideggeriana carecía de pluralidad; era una parte de la vida, no la vida plena (ideal místico, al fin y al cabo) en la que el Ser se comportaría esencialmente respecto a otras cosas que no son él mismo. En la perspectiva de la *filosofía del proceder* de Bajtín, ese reproche quedaba rebasado, superado por la unicidad última de un nuevo humanismo. Fue el poeta Omar Pérez quien, en medio de un reñido partido de «taco», notó las sorprendentes semejanzas entre el texto de Bajtín y el espíritu de la heideggeriana *Carta sobre el humanismo*, *best-seller* entre Paideianos. Del obrar heideggeriano al proceder marxista: *home run*. Prats, adorniano impenitente, seguía rumiando su obsesión por la praxis dialéctica. Pero en el *proceder* de Bajtín se reconciliaban y trascendían tanto la vocación cultural que nos animaba como los «compromisos» políticos que nos exigíamos. Y se esbozaba, también, el núcleo de una *Paideia* amenazada por lo aristocrático.

Aquellas eran discusiones donde uno se jugaba el todo o nada, su unicidad –y la soberbia de quien se cree en posesión de la única verdad. En una discusión con Prats casi nos fuimos a las manos porque él insistía en el *motto* adorniano de la filosofía heideggeriana como «jerga de la autenticidad», y yo ripostaba con sarcasmo sobre la ceguera de una sintaxis casi incomprensible. Años después, creo poder reconocer sin menoscabo que mi oponente estaba más cerca de tener la razón. Abro un libro demasiado manoseado que fue suyo y veo aquella frase de Adorno que al final todos nos aprendimos de memoria: «La filosofía, a la que basta lo que quiere ser, y que no galopa infantilmente detrás de su historia y de lo real, tiene su nervio vital en la resistencia contra el actual ejercicio corriente y contra aquello a lo que esto sirve: la justificación de lo que ya es».

En 1968, ante las preguntas del *New York Times Review of Books*, el propio Adorno declaró: «Lo distintivo de mi panorama interior es el abismo absoluto que se abre entre la maraña de alambre de púas de los estados policiales y la amplia libertad de pensamiento de la cual gozamos en Norteamérica y Europa occidental». En esa franja creo que estamos todavía, a pesar de exilios y otros desencuentros.

# Senda poética, senda misteriosa

In memoriam *Hugo Gola (1927-2015)*

Durante muchos meses, esta fue la rutina de casi todos mis sábados: a una hora demasiado temprana, que yo solía regatear sin éxito, me encontraba con Hugo Gola en un punto de la Avenida Revolución, a la altura de la Colonia Guadalupe Inn. Él se acercaba desde su apartamento en Torres de Mixcoac, siempre puntualísimo, para recogerme en su coche destartalado y emprender viaje hasta Huitzilac, donde tenía una pequeña casa con jardín.

Llevaba todo lo necesario para su rito semanal: un «asadito», como lo llamaba. Que en realidad era un festín pantagruélico con la generosa provisión de cortes argentinos que le conseguía su carnicero de confianza, regado por un mínimo de dos botellas de vino tinto per cápita –rubro en el que yo, modestamente, colaboraba.

Antes de subirme a su coche –«el bólido rojo», como lo llamábamos en broma– me encomendaba al entero panteón de mi difusa religiosidad: Hugo era el peor conductor que he conocido, pero su impericia no impedía el atrevimiento: pisaba a fondo el acelerador, se impacientaba, atajaba a los demás coches y hasta se divertía con todas aquellas riesgosas peripecias viales mientras yo me encogía en mi asiento de copiloto y trataba de no entretenerlo demasiado con la conversación. No servía de mucho: mi conductor apenas miraba al frente lo justo para dar unos arriesgados golpes de timón que nos ponían muy pronto en la carretera vieja a Cuernavaca. Conducir le parecía un trámite engorroso, casi absurdo. El bólido era él; el coche, apenas una extensión de su temperamento. Todo el tiempo que duraba el trayecto, no dejaba de hablarme con su habitual vehemencia de su tema preferido y, a ratos, exclusivo: el índice del próximo número de la revista *Poesía y poética*.

Lo había conocido como eventual colaborador de esa revista, y había pasado, no sin tropiezos, el examen de la entrevista personal a la que Hugo sometía a todos sus colaboradores. Necesitaba mirar a los ojos a quienes, de una u otra manera, iban a comprometerse con algo que era, sin discusión, el centro de su vida. Aunque hacía algunas preguntas para establecer un juicio sobre la altura intelectual o los gustos del interlocutor, para él lo más importante era saber si se trataba de una «buena persona». Y en eso, debo reconocerlo, tenía una percepción casi infalible: el tiempo solía darle la razón, aunque muy pocas veces entró en tratos con algún *chanta*, como él mismo decía. Aclaremos que para Hugo el «gusto» literario no era un añadido elegante ni una propiedad más de la formación intelectual sino el rasgo constitutivo de la personalidad y, por lo tanto, de una moral. Cuando alguien le caía mal, apenas podía disimularlo; se desinteresaba al instante y se largaba con cualquier pretexto. En cambio, si el recién llegado obtenía su venia de simpatía, solía discutir, proponer temas que iban desde la naturaleza del barroco o la decadencia de la poesía española hasta la provocadora *boutade* de Rulfo-como-el-mejor-poeta-mexicano, pasando por encendidos elogios de sus manes tutelares, autores a los que volvía una y otra vez (Pound, Creeley, Williams, Michaux, Celan, Ungaretti, Trakl...) y la queja amarga por el lamentable estado de la crítica universitaria.

Para ser alguien cuya poesía gira obsesivamente en torno al silencio y reclama su necesidad inalienable e íntima, Hugo hablaba muchísimo; tenía la vocación del profeta relegado, que siente la urgente necesidad de trasmitir a sus discípulos un fervoroso credo, seductor en su faceta de Verdad conspirativa. Sus alumnos, todas aquellas personas que asistían a sus cursos en la Universidad Iberoamericana, lo adoraban; y él, que con el tiempo empezó a cansarse de aquella fácil idolatría de taller literario, nunca dejó de ser el centro de un puñado de seguidores fascinados e incondicionales: era su manera de paliar una soledad elegida, el contrapeso obligado de su rigorismo.

Yo reunía varias condiciones para disgustarlo: desde hacía varios años colaboraba en *Vuelta*, admiraba sin ambages a dos escritores, Paz y Borges, con los que él tenía una compleja relación de amor-odio, me gustaban los sonetos y otras formas poéticas tradicionales, y en política detestaba los cantos de sirena de la Izquierda latinoamericana, que había sido su referente en la Argentina de donde salió por culpa de los militares. Así que Hugo ejerció conmigo una continua –y a veces desgastante– *ars polemica*, debajo de la cual fluía, sin embargo, la alegría, el gozo de pensar en común. Fue una experiencia formativa: gracias a él leí a muchos autores que antes no pasaban de ser referencias (Michaux, Juan L. Ortiz, Robert Duncan...) profundicé en otros que conocía sólo superficialmente (Creeley, Bunting, Benn, Olson, Sologuren, Macedonio...), aprendí a leer la Vanguardia sin prejuicios formalistas, descubrí nuevas inflexiones de la poesía latinoamericana, exploré a fondo a los poetas concretos brasileños (la antología *Galaxia concreta*, hecha por Gonzalo Aguilar, que armamos con primoroso cuidado, sigue siendo un hito indiscutible de la edición en México) y, por supuesto, acabé, aunque con nota baja, mi particular postgrado en cultura argentina; todavía recuerdo el día que fue a tocarme la puerta de casa, tempranísimo, con dos de sus libros preferidos de Juan José Saer: *La pesquisa* y *Nadie nada nunca*. «Tenés que leer esto de Juani. Ahora». Y se dio media vuelta, sonriente.

Ser invitado a un asado en Huitzilac era alcanzar un nivel superior en la escala afectiva de Hugo. Aquella austera casita, construida sobre una pendiente de pasto, con su sistema de techo de madera y desnivel interior, y acabados interiores que sacaban ventaja del tabique sin aplanar pintado con cal blanca, era un signo visible de rigor y continuidad vital, valores que compartía con su fiel pareja de muchos años, la pintora y traductora Martha Block. La casa había sido construida a imagen y semejanza de otra que Hugo había tenido en Santa Fe, Argentina. El encargado de hacer la réplica fue un joven estudiante de arquitectura, después poeta y buen amigo, que asistía de oyente a las clases de Hugo en la Ibero. A él, que siempre tuvo por la arquitectura una devoción absoluta, muy parecida a la de su admirado Cabral de Melo Neto, le encantaba la idea de un aprendiz de arquitecto oyendo sus disquisiciones sobre poesía. Se hicieron amigos. Un día le enseñó al discípulo la fotografía de aquella modesta casa de campo, que tan buenos recuerdos le traía. Era una fotografía exterior, pero los interiores estaban todavía frescos en su memoria. ¿Se atrevía a hacerla? La condición era diseñarla como un solo espacio que girara alrededor de la chimenea. Un hogar que fuera, literalmente, una ampliación del *focolare*. Fue la primera obra que construyó la joven pareja de Juan Carlos Cano y Paloma Vera, hoy en día un conocido estudio de arquitectos defeños.

Aquella casa *era* Hugo. Estaba dentro de un fraccionamiento, en el cruce de dos calles curiosamente llamadas Senda Poética y Senda Misteriosa, lo cual, por supuesto, fue tema de numerosas especulaciones y muy serias carcajadas. A Hugo y a Martha aquellos nombres les parecían un augurio inmejorable. El fraccionamiento solía tener problemas de agua y un sinnúmero de conflictos vecinales de los que Hugo se desentendía olímpicamente. Para él, en Huitzilac sólo había arboles, cielo y pájaros, los mismos que aparecen una y otra vez en sus poemas. No iba a dejar que las rencillas locales le echaran a perder su trozo de paraíso. Un paraíso recobrado. Porque en México Hugo intentaba testarudamente revivir las señales de una utopía incumplida de su pasado. Sus mejores amigos (Juan José Saer, Raúl Beceyro, Óscar del Barco, William Rowe...) eran los de aquella otra época; su visión del lenguaje y del mundo, una inflexión trascendente de lo local, habla y paisaje. (En esa cruz de significados, estaba también la estética de su admirado Zanzotto, a quien me obligó a traducir durante todo un año). A su manera, Hugo repetía con nosotros lo que con él y otros discípulos espontáneos había hecho Juanele, en Colastiné o a orillas del Paraná.

En la falda de aquella mini colina verde coronada por la casa, junto a unos pinos, Hugo había hecho construir el horno de los asados. Así que íbamos de un fuego a otro. La mitad del día lo pasábamos allí, comiendo y luego echados sobre el césped; después, cuando empezaba a enfriar y el vino había hecho su trabajo, entrábamos a la casa y nos acomodábamos junto a la chimenea. Para entonces, ya estábamos callados; reconciliados con el ocaso. Él cebaba un mate, sacaba su pipa y la llenaba de una picadura con intenso olor a cardamomo, combinación olfativa (el pasto recién cortado, la leña en la chimenea y el fragante humo de cardamomo) que aún es para mí la traducción sensorial de un aura de nobleza. Bebíamos mucho, dormitábamos; a veces me quedaba a dormir allí bajo unas cobijas rasposas o nos íbamos al anochecer, cuando había menos tráfico. Siempre salíamos inspirados, felices. (Hay un poema de Tedi López-Mills, también bastante cercana a Hugo por esos años, que celebra y resume una de aquellas tardes largas, en que empezamos discutiendo de Pound, los trovadores provenzales y Dante, para luego acabar hundidos en el amigable sopor del vino).

Dentro del mundo mexicano, Hugo tuvo siempre algo de *rara avis*. Cano me contó una anécdota que lo retrata de cuerpo entero: estaban construyendo la casa de Huitzilac y se acercaba el 3 de mayo, día de la Santa Cruz, celebración imprescindible. La pareja de arquitectos le explicó a Hugo y Martha de qué se trataba el asunto: hacer una comida para los albañiles, tomar unos tragos con ellos y bendecir la cruz. Él, ateo radical, se entusiasmó y propuso hacer «un asadito». Todo en orden, al parecer. Desde la mañana preparó la parrilla, compró un buen asado de tira y llevó sus botellas de Malbec; Martha preparó la ensalada. Invitaron a varios amigos, y ahí estaban todos los trabajadores del maestro Berna, autoridad local. Hugo preparó la carne, todos se sirvieron vino. Una delicia. Sin embargo, flotaba un silencio extraño, como de desconcierto. Los días de la Santa Cruz son un punto de inflexión donde patrones y peones conviven con cierto pudor y a medida que fluye el alcohol las barreras tienden a borrarse. Aún así, había en aquel inicio algo que no cuadraba. Los albañiles murmuraban entre ellos y de pronto algunos desaparecieron. Cuando regresaron, el ambiente cambió. Aparecieron las cervezas y el pulque (recuerdo que en la zona hacían unos curados bastante buenos), empezaron a circular las tortillas, las salsas y los chiles asados. De pronto, ya había risas y cábula. Cuando Hugo se dio cuenta, quedó atónito, descolocado; sólo atinaba a decir: «¿pero qué hacen? ¡al asado no se le pone chile!», y agitaba, frustrado, los instrumentos de la parrilla. Le pasmaba el hecho de que los albañiles no habían apreciado el vino, le parecía absurdo que combinaran la carne con tortillas. No estaba enojado ni ofendido; estaba perplejo. «De pronto» –me cuenta Cano– «me di cuenta de la distancia que existía entre su mundo y el mundo que lo rodeaba. Entendí, no en ese momento sino mucho más tarde, que para entablar una relación con Hugo era uno el que tenía que adaptarse a él, y no al revés». En efecto, Hugo era muy generoso con su conocimiento y con su visión de las cosas cuando se le escuchaba; pero quizá no lo era tanto cuando se le contradecía.

Desde entonces, hubo innumerables asados, todos idénticos, perfectos; rara vez se admitían nuevos platillos. Los cercanos a Hugo, el círculo de sus fieles, entre los cuales quiero creer que él mismo me incluía, admirábamos (aún admiramos) el rigor de su pensamiento, la congruencia de su visión poética. Pero a veces ese mismo rigor le impedía romper dogmas. También su poesía llegó a un punto notable de precisión, de transparencia lírica, sin espejismos ni fuegos artificiales, y no se movió de ahí. Dio vueltas en torno a las mismas imágenes y obsesiones, se repitió, a veces conscientemente y a veces sin advertirlo. De esa perplejidad alerta y coherente salieron no sólo muchos de sus mejores versos, sino también sus lecciones de vida.

Sin que yo entendiera muy bien por qué, durante años Hugo me profesó un perentorio cariño sin fisuras, y esa idea siciliana de la amistad se consagraba con aquel asado semanal. Él me escogió, y yo lo coloqué en el lugar reverente de una figura paterna. Entre el verano de 1995 y el otoño de 1999, fecha en la que decidí irme de México, Hugo fue una mezcla de amigo íntimo, padre adoptivo, consejero literario y confesor sentimental. Lo sabía todo de mi vida y yo sabía casi todo de la suya. Vivió mi separación, mis amantes y mi nueva pareja. No tuvo nunca la descortesía de echarme en cara el argumento de autoridad: a fin de cuentas, me llevaba 40 años de ventaja; en cambio, siempre me trató como un igual y me ofreció numerosas pruebas de fidelidad y estima. En aquella extraña relación, de la que hay numerosos testigos, no faltaron reproches o desencuentros. Y, por supuesto, apasionadísimas discusiones. Pero la amistad y el cariño se impusieron una y otra vez: nunca pasamos más de una semana sin hablarnos. Siempre había un asado sabatino como perfecto pretexto para la reconciliación.

En cuanto a la edición, que a ello nos dedicamos todos esos años –él comandando y yo intentando dar cuerpo a sus tremendas exigencias–, la verdad es que hacíamos un tándem perfecto: *poli* bueno (él, de proverbial afabilidad y astucia) y *poli* malo (yo, por aquel entonces, todo un especialista en desplantes, soberbias y sarcasmos; un obsesivo corrector de galeradas y figuras ajenas). Por esa época empecé a trabajar en la Editorial Televisa, cuya sede estaba muy cerca de la Ibero. Así que nos íbamos juntos casi cada mañana, y también solíamos almorzar juntos en la Universidad. No fueron pocos los celos entre sus discípulos, colegas y hasta familiares. Pero nada consiguió romper aquella entente ofuscada que propició una docena de libros: Zanzotto, Creeley, H.D., Tsvietaieva, Ajmátova, Michaux… todas y cada una de esas páginas nos llenaban de orgullo y daban cuerpo poético, digamos, a nuestra mutua lealtad.

A instancias mías y de Martha, Hugo cambió el diseño de las Ediciones Poesía y poética, profesionalizó el trabajo de edición de mesa y corrección de galeradas, elevó el nivel de sus traductores, amplió su espectro de colaboradores (¡Ulalume!) y dejó la plaza abroquelada de un Departamento de Letras en el que casi nadie le hacía caso para convertirse en una figura fundamental de la edición de poesía en México. Se olvida muchas veces la paciente fidelidad de Alberto Ruy Sánchez y Artes de México en aquel proyecto, un elemento clave para que durase tantos años. Paradójicamente, la criatura murió de éxito: cuando, envalentonado por el justo prestigio que su revista y sus ediciones iban alcanzando (mayormente fuera de México, todo hay que decirlo), Hugo decidió ampliar el número de títulos a publicar y negociarlo con una mediocre y ambiciosa profesora que por entonces era jefa de Departamento. A la cual de pronto le resultó intolerable aquella celebrada editorial, técnicamente universitaria, en la que ni ella ni ninguna otra autoridad de la Universidad tenían la menor influencia. La independencia de Hugo era radical: hacía lo que se le daba la gana, y los únicos a los que a veces tomaba en cuenta, por diferentes razones, éramos Martha, Juan Alcántara y yo. El resultado es conocido: después de diez años y 35 números de *Poesía y poética*, la Ibero intentó arrebatar a Hugo el crédito y el prestigio de su trabajo. Circuló entonces una carta de protesta que recabó el mayor número de firmas prestigiosas que haya convocado cualquier reivindicación intelectual en el México contemporáneo. Hasta el propio Hugo, que durante años se había quejado de la indiferencia circundante, estaba asombrado del consenso creado por la causa de la revista; eso le dio una nueva razón para retomar su espíritu combativo a una edad en la que la mayoría de los intelectuales suele acomodarse en los cojines del prestigio y los lauros. Aún así, la Universidad se mantuvo en sus trece; con astucia jesuítica capeó el temporal de la opinión pública, evitó continuar el proyecto y ofreció numerosas concesiones parciales que Hugo, por supuesto, rechazó. Siempre fue un hombre de todo o nada, con ideas férreas y una integridad que había pasado la prueba inapelable de varios exilios. Poco después, fundó una nueva revista con la misma estética y rescató el nombre que había llevado su primer proyecto en la Universidad de Puebla: *El poeta y su trabajo*. Que se prolongó otros diez años, otros 35 números, hasta comienzos del 2011, la fecha en que, por razones personales, Hugo decidió volver a Argentina.

Ya había dicho todo lo que quería decir, su credo tenía tamaño y volumen. A diferencia de muchos conocidos poetas mexicanos, deja discípulos que lo siguen honrando, que prolongan sus ideas y su legado. A uno de ellos, Hugo le contó cómo siendo niño, estando solo en el campo, a la intemperie, cuidando animales, sentía el impulso de gritar palabras, a veces inventadas, como en un embrujo. También conmigo lo hacía a veces, cuando caminábamos por los bosques de pinos de Huitzilac. Tenía algo de poeta cabrero o de pintor Zen. Podía haber escrito el célebre libro de su admirado Ponge sobre ese paisaje tan particular. Se sabía los nombres de todos los árboles y pájaros, y esas palabras que me descubría y que lo encantaban como un niño eran las mismas que había descubierto en su infancia, ante otro paisaje. Conocía también el reverso esencial del lenguaje, esa «palabra sumida, hundida, inmóvil como un animal estático, que sólo por la respiración sabemos que está vivo». Sacó de ella todo su poder, le exploró el rostro palmo a palmo, como un ciego. El rigor, aquella tendencia a lo inflexible, era parte esencial de una estética que glosaba, tanto en el poema como en la prosa de la vida, una idea de su admirado Creeley: toda forma, todo ordenamiento de la realidad tenía que venir de la condición misma de la experiencia interior que la exigía. Lo otro no era, no podía ser auténtico.

Inevitablemente, nos alejamos. Yo me fui de México, emigré a Barcelona, asustado por la creciente violencia de una ciudad que luego de ocho años empezaba a resultarme hostil. Me escribía entonces largas cartas comentándome los índices de las futuras revistas, y las discusiones con aquellos menos dispuestos que yo a soportar sus filias y sus fobias. Me reprochaba, también, que no le respondiese. Sus cartas se hicieron cada vez más cortas. Hablamos un par de veces por teléfono, luego que nació mi primer hijo. Nunca dejó de preguntar por mí a todos nuestros amigos y conocidos comunes. Yo casi no le escribía, es cierto, pero lo llevaba conmigo. No quise ver su definitiva vejez. Hace un año, cuando terminé mi último libro, que tanto debe a sus enseñanzas y donde lo evoco brevemente, me propuse ir a verlo a Buenos Aires antes de que muriese. Me daba igual que apenas ya pudiese hablar: me sabía casi todas sus palabras. Iba a ser en septiembre. La muerte, como siempre, se adelantó.

Cuando supe que se había ido me puse a releer aquellas cartas que me había enviado. Impublicables, por supuesto. Tras su bonachona apariencia, Hugo tenía criterios literarios y vitales muy estrictos, y en esas confesiones de caligrafía cada vez más temblorosa dice cosas duras –a veces con razón, y a veces sin ella– de muchas personas que quizás no merecían tanta acritud. Me sonreí releyendo sus quejas y sus invectivas; siempre fue testarudo, pero tierno también en su testarudez, como los niños. Todavía me parece ver sus ojos azulísimos, oír su voz, su acento, sus gestos impetuosos. Melancólico, di con este párrafo:

> Y la vida, Ernesto? Mejor allá? Acá, allá, todo igual ¿No es así? Lo único que da un color diferente es lo que uno puede hacer con gusto. ¿No te parece? El contorno rápido se agota pero lo que se agita adentro será siempre una bendición. En cualquier parte. La amistad, el amor, la poesía, qué más.

Amistad, amor, poesía. Desde esas tres claves de «lo que se agita adentro» Hugo no sólo pensó y escribió, sino que también supo hacer el bien a quienes lo rodearon. Descanse en paz ahora. Y gracias, Hugo querido, muchas gracias por todo.

Barcelona, julio de 2015

# Una garza en el cielo

Albis Torres (1947-2004), in memoriam

Para los antiguos griegos –recuerda Mark Strand en uno de sus ensayos– la muerte no tenía una geografía del todo ajena al mundo de los vivos: era más bien una neblina, un velo o una nube que separaba a la persona de la vida. Uno no moría: *se oscurecía*, difuminaba sus contornos. Las circunstancias del exilio conceden a los muertos que dejamos atrás esta misma condición borrosa: por no haberlos visto morir, al no poder visitar sus tumbas, habitan en la difusa geografía de la memoria: oscurecidos, haciendo una oportuna vida de fantasma. No residen en un territorio ajeno y definitivo, no se acomodan en la «muerte irreversible»; están como flotando en una zona intermedia desde donde envían, a veces, extrañas señales.

En los últimos tiempos he pensado a menudo en Albis Torres, la primera escritora –y tal vez la primera mujer adulta– con quien tuve la suerte de entablar una amistad intelectual. Cuando la conocí tenía yo cerca de dieciocho años y era parte –el personaje «benjamín», digamos– de un grupo de amigos poetas (Omar Pérez, Carlos Alfonso, Antonio José Ponte, Félix Lizárraga, Víctor Fowler, Juan Carlos Flores, Armando Suárez Cobián, Emilio García Montiel, Atilio Caballero…) que rondábamos La Habana a mediados de los ochenta. No hay grupo literario sin tertulia, y esa generación tuvo una, célebre: la Azotea –que fue primero la sala de la casa– de Reina María Rodríguez, donde podíamos llegar a cualquier hora del día. Pero hubo también otro lugar de confluencia, menos citado pero no menos importante, que fue la casa de Albis Torres en Jovellar 111.

Mujeres ambas de la generación poética que precedía a la nuestra, Reina y Albis no podían ser más distintas en sus gustos, modos, temperamentos. La primera era de una intimidad transparente y avasalladora, y sus historias de fémina atormentada eran parte de su leyenda; Reina no ponía límites a su hospitalidad ni a su dramaturgia sentimental: al conocerla, había que cargar con sus «reglas», sus hijos, su madre o sus novios. Albis, en cambio, era sumamente desconfiada, e incluso con sus íntimos practicaba una especie de distancia burlona. Estaba también la diferencia de comportamientos públicos: mientras que Reina era una diva indiscutible de la poesía cubana de aquellos años, Albis practicaba la reclusión: no iba a fiestas ni a presentaciones de libros, y cualquier festejo literario que rebasara una charla entre sus cuatro paredes despintadas le parecía una absoluta frivolidad. Sólo muchos meses después de visitarla conocí algunos detalles de su vida y su pasado: había nacido en Banes, y de ahí su simpático acento, pero su vida adulta había transcurrido entre Santiago, Matanzas, Cienfuegos y La Habana. Enfrentada a todas aquellas mudanzas, Banes era el mundo perdido de una infancia recuperada en su poesía.

En el comienzo de aquella rara (por infrecuente) amistad estuvo la literatura infantil, de la que yo era lector ferviente en esos años –a ese tema dediqué mi columna «La educación sentimental», en la revista *Naranja Dulce*. Primero fueron algunos clásicos, sobre todo *Alicia en el País de las Maravillas* y *Peter Pan*, títulos ineludibles en las listas que enhebrábamos por aquel entonces. Luego vinieron otros, más contemporáneos. Tenía yo una amiga, hija de un escritor y diplomático, que me prestaba los volúmenes de la colección infantil y juvenil de Alfaguara, todo un lujo en aquella Habana sin libros extranjeros. Después de leerlos, los pasaba a Albis para comentarlos en tardes de domingo. Ella también había escrito para niños, pero como lectora no distinguía entre libros para niños y libros para adultos: devoraba aquellos nuevos clásicos con una curiosidad inagotable, y los recomendaba, en vano, a su hija Wendy. La «fiebre amarilla» le llamaba, porque ese era el color de aquellas portadas con hermosos diseños de Enric Satué. Así descubrimos, con parejo deslumbramiento, a Roald Dahl, Maurice Sendak, Christine Nöstlinger, Lygia Bojunga Nunes, Gianni Rodari, Maria Gripe, y sobre todo a Michael Ende. Aquel catálogo traducido de los autores que habían ganado el premio Andersen, una suerte de Nobel de la literatura para niños, fue nuestra mutua educación sentimental.

En el fondo de esa pasión compartida, una radical defensa de la fantasía. El Mal –como aprendimos en *Momo*, la novela de Ende– no era sino la negligencia de la imaginación, una grisura esencial, un borrón del alma. Albis estaba convencida de que tras cualquier vicio o acto malvado había una falta de empatía imaginativa: si no puedes imaginar al otro, nunca podrás identificarte con él. Lo fantástico podía ser, entre otras cosas, una escuela de tolerancia. A ambos nos parecían insuperables los argumentos sobre el tema de otra figura que fue crucial en la vida de Albis: Eliseo Diego, uno de los pocos escritores cubanos que se ocupó de esos asuntos, y al cual ella admiraba sin fisuras.

Incluso leímos otra novela de Ende, *La historia interminable*, en clave política: la salvación por el Libro, el avance progresivo de la Nada, el poder terapéutico de la imaginación... todas aquellas cosas tenían su equivalente en la realidad que vivíamos. Un mundo confinado, asfixiante, ramplón, donde las cosas y palabras del ayer desaparecían o perdían su sentido. (En un pequeño texto titulado «Fue un pueblo» Albis resume el recuerdo, casi subversivo entonces, del chocolate de su infancia oriental, y lo convierte en una fábula sobre las palabras y las cosas que van desapareciendo de un mundo cada vez más angosto).

La literatura infantil, junto con la poesía y la música tradicional cubana fueron las grandes pasiones de Albis. Su amigo Sigfredo Ariel recuerda que le rezaba al fantasma de Machito: él era su abogado en las alturas. Pero veneraba también a Edgar Lee Masters y a Tove Jansson, autora de la saga de «La familia Mumín», de la que los cubanos apenas conocimos el primer tomo. Tenía un saber abigarrado: podía sorprenderte con un dato sobre alguna novela de Julio Verne, una disquisición sobre el teatro checo de marionetas –cuya incursión en nuestro Guiñol conocía de primera mano–, un detalle de la Biblia, la novela gótica o los boleros de Vicentico Valdés. Adoraba *El tambor de hojalata*, de Günter Grass; me descubrió la existencia de Bessie Smith (le hice de recadero, un día que fui a buscar un casette con una extraña grabación de la Emperatriz del Blues a casa de Jaime Almirall), y a menudo nos leía en voz alta párrafos del *Orlando* de la Woolf.

En su poesía, sobria e intensa al mismo tiempo, hay una celebración permanente de la privacidad, que atraviesa patios y fogones para elevar el encanto de lo doméstico; una oda a nuestra casi ancestral idea (etimológica) del paraíso como un jardín cerrado, que sin embargo late para todo el mundo. Tiene un hermoso poema donde dos amantes conversan: ella hace, casi sin darse cuenta, pajaritas de papel con asombrosa facilidad; luego, cuando ya se ha ido, el hombre trata de repetir en vano ese milagro de sus manos: dobla y desdobla papeles que acaban en el cesto de la basura. Recuerdo también unos *Diálogos entre la Bruja y el Ángel* (poema-relato del que creo haber sido uno de los primeros lectores), y, en otro de sus mejores poemas, la imagen de unas «estrellas apresadas / en el ramaje de las astas del reno».

Nuestra amistad se hizo de amparo, de modestos platos de comida que insistía en compartir, de muchos libros y varios silencios. Como en *Kokoro*, la novela de Sōseki que me regaló, el *sensei* también enseña cuando calla, para que el amigo-discípulo descubra luego las claves de una vida convertida en destino. Fue un espíritu hippie, la primera persona que me recomendó tomar distancia del lado fatuo de la vida intelectual. Como la Franny de *Franny and Zooey*, Albis cargaba no sólo con una inteligencia por encima de lo normal, sino también con el peso de una espiritualidad poco común y nada práctica.

La hemos leído poco, y muchos la leyeron mal. Esa visión tan personal, auténtica, que tenía de la naturaleza, y cómo se insertaba en su vida cotidiana, en su modo de ver las cosas como un todo, provocó que unos antologadores mediocres le ofrecieran formar parte de un libro que de alguna manera «oficializara» eso que ellos creían una «tendencia» importante en la literatura cubana de mediados de los setenta: el así llamado *tojosismo*. A lo que Albis se negó rotundamente: ella era «una poeta del mundo nacida en Banes» (sic) y aquello le parecía una manipulación ridícula («¡no puedo estar en una antología donde muy cerca de mi nombre aparezca un poema titulado *El chipojo en la talanquera*!»). Esta negativa le costó no poder publicar nada por varios años, hasta que Víctor Rodríguez Núñez la incluyó en aquel florilegio llamado *Usted es la culpable*, que se volvió bastante popular.

En la poesía de Albis hay, sí, criaturas del campo (el cocosí, garzas, caguayos…), pero ese bestiario recuerda el de los haikus casi franciscanos de Issa: emblemas de empatía con todos los seres, anuncios de una naturaleza que revela un orden espiritual, parte de la melancólica apreciación de la belleza transitoria de todas las cosas. Y, sobre todo, esos animales son palabras, palabras en el jardín de la memoria.

El silencio que acompañó en vida a su figura tiene mucho que ver, también hay que decirlo, con su actitud desafiante y contestataria. La Seguridad del Estado fue una presencia constante en su vida. En la ENA, donde estudió pintura y fue alumna de gente represaliada como Servando Cabrera o Antonia Eiriz. En Santiago, cuando arrasaron con el Guiñol durante la cruzada antihomosexual. En Matanzas, trabajando como diseñadora de teatro —primero con René Fernández, y luego en algún lugar del *interland* habanero que ahora se me escapa. Y, por supuesto, en Cienfuegos, *circa* 1983, cuando junto con su pareja, Atilio Caballero, molestaba constantemente a la curia autocrática local y su legión de agentes de civil. Uno de estos celadores se apareció una mañana en Radio Ciudad del Mar, la emisora donde Albis trabajaba, y sin muchos miramientos la conminó a que hiciera un informe sobre Atilio. Ella, con rabia y aplomo, le respondió que cómo podrían ellos confiar en una persona que era capaz de traicionar a su marido. Le dio la espalda y regresó a su cabina de grabación. Esa misma noche ambos decidieron mudarse a La Habana, por suerte para muchos de «los *Paideia*», que pudimos estar cerca de su amistad y sus consejos. En su último trabajo en Radio Ciudad de La Habana –donde hacía *Palabras contra el olvido*, un programa dedicado a los cantantes de la «Cuba del ayer» mucho antes de que el Buena Vista Social Club los pusiera de moda–, también tuvo varias visitas admonitorias.

Por supuesto, aquellas experiencias la había vuelto profundamente contrarrevolucionaria, y cuando se sentía en confianza mostraba su descontento. A mí, al menos, me aleccionó. «Tienes que irte de aquí», me dijo varias veces. «Vete como sea, que no te pase como a nosotros».

En uno de sus relatos, una mujer (que imagino como ella, con mirada vivaz, pelo y ojos negrísimos) ve correr un caballo llamado Príncipe en un rancho. En la cerca de madera se posa una garza. Ese paisaje animal en blanco y negro me recuerda una vez que en un viaje de talleres literarios a alguna provincia, al atardecer, en una de sus habituales pausas, esas que se hacen para salir y fumar un cigarro cuando todo va mal, y los problemas te atormentan, y las cosas se te caen o se rompen en la mano; un oasis mental en medio de las preocupaciones: mirar un cielo limpísimo e imaginar otra vida posible… y entonces, recostada a una puerta, Albis hizo un gesto con el mentón, y apuntó al cielo casi rosado la chispa de su cigarro: Mira –me dijo–, una garza.

Así prefiero recordarla, fumando en aquel dintel, antes de que pasaran los años y el Alzheimer la condenara a un olvido prematuro de todo y de todos, hasta quedarse, sí, *in albis*, en blanco, rastro callado sobre el cielo, como en un hermoso haiku de Sokan, donde unas aves trazan un dibujo al tiempo que se alejan, difuminándose:

Las garzas, mudas,
atravesando el cielo:
rastro de nieve.

# Notas bibliográficas

## I

«José Martí o la república modernista»: La primera idea de este ensayo surgió en los entretelones de un coloquio sobre Martí, que tuvo lugar a finales de los ochenta en la sede habanera de *El Caimán Barbudo*, y en la que también participaron, si mal no recuerdo, Rolando Prats, Rafael Rojas y Jorge Luis Camacho. Años después, en otoño de 1993, la revista *Apuntes postmodernos*, editada en Miami, publicó una primera versión de estas reflexiones bajo el título «Modernismo, modernidad y liberalismo: la República de Martí». El texto ha sido retocado (y creo que mejorado) a lo largo de diez años.

La polémica aludida sobre el modernismo martiano puede leerse en dos volúmenes: Manuel Pedro González (1958): *Notas en torno al Modernismo*, México: UNAM, y Juan Marinello (1961): *Ensayos martianos*, Universidad Central de Las Villas, Departamento de Relaciones Culturales. También puede consultarse Juan Marinello (1959): *Sobre Modernismo, polémica y definición*, México: UNAM, y la opinión de Roberto Fernández Retamar (1975): *Para una teoría de la literatura hispanoamericana y otras aproximaciones*, La Habana: Casa de las Américas.

Las opiniones de Federico de Onís que cita el profesor Pedro González aparecen en el prólogo a la *Antología de poesía española e hispanoamericana* (1934), Nueva York: Las Américas Publishing Company, 1961.

La lectura cristiana de la ciudad comienza con un episodio del *Génesis*: Caín errante y fugitivo sobre la tierra después del asesinato de su hermano. «Caín se alejó de la presencia de Yahvé y se estableció en la región de Nod [...] donde conoció a su mujer [...] Después construyó una ciudad» (Gen. 4, 16-17). Mientras que Abel, el primer justo, lleva una vida pastoral, la ciudad es la «herencia de Caín», signo de una ruptura, escenario de culpa.

Para una lectura de las relaciones entre los poetas modernistas y la metrópoli moderna, además del clásico ensayo de Octavio Paz sobre Ruben Darío «El caracol y la sirena», incluido en *Cuadrivio* (México: Joaquín Mortiz, 1965), puede consultarse un libro de Julio Ramos (1989): *Desencuentros de la modernidad en América Latina. Literatura y política en el siglo*

*XIX* (México: FCE) y otro de Dionisio Cañas (1994): *El poeta y la ciudad* (Madrid: Cátedra).

Hugo Achúgar, en su ensayo «Algunas ideas de Martí entre 1874-1875» (incluido en *Nuevos asedios al Modernismo*, Madrid: Taurus, 1987) ha dado claves que marcan un giro en las interpretaciones tradicionales de *Nuestra América*: la presencia del continente americano como una Gran Madre natural, proveedora de resistencia frente al Intelecto europeo, o las evidentes reminiscencias krausistas en la concepción martiana de la Naturaleza son elementos que facilitan la comprensión del ensayo y con los que estoy, evidentemente, en deuda. También la edición crítica, conmemorativa y facsimilar del ensayo martiano (La Habana, 1989), hecha por Cintio Vitier y Fina García Marruz documenta de manera exhaustiva algunos pasajes y metáforas.

La tesis de Paul Estrade sobre Martí, consultada hace años en la Biblioteca Nacional, se titula *José Martí ou les fondements de la democratie en Amerique Latine; recherche sur les idées économiques, sociales et politiques, ainsi que sur l'action révolutionnaire du héros national de Cuba*. Tesis (Doctorat d'Etat) Université de Toulouse II, Francia, 1984.

«Balance de Casal»: Mi primer acercamiento a las crónicas habaneras de Casal apareció como reseña en la revista *Vuelta* 190, septiembre de 1992. Un análisis más completo del personaje puede leerse en «Casal», ensayo publicado en México por *La Gaceta del Fondo de Cultura Económica* 239, mayo de 1995. La versión actual ha sido reescrita con estos precedentes.

La edición de las *Crónicas habaneras* que aquí se comenta es la que publicó la Universidad de las Villas en 1985.

La «Oda a Julián del Casal» de José Lezama Lima aparece en la sección «Poemas no publicados en libros» de su *Poesía completa*, La Habana: Letras Cubanas, 1985. Su ensayo «Julián del Casal» está incluido en *Analecta del reloj*, La Habana: Orígenes, 1953.

Las opiniones de Virgilio Piñera sobre Casal figuran en su revisión de la «Poesía cubana del XIX», publicada en 1960 en el suplemento *Lunes de Revolución*. El texto ha sido recogido y comentado por Antón Arrufat en la antología de Piñera *Poesía y crítica*, publicada en México (Consejo Nacional para la Cultura y las Artes, 1994).

El ensayo de Lorezo García Vega que mencionamos aquí, «La opereta cubana en Julián del Casal», puede leerse en *Los años de Orígenes*, Caracas:

Monte Ávila, 1979. El de Calvert Casey, «Hacia una comprensión total del XIX», en *Memorias de una isla*, La Habana: Ediciones Revolución, 1964. Entre los comentaristas recientes de Casal hay dos nombres ineludibles: Francisco Morán Llull y Antonio José Ponte. Del primero, véase *Casal a rebours*, La Habana: Abril, 1996. Del segundo, he parafraseado dos ensayos fundamentales: «Casal contemporáneo» y «A propósito de un plato antiguo», incluidos en *El libro perdido de los origenistas*, México: Aldus, 2002. Aprovecho esta reedición para corregir varias citas de Ponte que en la primera versión de este libro aparecieron deformadas (por estar copiadas de mis libretas de notas y no confrontadas con los originales). Mis disculpas, una vez más, al autor.

El ensayo de Pedro Marqués de Armas, «Estertores de Julián del Casal», puede leerse en la revista electrónica *La Habana Elegante* (<www.habanae-legante.com>), dirigida por el propio Morán, en la edición correspondiente al invierno del 2000.

«Lezama: la letra y el espíritu»: Con alguna que otra variación, este ensayo apareció en la revista digital *Cubista*, que dirige Néstor Díaz de Villegas (<www.cubistamag.com>), en su número correspondiente al invierno del 2004-2005. Otra versión, nuevamente corregida, apareció en el número 648 (junio del 2004) de la revista *Cuadernos Hispanoamericanos*.

El ensayo de Piñera sobre *Paradiso*, «Opciones de Lezama», está incluido en el tomo de la *Valoración múltiple* dedicado a Lezama, antologado por Pedro Simón y publicado por Casa de las Américas (La Habana, 1970).

Los textos de Pedro Marqués de Armas («Orígenes y los ochenta») y Rolando Sánchez Mejías («Olvidar Orígenes») fueron leídos en el Coloquio Internacional *Cincuentenario de Orígenes*, organizado por la Casa de las Américas en octubre de 1994, en una mesa redonda cuyo tema central fue «Orígenes y su influencia en los nuevos escritores», y provocaron el visible escándalo de Cintio Vitier y Fina García Marruz. Años más tarde fueron publicados en la revista, o mejor, *samizdat* independiente *Diáspora(s)*, (Documentos 1, septiembre de 1997).

La teoría de Vitier sobre Lezama como profeta de la Revolución de 1959 es fácil de encontrar en varios ensayos y entrevistas: «La aventura de *Orígenes*», introducción a *Fascinación de la memoria. Textos inéditos de José Lezama Lima*, La Habana: Letras Cubanas, 1993; «Discurso de la intensidad» (publicado en la revista *Contracorriente* 1, julio-septiembre de 1995, y en una entrevista con Enrique Ubieta Gómez titulada «La historia como esperanza», también en *Contracorriente* (11-14, La Habana, 1998).

Los únicos dos textos publicados en que Lezama declara su apoyo a la Revolución son «El 26 de julio: imagen y posibilidad» (en *La Gaceta de Cuba*, La Habana, noviembre-diciembre, 1968; antologado luego por Ciro Bianchi en *Imagen y posibilidad*, Letras Cubanas, 1981), y en el ensayo «A partir de la poesía», incluido en *La cantidad hechizada* (La Habana: Unión, 1970).

El ensayo de Cintio Vitier sobre Lezama donde se traza la diferencia entre *ethos* y *poiesis* es «Un libro maravilloso», incluido en *Crítica sucesiva*, La Habana: Unión, 1971.

En una breve conferencia de Lezama, «Seis poetas jóvenes», leída el 24 de agosto de 1959, al parecer en la Biblioteca Nacional, es donde Lezama escribe que el poeta debe «ir más allá del Estado». La cita completa es la siguiente: «Pero hoy el poeta para alegar su pertenencia a una clase, su huida del estado y su regalía del nomadismo tiene que formar otra clase sagrada, ir más allá del estado, liberarse en la lejanía del curso recorrido por la maldición». Al final de ese mismo texto, de fecha tan significativa, Lezama declara de manera poética sus esperanzas en la Revolución: «Pero ahora la llave puede ser la del castillo y la lluvia el comienzo de los dones que se aplacan, que se rinden, que muestran un rostro poderoso, ancestral, justo y bueno». Véase el folleto *Edición Homenaje. Lezama Lima*, preparado por Víctor Fowler y editado por la Dirección de Información del Ministerio de Cultura (La Habana, 1991).

La misma metáfora, esa llave, pero ahora perdida, reaparece en la carta de Lezama a Julián Orbón de diciembre de 1968, incluida en *Cartas 1939-1976*, Madrid: Orígenes, 1979, así como en *Cartas a Eloísa y otra correspondencia*, Madrid: Verbum, 1988.

Cuando hablo de que la teoría de las «eras imaginarias» puede parecer «regresiva» o ingenua, y que desde un punto de vista dialéctico todo el sistema lezamiano lo es, estoy dialogando, a mi manera, con el prólogo de Abel Prieto a la antología de Lezama *Confluencias* (La Habana: Letras Cubanas, 1988), donde se afirma que las «eras imaginarias» son un intento utópico, encaminado a negar el tiempo. Pero el «éxtasis de lo homogéneo» al que se refiere este antiguo exégeta lezamiano, luego convertido en Ministro de Cultura y hoy en asesor de Raúl Castro, no necesita prescindir de «lo objetivo histórico», por la simple razón de que «lo objetivo histórico» es una entelequia cobijada bajo el concepto de temporalidad sucesiva. El tiempo también puede presentarse, razona Heidegger, como caída de lo temporal en lo Histórico, idea a la que Lezama llegó por su propio camino, al inyectar la imagen en la Tradición, uniendo así la historia con lo sagrado.

«Una tragedia en el trópico» apareció como prólogo a la edición mexicana de *El no* (México: Vuelta / Heliópolis, 1994) y fue parte del *dossier* de homenaje a Piñera en el número 14 (otoño de 1999) de la revista *Encuentro de la cultura cubana*. Años después, por pura casualidad, descubrí que Enrique Vila-Matas había incluido una curiosa mención a este prólogo en su libro *Bartleby y compañía* (Barcelona: Anagrama, 2000).

Fragmentos de las memorias inéditas de Piñera aparecieron bajo el título «La vida tal cual» en la revista *Unión* III (10), 1990.

La obra de Gombrowicz, *Operetky*, fue editada por Editions Kultura, París, 1966. La traducción de Virgilio Piñera que citamos estaba entre su papelería y apareció en la revista *Albur*, Instituto Superior de Arte, dirigida por Iván González Cruz (La Habana, 1990). A González Cruz debemos no sólo aquellos excelentes números de *Albur*, sino una serie de títulos hoy fundamentales dentro de la bibliografía lezamiana, que se han venido editando estos últimos años en España.

La primera edición del libro de André Gide se titula *Le Prométhée mal enchaîné* (París: Gallimard, 1920). Cito la traducción española de Emilio Olcina Aya en Editorial Fontamara, Barcelona, 1974. En la historia literaria francesa, la *sotie* o *sottie* es una farsa medieval de carácter satírico donde los actores, en traje de bufón, representan a diferentes personajes de un imaginario «pueblo tonto».

El enfrentamiento entre Cintio Vitier y Virgilio Piñera tiene una larga historia que ha sido comentada en detalle por varios contemporáneos –y por Antonio José Ponte en «La lengua de Virgilio», otro de los ensayos incluidos en *El libro perdido de los origenistas*. Las citas de Reinaldo Arenas proceden del ensayo «La isla en peso con todas sus cucarachas», en *Necesidad de libertad*, México: Kosmos, 1986, 116-117. Ahí Arenas cita un estudio sobre el teatro de Piñera hecho por Matías Montes Huidobro: *Persona, vida y máscara en el teatro cubano* (Miami: Universal, 1973).

«Hotel Vedado» es fragmento de un *work in progress*, una especie de biografía de José Lezama Lima, en la que llevo años trabajando y de la que este ensayo vendría a ser un capítulo. Fue publicado por la revista *Cuadernos Hispanoamericanos* en su número 641 (noviembre del 2003).

La lista bibliográfica de este ensayo podría ser casi tan larga como el texto, así que me limito a enlistar una docena de títulos que me han sido indispensables para entender el periodo de la vida de Lezama comprendido entre los años 1936 y 1939.

Zenobia Camprubí (1991): *Diario* [t. 1] *Cuba (1937-1939)*. Madrid: Alianza Editorial / Editorial de la Universidad de Puerto Rico.

Arcadio Díaz Quiñones (1987): *Cintio Vitier: la memoria integradora*. San Juan: Editorial sin Nombre.

Carlos Espinosa (1986): *Cercanía de Lezama Lima*. La Habana: Letras Cubanas.

Nedda G. de Anhalt (2002): «Herminia del Portal: una lectora privilegiada». En *Dile que pienso en ella*. México: La Otra Cuba, 2002.

Félix Guerra (1998): *Para leer debajo de un sicomoro. Entrevistas con José Lezama Lima*. La Habana: Letras Cubanas.

Felipe Lázaro (1998): «Conversación con Gastón Baquero». En Aa.Vv.: *Entrevistas a Gastón Baquero*. Madrid: Betania, p. 18.

Eloísa Lezama Lima (1998): *Una familia habanera*. Miami: Universal.

José Lezama Lima (1998): *Archivo de José Lezama Lima. Miscelánea*. Transcripción, selección, prólogo y notas de Iván González Cruz. Madrid: Centro de Estudios Ramón Areces.

José Lezama Lima (1981): « Momento cubano de Juan Ramón Jiménez». En *Imagen y posibilidad*. La Habana: Letras Cubanas.

José Lezama Lima (1938): *Coloquio con Juan Ramón Jiménez*. La Habana: Publicaciones de la Secretaría de Educación, Dirección de Cultura.

José Lezama Lima (1998): *Cartas a Eloísa y otra correspondencia*. Madrid: Verbum.

Enrico Mario Santí (1984): «Entrevista con el grupo Orígenes». En *Coloquio Internacional sobre la obra de José Lezama Lima* [vol. II]. Madrid: Centre de Recherches Latinoamericaines, Universidad de Poitiers / Editorial Fundamentos.

Graciela Palau de Nemes (1957): *Vida y obra de Juan Ramón Jiménez*. Madrid: Gredos.

Virgilio Piñera (1994): «Con diez años de retraso» [1945]. En *Poesía y crítica*. México: Consejo Nacional para la Cultura y las Artes, p. 284.

*La poesía cubana en 1936* (1937): Prólogo y apéndice de Juan Ramón Jiménez. Comentario final de José María Chacón y Calvo. La Habana: Institución Hispanocubana de Cultura.

José Rodríguez Feo (1989): *Mi correspondencia con Lezama Lima*. La Habana: Unión.

Revista *Verbum*, edición facsimilar (2001): Sevilla: Renacimiento.

Cintio Vitier (1957): *La luz del imposible*. La Habana: Ucar y García S. A..

Cintio Vitier (ed.) (1981): *Juan Ramón Jiménez en Cuba*. La Habana: Arte y Literatura.

Varias entrevistas, hechas a Mario Parajón (en Madrid) y a Eloísa Lezama Lima y Ángel Gaztelu (en Miami), me han servido también para precisar detalles aludidos en el texto. Tal vez valga la pena aclarar que la escena del diálogo entre Juan Ramón Jiménez y Lezama, que tuvo lugar en Trocadero 162, ha sido reconstruida con un método menos ficcional de lo que parece: el zurcido o pastiche de opiniones que ambos escritores dejaron por escrito. Las opiniones de Juan Ramón están recogidas en la excelente antología de Angel Crespo *Guerra en España (1936-1953)*, Barcelona: Seix Barral, 1985; las frases de Lezama, son, por lo general, citas de su correspondencia y pasajes de su *Diario 1939-1949/1956-1958* (publicado por la mexicana editorial Era, en 1994). Por último, la carta de Karl Vossler a Croce con los comentarios sobre su estancia habanera está en *Carteggio Croce-Vossler 1899-1949*, a cura di Emanuele Cutinelli Réndina, Edizione Nazionale delle *Opere de Benedetto Croce*, Nápoles: Bibliopolis, 1991, pp. 378-381.

«Carpentier o el lugar del crítico»: Una parte de este artículo apareció en el periódico catalán *La Vanguardia*, el 28 de diciembre del 2004, con motivo del centenario del escritor.

Las dos ediciones en castellano de *Alejo Carpentier. The Pilgrim at Home* (Ithaca: Cornell University Press, 1977) llevan por título *Alejo Carpentier: el peregrino en su patria* y son las de la UNAM (México, 1993) y Gredos (Madrid, 2004).

Hay otro ensayo suyo sobre Carpentier, «The Dictatorship of Rhetoric/ the Rhetoric of Dictatorship», incluido en *The Voice of the Masters. Writing and Authority in Modern Latin American Literature*. Austin: University of Texas Press, 1985, pp. 64-85.

# III

«¿Quién mató a Nicanor?»: Una versión de este artículo apareció originalmente en la revista electrónica *Encuentro en la Red* en agosto del 2005.

«Una revolución fotogénica» apareció primero en inglés, como *Revolution: Still Photos* en un *dossier* del número 82 de la *America's Society Review.*

«UMAP: memoria selectiva» apareció en el periódico digital *El Español* en marzo del 2016.

«Adiós a la excepción» apareció en la versión electrónica de *Letras Libres,* el 29 de noviembre de 2016.

«Adrián Melis: el arte del no-trabajo y el trabajo del arte» fue publicado originalmente en *Penúltimos Días.* En los últimos años, Melis ha ganado varios premios importantes y es hoy uno de los más celebrados artistas conceptuales nacidos en la isla.

«El trayecto cubano de Núria Guell» se publicó originalmente en *Penúltimos Días,* tras una larga entrevista con la artista.

«Los signos prohibidos»: Una versión en inglés apareció, por invitación de Coco Fusco, en la revista electrónica *e-flux* #68 (diciembre de 2015).

«Un escándalo canónico» apareció como reseña en la revista *Letras Libres,* en marzo del 2003.

«Sobre *La vanguardia peregrina* de Rafael Rojas» apareció como reseña en la revista *Letras Libres,* marzo, 2014.

«Un puerco en una guagua» apareció en la revista electrónica *Hypermedia Magazine,* en julio del 2017.

El resto de los textos fueron publicados originalmente en el blog *Penúltimos días.*

# IV

«Entre difuntos» fue mi contribución a la antología de ensayos compilada por Iván de la Nuez, *Cuba y el día después* (Barcelona: Mondadori, 2001). Concebida a partir de un pie forzado (se nos pidió que escribiéramos sobre cómo imaginábamos «el futuro de Cuba»), el resultado, como se verá, fue una divagación que justifica, sólo a medias, aquella reticencia inmortalizada por el Bartleby de Melville: «Preferiría no hacerlo». Agradezco a Iván sus comentarios y sugerencias al texto original, que ha sido revisado para esta ocasión.

«Epístola moral a un revolucionario zen»: La antología de Iván, como era de esperar, no cayó bien en Cuba, aunque el libro, por supuesto, nunca se vendió allí. Sin embargo, uno de los autores incluidos, el poeta y ensayista Omar Pérez, publicó, primero en una página web, luego en el número 46 de la revista *Unión* (abril-junio de 2002), y más tarde en la antología *express Vivir y pensar en Cuba* (Centro de Estudios Martianos, 2002), unas sorprendentes «Notas al vuelo, notas a tierra», en las que tomaba distancia del antologador y definía vagamente a los antologados como entes «solidarios con el poder imperioso de las circunstancias, [que] navegan a favor de la corriente y, disfrazados de transgresores, buscan la aprobación del mercado al cual pretenden acceder». Mi epístola es una respuesta a esos comentarios de Pérez, aunque lamentablemente no fue publicada por la revista digital cubana ni por *Unión*, órgano de la Unión de Escritores. Apareció en el magazín electrónico *La Habana Elegante* 19-20, otoño-invierno del 2002, junto con un amplio *dossier* en donde se datallan los pormenores del *affaire*.

«Recuerdos (cubanos) de una vida dañada» apareció publicado en el número 67 de la edición mexicana de la revista *Letras Libres* (julio del 2004), y el 36 de su edición española (correspondiente a septiembre del mismo año). También se incluyó en la edición digital de *Cubista*, del otoño del 2004.

Metáforas botánicas en la doctrina guevarista del pecado original: «Resumiendo, la culpabilidad de muchos de nuestros intelectuales y artistas reside en su pecado original; no son auténticamente revolucionarios. Podemos intentar injertar el olmo para que dé peras, pero simultáneamente hay que sembrar perales. Las nuevas generaciones vendrán libres del pecado original. Las posibilidades de que surjan artistas excepcionales serán tanto mayores cuanto más se haya ensanchado el campo de la cultura y la posibilidad de expresión. Nuestra tarea consiste en impedir que la generación actual, dislocada por sus conflictos, se pervierta y pervierta a las nuevas. No debemos crear asalariados dóciles al pensamiento oficial ni "becarios" que vivan al amparo del presupuesto, ejerciendo una libertad entre comillas. Ya vendrán los revolucionarios que entonen el canto del hombre nuevo con la auténtica voz del pueblo. Es un proceso que requiere tiempo». Ernesto Che Guevara (1988): *El socialismo y el hombre en Cuba* [1965]. La Habana: Editora Política.

Las alusiones a la visita de Sartre a Cuba están sacadas del artículo de Rafael Rojas: «Esa fantasía llamada Cuba», publicado en *El País*, 15 de septiembre de 2003.

El ensayo de Edward S. Said que cito en estas páginas es «Exilio intelectual: expatriados y marginales», en *Representaciones del intelectual*, Barcelona: Paidós, 1996, p. 64.

«Por Paideia»: Mi contribución al *dossier* «Paideia-Tercera Opción», que preparó la revista electrónica *Cubista Magazine* en el otoño de 2005.

«Senda poética, senda misteriosa»: Una primera versión de este texto apareció en la versión electrónica de la revista *Letras Libres* al día siguiente de la muerte de Hugo Gola, maestro y amigo.

«Una garza en el cielo» apareció en *Penúltimos Días*, en diciembre de 2015.

www.ingramcontent.com/pod-product-compliance
Lightning Source LLC
Chambersburg PA
CBHW020423030726
47495CB00006B/1639